Kemmel

Sturm und Sterben um einen Berg

von

Gustav Goes

Archivrat im Reichsarchiv, Hauptmann a. D.

Mit 1 Ueberfichtskarte, 24 Feldzugsaufnahmen, einem farbigen Umfchlagbild
und 4 Federzeichnungen

MELCHIOR
Historischer Verlag

Das beeindruckende Werk

Kemmel
– Sturm und Sterben
um einen Berg –

erscheint im Rahmen ausgewählter Literatur
als exklusive Reprint-Ausgabe in der
Historischen Bibliothek des Melchior Verlages.

Die Historische Bibliothek enthält wichtige
sowie interessante Bücher zur Geschichte
und lässt anhand dieser eindrucksvollen Zeitzeugen
bedeutende Ereignisse, Begebenheiten und Personen
aus längst vergangener Zeit wieder lebendig
erscheinen.

Nachdruck der Originalausgabe von 1932
nach einem Exemplar aus Privatbesitz.

M
Reprint
© Melchior Verlag
Wolfenbüttel
2014
ISBN: 978-3-944289-67-0
www.melchior-verlag.de

Kemmel

Sturm und Sterben
um einen Berg

von

Gustav Goes
Archivrat im Reichsarchiv, Hauptmann a. D.

Mit 1 Ueberfichtskarte, 24 Feldzugsaufnahmen, einem farbigen Umschlagbild
und 4 Federzeichnungen

1 * 9 * 3 * 2

MELCHIOR
Historischer Verlag

Inhalt.

Das Vorspiel

Der Berg.

Flandern! Land der Stille, Land der Träume! Dunkel rauscht das Meer an die flache Küste, leise rinnt der Sand der Dünen. Verschlafene Kanäle spiegeln ruhig und gleichmäßig das Licht der Sonne wider; Bäche schleichen durch das satte Grün, deren Ufer oft nicht zu erkennen sind; denn wie schlafende Schlangen liegen sie im Riedgras der Sümpfe. Fruchtbringender Segen ruht auf diesem Land, von dem man oft glauben möchte, es sei erst vor kurzem dem Meere entstiegen. Fruchtbringender Segen und unheimliche Tücke. Wie ein Schwamm ist es vollgesogen, und, wenn du abseits des Weges gehst, schwankt der Boden unter deinen Füßen, und aus deinen Fußstapfen quillt das Wasser. Die Straßendämme sind deshalb hochgelegt, muten oft wie niedrige Wälle an, die sauber gepflastert sind.

Viele Tage des Jahres ist dieses Land in Nebel gehüllt.
Seltsam geisterhaft erscheint es dir dann. Hast du je einen
solchen Nebelmorgen in Flandern erlebt? Wenn du aus dem
kleinen Estaminet hinaustrittst, wagst du kaum einen Schritt
zu tun in diese weiße Watte, die dich keinen Meter weit sehen
läßt. Leichtes Leuchten flimmert auf, die Watte wird rot, als
sei sie durchblutet. Ein Lüftchen streicht dir um die feuchten
Hände und um das feuchte Gesicht, du fröstelst, willst wieder
zurück in das Haus, doch du bist wie verzaubert von diesem
Anblick. Der rote Nebel regt sich, bewegt sich, wallt wie ein
Schleier, der immer dünner wird. Zwei Reihen sturmgeneigter
Pappeln schreiten aus diesem Nebel heraus, vielleicht einen
Kanal, vielleicht eine Straße säumend; ein breites, dunkles
Gebilde, wie eine schwarze, schwimmende Insel, schiebt sich
heran, entschleiert sich immer mehr, es ist ein im Sumpf
stehendes Gehölz von breitkronigen Walnußbäumen, aus denen
der letzte Schrei des Käuzchens klingt. Räderknirschen, Huf=
schlag hallt auf der gepflasterten Straße: ein Bauernwagen mit
zwei hohen Rädern hobbelt vorüber, der Lenker, blond, blau=
äugig, Friesen= und Frankenblut in den Adern, ruft seinen
„Gooden Dag" dir zu. Ein Zug ziehender Gänse schreit hoch
oben im Nebel. Enten plätschern und lärmen auf der Graacht.
Und dann, wenn die Sonne den Sieg errungen hat über den
Nebel, wanderst und wanderst du durch jenes Land der Stille,
durch Flandern.

Wie seltsam! Steht dort nicht, ganz ferne am südlichen
Horizont, ein Berg? Ein Berg in dieser Ebene? Vielleicht
gehört er zu einem andern Land? Ist vielleicht eine Fata
Morgana, ein Spiel spiegelnden Lichtes?

Du wanderst durch die Ebenen, deren Unendlichkeit in einen
verschwommenen Horizont verfließt. Selten hoch steht über
dieser Ebene der Himmel, und vielleicht nirgendwo anders hast
du so sehr das Gefühl, daß die Erde ein Pünktchen im Weltall
sei. Die langen Reihen der Pappeln führen dich weiter und
weiter, durch gelbe Weizenfelder, durch grüne Zuckerrübenäcker,
durch himmelblaue Gevierte von Flachs. Auf fetten Wiesen

weiden braune Kühe, in Koppeln drängen sich schwerblütige Pferde. Waldstücke sind allüberallhin verstreut — es gibt nur ein paar größere Wälder in Flandern —, aber diese Wäldchen geben dem Lande seine Eigenart; wie Inselchen steigen sie auf aus grünem Meere, Asyle der Träume; Hunderte von Nachtigallen magst du dort schlagen hören. Von einer Waldecke aus siehst du plötzlich, ganz unvermittelt, wieder jenen sagenhaften Berg, bis er hinter einem leichten Nebelschleier zerrinnt. Du aber wanderst weiter in Gedanken.

Und wie diese Wäldchen sind über das ganze Land, sofern du das Gebiet des tückischen Polderbodens ausnimmst, unzählige Gehöfte und Weiler verstreut. Es sind Häuser-Inselchen im grünen Meere, rot leuchten die Mauern durch die Weißdornhecke, die das Gehöft wie ein Festungswall umgibt, wie blauschwarzer Sammet schimmert das alte gewellte Strohdach. Ueberall triffst du freundliche Menschen, denen Lebens- und Arbeitsfreude aus den hellen Augen strahlt. Wie viel schwerfälliger sind sie als die leichtlebigen Wallonen, mit denen sie wenig gemein haben; man fühlt, wie sie an ihrem Boden hängen, wie sie für seine Freiheit zu kämpfen vermögen selbst bis zum Untergang. In deiner Erinnerung steigt das Lied des Löwen von Flandern auf, das in seiner harten, auch dir verständlichen Sprache also anhebt:

> „Zij zullen hem niet temmen,
> Den fieren Vlaamschen Leeuw,
> Al dreigen zij zijn vrijheid
> Met kluisters en geschreeuw...."

Und da ist es dir, als sänge der unheimliche Berg in der Ferne dieses Lied.

Oder du wanderst durch Straßen und Gassen flandrischer Städte. Da vergißt du das Maschinenzeitalter, in das dich das Geschick hineingestellt hat, denn du fühlst dich um ein paar Jahrhunderte zurückgerissen. Stolz, weithin sichtbar, heben sich die Tore der Tuchhallen über das Gewinkel der Gassen und das Geschiebe der spitzen Giebel und erzählen von dem Reichtum der Wollweber und den Kämpfen auf Leben und Tod mit den

englischen Tuchmachern; mächtige viereckige Belfriede, die
Wächter der Rathäuser, wissen um die wilden, oft Jahrzehnte
hindurch währenden Fehden zwischen Bürgern und Bauern,
Adel und Fürsten, Grafen und Landvolk und um den Freiheits=
kampf gegen französische und englische und spanische Zwing=
herrschaft; die Glockenspiele der gotisch=flandrischen Kirchen
singen ihre uralten Lieder von Gottes Herrlichkeit und Schön=
heit, von dem Meister, der sie erbaut in kühnem Gedankenflug,
und dem Maler, der ihre Altarbilder in höchster Vollendung
geschaffen, von der kindlichen Frömmigkeit ihrer Schutzbefoh=
lenen, die in strahlenden Prozessionen durch die Stadt zogen
und eine Stunde später im Trubel und Treiben der Kirmes
irdische Freuden in vollen Zügen genossen. Graachten erzählen
dir, wie riesige Sturmfluten ins Land sprangen, wie diese und
jene Stadt einmal am Meere gelegen, und welche Lasten kost=
barer Waren sie schon auf ihrem Rücken getragen haben. Aber
wenn du einen der Türme besteigst, siehst du wieder im Süden
den einsamen Riesen stehen, den Fremdling in diesem Lande,
den Berg....

Eines Tages aber, wenn du immer weiter nach Süden
wanderst, ist es nur noch der Berg, der dein Auge fesselt.
Dunkelblau, oft schwarz ist seine Farbe; Hügelwellen hat er in
die Ebene hinausgeschoben, doch im Vergleich zu ihm sind es
Maulwurfhaufen; auch hinter ihm dehnt sich eine Kette von
Hügeln, doch er überragt sie alle, ist durch ein Tal von ihnen
abgeschieden in stolzer, einsamer Majestät: der — Kemmel!

Das Auge Flanderns.

Fürwahr, der größere der beiden Brüder, dessen Haupt sich
etwa hundert Meter über die Ebene erhebt, bewacht Flandern
wie ein Auge, das sich niemals schließt. Stehst du auf ihm, so
hast du wie auf einer Reliefkarte beinahe ganz Flandern rings=
um vor dir, auch jenes Flamenland im Süden, über das der
Romane herrscht. Der feine, blitzende Streifen im Norden, aus
dem die Sonne Milliarden von Fünkchen zu schlagen scheint,

ist das Meer; dort, wo am vielgewundenen Band der Yser ein
paar Dächer schillern, muß Dixmude liegen; das breite grüne
Geviert ist der Houthulster Forst; und zum Greifen nahe siehst
du Ypern, die hochgebaute Stadt, die Kathedrale zum heiligen
Martin mit ihrem abgestumpften Turm und die Tuchhallen mit
dem Belfried und den zierlichen Ecktürmchen; und das Rathaus
mit dem kecken Dachreiter. Ein Wall von Hügeln schützt diese
Stadt nach Osten und Süden, und sie gruppieren sich auch um
den Kemmel. Der Fluß, der in einer Schräge von Südwesten
nach Nordosten fließt, ist die Lys, die von Armentières ab die
Grenze gegen Frankreich bildet.

Wie an einer Schnur sind die Städte und Städtchen Estaires,
Armentières, Waasten, Komen, Wervik, Meenen, Kortryk
aufgereiht. Jenseits des Wasserlaufes siehst du den Schornstein=
wald von Tourcoing und Roubaix, rechts davon das altehr=
würdige Lille. Wenn du dich gegen die sinkende Sonne wendest,
versperrt dir eine Hügelkette die Aussicht in die Ebene; die
Karte nennt dir die Namen dieser Erhebungen von links nach
rechts: "Schwarzer Berg", "Vidaigne Berg", "Roter Berg"
und "Scherpen=Berg". An diesem rechts vorbeischauend, kannst
du deutlich den feingegliederten Turm der St. Bertins=Kirche
von Poperinghe erkennen.

Der Kemmelberg hat sich durch ein breites grünes Tal, aus
dem die roten Mauern vieler Gehöfte des Dörfchens Loker auf=
leuchten, von seinen Kameraden getrennt, ganz für sich allein
will er vor dieser sich bis über Cassel hinaus erstreckenden Hügel=
kette stehen als Wächter und Auge Flanderns. Leise flüstern
im Abendwind die hohen Eichen, zum letztenmal drehen sich
die Flügel der Louis=Mühle, dann stehen auch sie still. Der Berg
sinnt nach, was sein Auge im Wandel der Jahrhunderte gesehen.

Viel Kampf und Streit mußte er schauen, viele brennende
Schlösser, Städte und Dörfer. Stolz ist die Erinnerung an eine
große Schlacht, die dort drüben bei Kortryk, dem französischen
Courtrai, geschlagen wurde zu Beginn des 14. Jahrhunderts.
Da leuchteten Reitergeschwader wie silberne Vierecke in der
heißen Julisonne, die der Graf von Artois aus Frankreich

herangeführt hatte, und viel Fußvolk marschierte hinter ihnen auf; da wurden sie von dunklen Haufen und Schwärmen angefallen, und der Schlachtgesang stieg in den Himmel: „Wat falsch is, walsch is; slad al dod!" Das waren die Klauwaerts, die sich so nannten nach den Klauen des flämischen Löwen, die Wollweber aus Brügge und Ypern, zur Rache gegen den fremden Bezwinger aufgepeitscht von Pieter de Koninck, geführt von dem Herzog von Jülich und dem Grafen von Namur. Hohe Staubwolken verdeckten das Schlachtfeld; als sie sich verzogen hatten, wälzte sich französisches Fußvolk in wirren Haufen nach Süden, rasten französische Reiter mit verhängten Zügeln nach allen Richtungen. Die Sieger aber sammelten 700 goldene Rittersporen. Das war die Sporenschlacht auf dem Groeninghe Veld ....

Weiter rollten die Jahrhunderte im Laufe der Zeiten. Und wieder waren heiße Sommertage, und die Weizenfelder um Bailleul und Meteren neigten ihre gelben Aehren. Der Schnitt der Sense gab den Takt zu melancholischen Bauernliedern; Scheunen füllten sich, Strohmieten türmten sich, Dreschflegel klapperten auf der Tenne; da ward es mit einemmal still, beengend still in den ersten Tagen des August; Radfahrer, Boten eilten von Dorf zu Dorf, und bald zogen viele junge Männer gegen Ypern, kleine Koffer oder Bündel in den Händen tragend. Ein schrecklicher Schrei flog durch das Land: Krieg!

Den Berg riß es aus seinen Träumen, und aus seinem alten Turm auf seinem Rücken flogen Raben auf wie Totenvögel. Der Berg erinnerte sich an die Sporenschlacht. Wird es wieder so werden?

Dann wartete er in der heißen Sonne, in den taufrischen Nächten. Sein Auge wachte über Flandern. In dieses Land der Stille wird nie der große Krieg kommen, dachte er.

Da war dumpfes Rollen zu hören ganz fern im Südosten. Es mochte ein schweres Gewitter sein, wenn auch keine Wolken zu sehen waren. Solches Donnern hatte der Berg bisher noch nie vernommen. Es schwieg auch in der Nacht kaum. Schob sich um den Horizont gegen Süden, bis es schwächer und schwächer wurde und schließlich verstummte. Der Berg verfiel wieder in seine Träume.

Doch zu Anfang des nächsten Monats klang die unheimliche Stimme wieder im Süden auf. Man konnte nicht sehen, ob Gewitterwolken über Frankreich am Himmel standen, denn Regen fiel schon seit vielen Tagen, und aus den Wiesengründen der Douve stiegen die ersten kalten Herbstnebel. Das Rollen aber schob sich immer näher wie ein spitzer, scharf nach Norden gerichteter Pfeil. Sollte dieses, sich immer wieder aus sich selbst gebärende Gewitter hinaufziehen bis an den Strand des Meeres? dachte der Berg.

Aber auch aus nordöstlicher Richtung, etwa von da her, wo die große Festung Antwerpen liegt, war ähnliches Stampfen zu vernehmen, nur hörte es sich noch viel dumpfer und wuchtiger an.

Eines Tages aber — der Kalender der Menschen zeigte bereits die erste Oktoberwoche — war das Rollen rechts drunten ganz deutlich zu hören, wie aneinandergereihte heftige Stöße und Schläge, und der Berg erinnerte sich an urvordenkliche Zeit, als ihn die bebende Erde aus dem Boden herausgestoßen und zu seinem Kegel getürmt hatte. Der Müller der Louis-Mühle aber wußte es besser, denn er richtete sein langes Fernrohr auf Lille, konnte allerdings durch den rieselnden Nebel nichts erkennen....

Um die Mittagsstunde, als sich der Nebel etwas gelichtet hatte, ließ sich ein Singen und Klingen in der Luft hören, ganz hell und metallen, als ob jemand ununterbrochen auf einen dünnen Stahlschild schlüge. Da sah das Auge Flanderns einen großen silbern schimmernden Vogel von Osten her durch den dünnen Nebel gleiten. Er war es wohl, der so seltsam sang. Er bewegte die Schwingen nicht, sondern hielt sie steif ausgestreckt wie ein Falke, wenn er in Spiralen sich abwärts senkt. Sah man von unten zu ihm empor, so glich er dem Kreuz, das am Weg nach Burlooze stand, und auch auf jeder Schwinge hatte er ein schwarzes Kreuz. Er flog gerade über den Berg und verschwand in einer Wolke gegen Hazebrouk.

Ein oder zwei Tage später sah das Auge Flanderns selt=
same Bewegungen bei Kortryk: ganz deutlich waren lange
Kolonnen von Reitern zu erkennen, die sich von Süden her
gegen die Stadt heranschoben. Sie wollten nicht enden, sammel=
ten sich zu Geschwadern, und der Berg erinnerte sich der Sporen=
schlacht. Doch am nächsten Morgen teilte sich diese Masse von
Reiterei, die gegen Ypern, Voormezeele, Wijtschate ritt. Bald
verschwand sie in kleinen Wäldern oder Hügelfalten, bald schob
sie sich weithin sichtbar dahin. Doch auch an dem gleichen Tage
waren südwestlich des Berges ebenfalls große Reiterkolonnen
zu erkennen, die nach Norden bis in die Gegend von Cassel und
Hazebrouk rückten, und dringende Eile schien sie zu treiben.
Dort aber drehten sie die Köpfe ihrer Pferde nach Osten und
strebten auch ihm, dem Kemmelberge, zu.

Doch die andern waren rascher als diese, immer näher
dröhnte der Lärm der Pferdehufe auf den gepflasterten Straßen,
und als die Sonne sank, ritten zwei deutsche Kavallerie=Regi=
menter in das Dorf Kemmel ein, während eine Schwadron (es
war die 4. der Saarlouiser Jäger 3. Pf. 13) den Hang des
Kemmelberges erklomm und dort die Wacht übernahm. Auch
in Ypern waren an jenem Tage deutsche Lanzenreiter einge=
ritten. Transportzüge donnerten inzwischen auf dem Schienen=
strang, der von Süden nach Hazebrouk führte. Dumpf dröhnte
das Rollen weiter aus Richtung Lille und Antwerpen. Mit
einemmale war der Berg in den großen Krieg hineingerissen.

Am nächsten Tage kletterten viele Pferdehufe über ihn hin=
weg: die ganze deutsche 45. Kavallerie=Brigade mit den Jägern
3. Pf. 13 und den Diedenhofener 13. Husaren. Eine Zeit lang
hielten sie sich in seinen Eichenwäldern auf, dann kletterten sie
den südlichen Hang hinab und ergossen sich an Bailleul vorbei
in die offene, von Sumpfgräben durchzogene Ebene. Hell knat=
terten überall Schüsse auf, denn General de Mitry hatte in=
zwischen sein 2. Kavallerie=Korps in jene Gegend geführt und
in einem großen nach Nordwesten offenen Halbbogen seine drei
Kavallerie=Divisionen gegen das deutsche 4. Reiter=Korps des
Generalleutnants Frhr. v. Hollen angesetzt. Die deutsche

Oberst Ritter von Epp
dessen Inf. Leib=Regiment im Verbande
des Alpenkorps den Kemmel stürmte

Straße Nieuwekerke — Kemmel

Kavallerie schwenkte nach Südwesten ein gegen den neuen
Feind. Karabiner= und Gewehrfeuer hallte vom Bahnhof
Hazebrouk bis nach links hinunter nach Doulieu, die Reiter
konnten in jenem Gelände nicht zu Attacken ansetzen, mußten
aus den Sätteln steigen und sich mit dem Gegner herumschießen.
Jener 8. Oktober 1914 brachte die Entscheidung durch die
Reiterwaffe nicht, obwohl rings um den Berg deutsche Kaval=
lerie=Regimenter schwärmten. Aus der Ebene leuchteten die
ersten Feuer brennender Dörfer hoch.

Am nächsten Tage zog sich das Geplänkel und Geschieße
immer mehr nach Südosten gegen die Lys zu. Der Donner aus
Nordosten war plötzlich verstummt: Antwerpen gefallen!

Inzwischen hatten zahlreiche Transportzüge neue Truppen
auf die Rampen des Bahnhofs von St. Omer geworfen. Kaum
ausgeladen, setzten sie sich in östlicher Richtung in Bewegung.
Es waren aber nicht die weithin leuchtenden roten Hosen und
Kürasse der Reiter=Geschwader de Mitrys, sondern khaki=
braune Heeresschlangen, deren linkem Flügel vorauf khaki=
braune Reiterei trabte. Auch im Süden bei Neuf=Berquin und
Merville tauchten Reitermassen in braunen Uniformen auf,
denen braune Heeressäulen folgten. Es waren das englische
II. und III. Korps mit der 1. und 2. Kavallerie=Division, die
Sir French vom Chemin des Dames her in die flandrische Tief=
ebene führte. Da aber erschienen von neuem die deutschen
Kavallerie=Regimenter südlich des Kemmel=Berges, stießen von
neuem in Richtung Hazebrouk vor. Geschützdonner brüllte in
das Gewehr= und Karabinerfeuer bei Meteren, aus dem hohe
Feuerlohen schlugen, dann mußte die deutsche Kavallerie nach
zähem Widerstand das Feld räumen und wieder hinter die Lys
zurückgleiten. Auf dem Fuße folgten ihr die englischen Korps
des Marschalls French. Es war am 14. Oktober 1914, als
Lanzenreiter und Husaren der 2. englischen Kavallerie=Division
über den Kemmel gegen Wijtschate und Hollebeke ritten.

Eben war die zweite Woche des regennassen Oktobers 1914
vorübergegangen, als die Briten den Gürtel zu zerreißen
suchten, den die deutsche Kavallerie an den Lys=Abschnitt

gelegt hatte, doch dieser Gürtel hielt stand, und French vermochte nicht, Armentières an sich zu bringen. Inzwischen war die belgische Feldarmee, vermischt mit französischen und englischen Kontingenten, von Antwerpen her gegen die Yser zurückgewichen. Bei Ablauf der dritten Oktoberwoche sahen sich die Engländer des III. Korps und Allenbys Kavallerie-Korps vom Lys-Abschnitt zurückgedrückt; die abgesessenen Reiter hielten die Linie Meesen—Houthem. Gleichzeitig aber schien sich Großes in dem Gelände von Ypern bis hinauf an das Meer zu begeben: eine neue deutsche Armee, die 4. unter dem Herzog Albrecht von Württemberg, zog in dieser breiten Front heran; ihre vier Reserve-Korps bargen die Blüte deutscher Jugend, an ihrem rechten Flügel marschierten die Brandenburger des III. Res. Korps, verstärkt durch die 4. Ersatz-Division. Am 20. Oktober entbrannte die große Schlacht in Flandern zwischen La Bassée und der Küste. Allein deutsche Begeisterung zerbrach an dem zähen Widerstand eines entschlossenen Gegners. Wie viele deutsche Augen mochten in jenen furchtbaren Tagen an dem wie ein dunkler Scherenschnitt am Westhimmel stehenden Kemmelberg gehangen haben — doch er war unerreichbar! Noch einmal sollte der Versuch durch eine letzte Kraftanstrengung gemacht werden, um von Südosten her auf Ypern und den Kemmel in mächtigem Stoße durchzubrechen: am 30. Oktober bildeten die Deutschen eine Angriffsgruppe unter General v. Fabeck — am gleichen Tage brach das Meer von Nieuport bis nach Dixmude in das Land ein: die Belgier hatten die Schleusen geöffnet, der deutsche rechte Flügel mußte hinter die Yser zurück. Trotzdem führte General v. Fabeck seine Württemberger, Reichsländer, Bayern und Sachsen zum Flügelstoße vor. Das Kriegsglück schien ihm zu lächeln: die Front der Alliierten um Ypern, die in ihrer ganzen Ausdehnung angegriffen wurde, krachte in allen Fugen. Zwischen Meesen und Zandvoorde wichen die Engländer bereits; am nächsten Tage jagten zahlreiche Kolonnen durch Ypern zurück, schwere Artillerie fuhr schon ab, nur noch kleine Trupps krallten sich in den Boden, General Haig hatte bereits den Befehl zum Zurückgehen gegeben, aber der eiserne Wille Fochs verhinderte das Aeußerste. Notdürftig schlossen die Alliierten ihre Linien, die Ueberschwemmung bewahrte die belgische Armee vor schwerer Niederlage, auch die Deutschen waren durch die heißen Kämpfe erschöpft. Noch einmal, am 1. November, stand das Schicksal des Ypernbogens auf des Messers Schneide, als das englische Kavallerie=Korps den Höhenrücken Meesen—Wijtschate räumen mußte. Zum Greifen nahe lag der Kemmelberg vor den Deutschen, im letzten Augenblick wurde er durch den Einsatz der vordersten Truppen der eben auf dem Gefechtsfelde eintreffenden französischen 32. Division gerettet. Wenige Tage nachher brannte die Lohe der Schlacht herab, die erschöpften Gegner fielen in die Verteidigung zurück.

Der erste Akt der großen Tragödie in Flandern war abgeschlossen. Der Kemmel, um den im Grunde das gewaltige Ringen ging, rückte nun in das Hinterland der Schlacht. Das Auge Flanderns sah ruhige Zeiten an seinem Umkreis, bis am 7. Juni des Jahres 1917 die schweren Sprengwolken um den Wijtschatebogen turmhoch in den Himmel stiegen und Marschall Foch diesen Bogen abschnitt. Am letzten Julitage brach dann die Materialschlacht in Flandern los. Sie raste den Sommer hindurch bis tief in den Herbst hinein und sollte dem englischen Oberbefehlshaber die deutsche U=Bootsbasis von Zeebrügge als Siegesbeute bringen. Damals führte der Kemmelberg den Namen „Auge Flanderns" mit besonderem Rechte, denn auf ihm saßen dicht gedrängt die englischen Artilleriebeobachter und sahen weit im Umkreise in die deutschen Gräben und Batteriestellungen. Als am 6. November 1917 der letzte Donner jener gewaltigen Schlacht verhallte, hatte sich der Ypernbogen nur um wenige Kilometer nach Osten geweitet.

Der Berg fiel in seine Träume zurück. Sollten sie je noch einmal gestört werden?

Die anrollende Woge.

Vorbereitungen in Nacht und Nebel.

Dann kam dieses Krieges vierte Jahreswende. Die Flam=
menbogen der Schlachten waren im Osten und Südosten der
belagerten Festung der Mittelmächte hin= und hergewandert
und an manchen Fronten in eine fast unheimliche Ferne weiter=
geschritten — im Westen aber brannte die mehr oder minder
hoch aufleuchtende Feuerwand ohne merkliche Verschiebung in
der gleichen Linie weiter, deren Anschluß an das Meer das
„Auge Flanderns" in jenen Oktobertagen des Jahres 1914
geschaut hatte. Vergeblich hatte die Entente versucht, diese
Flammenwand über die Grenzen Frankreichs und Belgiens
zurückzudrängen, ihre Anstürme waren nach Anfangserfolgen
immer wieder an der zähen Widerstandskraft der Deutschen
zerschellt. Daß die Entscheidung in diesem großen Ringen nur
im Westen liegen konnte, war zu bitterer, aber unumstößlicher
Wahrheit geworden. Offensive war das herrische Gebot der

Stunde für die Deutschen! Wird dieses Volk noch die Kraft dazu aufbringen? Denn was hat es in diesen Kriegsmonaten und -jahren geleistet und gelitten? Rumänien ausgeschaltet, Rußland besiegt und zu nahem Frieden genötigt, Italien gelähmt: ein gewaltiger Zuschuß an Kraft konnte der Westfront zuströmen. Doch dunkel waren auch die Wolken, die jene strahlende Siegessonne umkränzten. Amerika begann, Division um Division über den Ozean zu senden, ohne daß es die deutschen Tauchboote hindern konnten; die Entbehrung, ja das Gespenst des Hungers, ging in Deutschland umher, begleitet von Kriegsmüdigkeit, Gleichgültigkeit, Unzufriedenheit, selbst Widersetzlichkeit und Meuterei, deren Stichflamme im Juli 1917 bei der Hochseeflotte kurz, aber drohend aufgeschossen war. Dunkle Kräfte wühlten im Innern, die mit Flaumacherei begannen und auf Kriegsdienstverweigerung abzielten. Im Januar 1918 trat allein in Berlin eine halbe Million Arbeiter in den Streik. Auch der Geist des an den Fronten stehenden Heeres war nicht mehr der von August 1914, denn nur ein Bruchteil der alten Garde war nach so vielen mörderischen Schlachten verblieben. Der ewige Grabenkrieg der Westfront hatte den Kampfgeist abgestumpft. Das Mißvergnügen der Kämpfenden gegen Etappe und Kriegsindustrie wuchs sich zu bitterem, grimmigen Hasse aus.

Trotz alledem erhoben sich am 21. März die Regimenter von drei Armeen in der 75 Kilometer langen Front zwischen Arras und La Fère und brachen nach einer mächtigen Artillerievorbereitung in den vielfachen Gürtel der Feindstellungen ein und fast überall durch ihn hindurch. Das Wort Angriff, das sie endlich aus den Maulwurfsbauten heraus in das freie Feld des Bewegungskrieges führen sollte, hatte ihren Willen wieder zu einer solchen Höchstleistung entzündet. Siegesmeldung reihte sich an Siegesmeldung; die Zahlen an Gefangenen und Beute steigerten sich ins Phantastische: der Sieg und mit ihm das Ende des furchtbaren Krieges schienen so gut wie sicher zu sein. Da aber verlangsamte sich die Vorwärtsbewegung des sich in Richtung Amiens vorschiebenden Bogens, am 30. März

stand er unverrückbar fest: der eiserne Wille der Entente hatte
ihn aufzuhalten vermocht. Die Größe des erfochtenen taktischen
Sieges durch die Deutschen vermochte nicht über den operativen
Mißerfolg wegzutäuschen.

In jenen Tagen lag in der Stille des Stellungskrieges
Flandern, und sein Auge, der Kemmel, sah keine Veränderung
der Linien bei Freund und Feind. Es blickte auf den breiten
Gürtel des Todes, den monatelange Schlachten durch das ehe=
mals blühende Land gelegt hatten. Der nahende Frühling
konnte hier keine Stätte finden, denn zersetzt und zerschlissen
starrten Baumstämme in die Luft, die Wiesen und Felder
waren um= und umgepflügt, Tausende von tiefen Pockennarben
bedeckten das Antlitz jener Gefilde; Dörfer, Schlösser und
Weiler waren vom Erdboden verschwunden, in die Luft zer=
stäubt oder in den Schlamm gestampft; Klötze aus Beton und
Eisen, von stachlichen Drähten umgeben, wie Igel anzusehen,
hockten viereckig=plump in dieser Wüste; Menschen hausten dort
in feuchten Löchern, an den Rand riesiger Sprengtrichter
gepreßt, unter kleinen geduckten Wellblechbögen, da und dort
hinter aufgeworfenen Grabenwänden. In Flandern schien der
Schlachtentod ein für allemal sein Werk vollendet zu haben . . .

Doch das „Auge Flanderns" sah nicht, was sich jenseits der
beiden von bewaffneten Menschen besetzten Linien zutrug, denn
es trug sich zu unter dem Schutze des Nebelmantels und der
nächtlichen Dunkelheit. Gespensterhaft schoben sich lange
Infanterie=Kolonnen auf den Straßen dahin, ohne Licht, ohne
Gesang marschierend, verschwanden in Dörfern des Hinter=
landes, glitten Nacht um Nacht näher an die Kampflinie her=
an, waren wie vom Erdboden verschluckt, und der englische
Flieger vermochte keine Veränderung zu entdecken; Kanonen=
räder, mit Stroh umwickelt, drehten sich langsam und leise
über die gepflasterten Straßen, auf ihren Lafetten leichte,
mittlere und ganz schwere Rohre tragend; Kolonnen schleppten
Zentnerlasten von Munition, luden sie ab zu zahllosen riesigen
Stapeln, die geschickte Hände für den Blick von oben unsichtbar
machten; Minenwerfer lauerten hinter Mauerresten oder unter

Wellblechbögen; Brückentrains fuhren Pontons heran; Pioniere schleppten die schweren Eisenkähne an das Lys-Ufer, verhüllten sie vor neugierigen Blicken; ein Gewirr von Drähten, bereit, das gesprochene Wort im Augenblick zu übermitteln, spann sich wie ein Netz über das Land. Läufer, Blinkspiegel, Meldehunde, Brieftauben harrten, um einzuspringen, wenn dieses Netz zerrissen würde; Sanitätskompanien standen bereit, anzuschirren, und in den Feldlazaretten reihte man leere Betten an Betten. Doch in den Tausenden von Menschen, die ein höherer Befehl im Schweigen der Nacht an den Gürtel des Todes herangeschoben hatte, fieberte unerhörte Spannung, glühte das einzige schwere und doch so begeisternde Wort „Angriff", brannte die bange Hoffnung um das Gelingen. Klein wurde die Sorge des Einzelnen um sich selbst; der Strom, der ihn in seinen Wirbel zog, stemmte sich gegen den Frontdamm, der vom Npernkanal gegen den La Bassée-Kanal verlief.

In jener Front gedachte die Heeresgruppe des Kronprinzen Rupprecht von Bayern den neuen Stoß anzusetzen, von dem die deutsche Oberste Heeresleitung Sieg und Kriegsende erwartete; es war der rechte Flügel der 6. Armee unter General d. Inf. v. Quast (Chef des Generalstabes Oberstleutnant v. Lenz), der zuerst aus Gegend südlich Armentières bis zum Kanal von La Bassée mit 17 Divisionen vorbrechen sollte; sein Ziel reichte vom Höhengelände von Cassel über Hazebrouk bis Aire am La Bassée-Kanal.

Ihm sollte sich einen Tag später General d. Inf. Sixt v. Arnim (sein Chef war General v. Loßberg) mit dem linken Flügel seiner 4. Armee anschließen; mit 8 Divisionen sollte er südlich des Npern-Kanals bis in die Gegend nördlich Armentières — diese Stadt wurde wie eine Insel ausgespart — zum Stoße ansetzen und nach dem ursprünglichen Plane die Höhe von Meesen (Messines) nehmen und über Nieuwekerke (Neuve Eglise) Anschluß an den rechten Flügel der 6. Armee gewinnen; der drohende, wohl uneinnehmbare Kemmelberg sollte also ursprünglich nicht angetastet werden; dann aber wurde man sich doch bewußt, daß man ihn nicht unbeachtet

in der rechten Flanke liegen lassen könne, und der Riese Flan=
derns wurde schließlich das Hauptziel der angreifenden
4. Armee.

Jene, die den Deutschen gegenüberlagen, ahnten nichts von
dem drohenden Unwetter, das sich gegen sie zusammenballte,
erwarteten vielmehr einen neuen Stoß bei Arras. In ruhigen
Stellungen gedachten sich die englischen Divisionen der 1. und
2. Armee von den Wunden und Schlägen zu erholen, die sie in
der großen Schlacht in Frankreich erhalten hatten, denn von
den 58 englischen Divisionen an der französischen Front hatten
46 diese verlustreichen Kämpfe mitgemacht. Südlich Armen=
tières lagen zudem die wenig kriegsgeübten portugiesischen
Divisionen, die sich eben in Ablösung befanden, als die deutsche
Front sich zum Sturm erhob.

Meesen und Hollebeke.

Es war, als schleudere ein Seebeben gewaltige Wasser=
massen aus der Tiefe und eine steile, hoch getürmte Sturmwoge
ergieße sich in die Ferne, alles unter sich begrabend. Brüllender
Donner flog diesem Ereignis voraus. Am 9. April, 4 Uhr
morgens beginnend, rissen 230 leichte, 213 schwere, 25 schwerste
Batterien in die regengesättigte Nebelwand rote Feuergassen,
deren Bogen bis an das Hügelgelände um Bailleul reichten.
Viereinhalb Stunden lang. Dann sprang die Woge der In=
fanterie hoch, schwachen Widerstand des ahnungslosen Gegners
wegschwemmend. Abends saß ein tiefer Keil im feindlichen
Stellungssystem, dessen linker Fußpunkt zwar Mühe gehabt
hatte, sich vorzuschieben, dessen Spitze aber bereits bei Sailly
jenseits der Lys stand. Vor seiner rechten Abdachung lag
Armentières. Die Fußtruppen schrien nach der Artillerie, die
durch das Schlamm= und Trichtergelände herankeuchte.

Am 10. früh, von dichtem Nebelmantel überdeckt, fuhr
nördlich Armentières der Rammstoß gegen die englische Front:
zwischen Hollebeke und Frelinghien heulte der Orkan von 78

leichten, 55 schweren und 15 schwersten Batterien[1]) aus dem
Raum von zwei Generalkommandos auf. Das auf dem rechten
Flügel stehende Genkdo. des XVIII. R. K. des Glt. Sieger
(Chef des Gen. Stabes Oberst v. Pommer=Esche, ab 15. 4.
Oberstlt. Bürkner) hatte rechts die 7. J. D., links die 17. R. D.
in die Front genommen und die 49. R. D. als zweite Welle
folgen lassen. Südlich der Lys hielt der Kommandierende
General des X. R. K., G. d. J. v. Eberhardt (Chef des Stabes
Oberstlt. Hasse), rechts die 31. J. D., links die 214. zum Vor=
brechen, die 36. R. D. zum Nachfolgen als zweite Welle bereit.

Bei den Truppen des Glts. Sieger sollte die linke (17. R.)
Division zuerst die feindlichen Stellungen zwischen Blauwe
Port und Douvebach angreifen, während sich die 7. J. D. rechts
dem Angriff anzuschließen hatte, sobald der Feind zu weichen
begann. Die verstärkte 81. R. J. Br. (Oberst v. Werder) ver=
legte den Schwerpunkt des Angriffes auf den rechten Flügel,
wo das J. R. 163 die Höhen nördlich Meesen angreifen und
die Wegnahme dieses Ortes durch Umfassen von Norden er=
leichtern sollte. Gegen Meesen selbst war J. R. 162 angesetzt.
Das III./R. J. R. 76 stand hinter dem rechten Flügel als
Brigade=Reserve, die 7. und 8. Kp. dieses Regiments zusammen
mit den Sturmkompagnien 4 und 17 und einem Kav. M. G.=
Zug die Gruppe von Grawert als rechte Flankendeckung.

Von Werwick aus glitten wie Schatten in den Nachtstunden
zum 10. in kleinen Trupps oder in der Kolonne zu Einem die
Infanterie=Regimenter in die Sturmstellung. Kein Licht, kein
Lärm! Fast übertriebene Vorsicht, denn Nebel, aus dem Regen
fiel, verhüllte jede Sicht. Der Engländer schlief in seinen
Bunkern, nicht ahnend des Gewitters, das sich über seinem
Haupte zusammenzog. Es war schwer, in der stockdunklen
Nacht den Anschluß nicht zu verlieren und sich durch den
Wirrwarr von Kolonnen und Fahrzeugen hindurchzuwinden.
Endlich erreichten sie die Gräben, manche Truppenteile erst
kurz vor Beginn des Sturmes. Leises Flüstern ist hörbar, ab

---

[1]) Siehe Anhang. Im allgemeinen konnte bei dem begrenzten Raum
nur die Tätigkeit der Begleitbatterien näher dargestellt werden.

und zu auch unterdrückte Rufe; die jungen Soldaten erwarten mit Herzklopfen und innerer Erregung den kommenden Tag. Alte, kriegserfahrene Männer liegen an die Grabenwand gedrückt, versuchen zu schlafen, da sie nicht rauchen dürfen. Hin und wieder rattert ein englisches M. G., knallt ein Schuß. Manchmal saust eine Granate über Gräben und Truppen.

Da bricht 2,45 Uhr vormittags unser Artilleriefeuer zur Vergasung der feindlichen Batterien los. Ein schweres Nachtgewitter, unaufhörlich blitzend, zeitweise taghellen Schein in die Finsternis werfend, sausend und brausend, donnernd und krachend von nah und fern. Pfeifend streicht die flinke leichte Granate über uns weg, tief brummend die Mörsergeschosse, zwischendurch mit nervenpeitschendem Sausen die schweren Flachbahnungeheuer. Dumpf rollen die Einschläge herüber. Niemand denkt mehr an Schlaf, die Unterhaltung wird lauter, immer häufiger zieht man die Uhr. Gedanken eilen in die Heimat, besuchen Mutter, Weib oder Kind, denken an jubelndes Leben, an schnellen Tod. Und bei vielen, die seiner vergessen haben, kehrt Gott, der Herr über Leben und Tod, wieder ein; der stürmische Pulsschlag beruhigt sich, und eine feste Gewißheit erfüllt die Seele . . . . .

„Fertig machen!" Dieses Kommando, von Mann zu Mann mehr geflüstert als gesprochen, fliegt durch die Reihen, wendet den Sinn auf das Nächstliegende. Ohrenbetäubendes Krachen. Der Erdboden zittert: die erste unserer Zentner=Minen schlägt in die vorderste feindliche Stellung, unmittelbar darauf fallen die mittleren und leichten Werfer ein. „Marsch!" Die Infanteristen gleiten wie Schlangen durch die Lücken im Hindernis, schieben sich bis dicht an die Mineneinschläge heran. Funker hören aufgeregte Ferngespräche der Engländer ab: zu spät, schon schiebt sich der Eisenhagel vorwärts, dicht aufgeschlossen folgt ihm die Sturm=Infanterie.

Der Feind hat nur schwach geantwortet. Es ist noch kaum Büchsenlicht und sehr neblig. Man erkennt nur dunkle Umrisse nach der düstern Nacht.

Ruhigen, gleichmäßigen Schrittes, Gewehr unter dem Arm, gehen die schleswig-holsteinischen 163-er vor, ganz als ob sie über ihr vernebeltes Marschland schritten. Maschinengewehrleute schleppen ihre Gewehre. Dann verschwinden die Bataillone des Obersten Sick im wallenden Dunstschleier. Erste Handgranatenschläge zerreißen die beengende Stille, die nach dem wahnsinnigen Feuer-Orkan sich wie eine unheimlich schwere Last auf die Herzen gelegt hat. Leicht wird schwacher Widerstand des gelähmten Feindes in seiner ersten Stellung niedergerungen; auch in der Zwischenstellung vermag sich der Tommy nicht lange zu halten. „Widas", die sich ihrer Haut zu wehren suchen, werden von M. G. angefaucht, von Handgranaten ausgeräuchert. Aus dem Nebel tauchen immer größere Scharen waffenloser Feinde auf und stapfen durch den Schlamm gegen Houthem; und die noch Waffen haben, eilen gen Meesen, wo sie die beherrschenden Höhen wissen. Nester, die sich bis zum letzten Schuß halten, werden rasch und geschickt umgangen und in feurige Umklammerung genommen. II. und III. Btl. folgen dem weichenden Gegner auf den Fersen: Offensive, Durchbruch! Das sind die Losungsworte, die in aller Herzen flammen. Dort stürmen sie bereits die erste englische Batterie, die Züge des Lts. d. R. Bülk und des Vzf. Bardanowski der 8. und ein Zug der 12. Kp.

Prächtig unterstützen Begleitgeschütze des schleswig-holsteinischen R. F. A. R. 17 (Oberstlt. Wellmann) ihre Landsleute von der Infanterie, durch das fürchterlich verschlammte, allenthalben mit Trichtern durchsetzte Angriffsgelände sich vorarbeitend. Da werden Geschütze von Ochsen langsam, schwerfällig vorgezogen, dort holen Sporen und Peitschen aus den armen Pferden Höchstleistungen heraus, hier greifen Kanoniere und Pioniere der Kp. 340 in die Speichen, dort werden von den Brückenwagen Faschinenbündel, Bohlen und Balken in die Trichter geworfen, doch sie versinken in dem grundlosen Schlamm. Bis an den Bauch im Morast wühlen sich die Pferde vor, schweiß- und schaumtriefend — doch vorwärts muß die Artillerie und vorwärts kommt sie! Stets in vorderster Linie

sind ihre Beobachter, und in die „Widas", die Widerstands=
nester der Engländer, fahren die Granaten.

Bereits um 9 Uhr vormittags hat das Regiment des
Obersten Sick die Höhen nördlich Meesen fest in der Hand, hat
allerdings neben sonstigen Opfern zwei tüchtige Btls.=Führer,
Mjr. d. R. Weede (I.) und Oblt. d. R. Westmann (III.) hin=
geben müssen.

Auch die Gruppe von Grawert ist inzwischen in das feind=
liche Stellungssystem eingebrochen. Oblt. Bernhardt, der die
7. und 8./R. J. R. 76 führt, und je eine Kompagnie der Sturm=
Btle. 4 und 17 rollen den Isidor= und Heinrichsgang auf,
dringen bis zur Königsstraße vor und schicken zermürbte
Engländer in die Gefangenschaft.

Wie wild und wüst die Leute aussehen! Schwarz von
Pulverqualm, der, mit Lehm und Schweiß vermischt, ihre
Gesichter mit einer dicken Schicht bedeckt. Nun müssen sie die
Stellung halten. Leider! Sie sind kaum zu bändigen, wollen
weiter vor, heraus aus dem Trichtergelände. Nur nicht hängen
bleiben, wieder Stellungskrieg machen müssen! Die Artillerie
findet Zeit, sich einzuschießen. Da sind schon die ersten
Granaten! Ein Blinker stellt sein Gerät auf — im gleichen
Augenblick hat er einen Schuß im Bein. Ein anderer springt,
kurz entschlossen, an den Kasten und gibt die Meldung durch.
Helden im Kleinsten, von denen kein Bericht weiß. Erste
Verlustmeldung geht zurück. Dann durchsucht man die ver=
lassenen englischen Unterstände nach Nahrungsmitteln und
brauchbaren Gegenständen. Alles ist da: Schafwollwesten,
Gummistiefel, Ferngläser und lang entbehrte Eßwaren. Schnell
so viel wie möglich mitnehmen, denn in der nächsten Minute
kann schon wieder der Vormarschbefehl kommen!

Gleichzeitig mit den 163=ern springt auch das Regiment
Lübeck Nr. 162 zusammen mit 9. Pionieren aus den Gräben.
Das Regiment des Mjr. Hauß nimmt, das feindliche Sperr=
feuer unterlaufend, unter geringen Verlusten die erste Eng=
länder=Stellung. Der Bodennebel, durch den schwaches Licht
fällt, schaltet die feindliche Beobachtung vom hochgelegenen

Meesen aus; der Kompaß ist der einzige Wegweiser für die Truppe. Während Hptm. am Ende sein II. Btl. rasch über die erste Stellung hinaus vorführen kann, hat Oblt. v. Helmolts III. Btl. stärkeren Widerstand, besonders an der „Mühle", zu überwinden. Obwohl bald verwundet, behält der Oberleutnant noch die Führung seines Bataillons bei und stürmt das „Namenlose Gut". Beim weiteren siegreichen Vorgehen wird Hptm. am Ende schwer verwundet — erst nach Wochen erlöste diesen vorbildlich tapferen Offizier der Tod. Sein Adjutant, Lt. d. R. Vieth, übernimmt das Bataillon.

Im Nebel und in der Hitze des Gefechts ist Herwigs 3. Kp. mit den Resten von Koesters Sturmtrupp über den Douvebach nach Süden vorgestoßen, wo der Angriff des J. R. 174 noch abhängt. Das am rechten Flügel der 31. J. D. kämpfende Forbacher Regiment hat sich in das Trichter= und Blockhaus= gewirr südlich des Douvebaches hineingefressen, kommt aber nur schrittweise vorwärts. Besonders heftigen Widerstand setzt dem I. Btl. die Töpferei entgegen. Dort greift die Gruppe Herwig=Kösters ein, den 174ern die Bahn zu weiterem Vor= gehen rein fegend. In der Töpferei wogt der Kampf hin und her. Es gelingt dem Feinde, einen Teil der 3./162 unter Feldw. Schenk zu umstellen. Die Aufforderung zur Uebergabe wird entrüstet zurückgewiesen. Tapfer kämpfend hält sich die Schar, bis die 174er herankommen. Da durchbricht Schenk die Ein= schließung, Herwig stürzt noch einmal entschlossen vor und nimmt die ganze Besatzung der Töpferei gefangen.

Um 7,30 Uhr liegen die Lübecker 500 m vor Meesen. In die Trümmer der Ortschaft hauen die schweren Granaten. Dann erkämpfen sich II. und III. Btl. langsam den Südhang der Höhe von Meesen und stoßen in den Ort hinein, der zu einem kleinen Fort von deutschen Betonbunkern aus früherer Zeit ausgebaut ist. In erbitterten Einzelkämpfen werden sie ausgeräumt. Be= seelt von dem Geist ihrer Führer, der alten Draufgänger Kassel und Toelke, werfen sich 10. und 11. Kp. auf den Feind, erobern zwei bis zum letzten Augenblick feuernde Feldkanonen und neh= men den Rest der Bedienung gefangen. Zwei weitere Geschütze er=

beutet dort die 5. Kp., deren Führer, Lt. Schmidt, bald darnach den Soldatentod stirbt. 8,20 Uhr vormittags ist Meesen genommen! Englische Gegenangriffe vermögen es den zähen Lübeckern nicht mehr zu entreißen. An ihrer Abwehr beteiligen sich auch die leichten Minenwerfer des Regiments. Die Begleit= batterie, die von Hptm. d. R. Heidecke geführte 5./Res. F. A. R. 17, trifft nach Ueberwindung außerordentlicher Schwierigkeiten gegen Mittag in Meesen ein und bekämpft englische M. G.= Nester im direkten Schuß.

Die Wegnahme von Meesen und der Höhe nördlich davon war der große Erfolg der 17. R. D. am 10. April. Sie versuchte an jenem Nachmittag, auch noch das auf hoher Kuppe thronende Wijtschate an sich zu reißen, allein die Kräfte der bereits hart mitgenommenen Truppen reichten dazu nicht mehr aus. Oberst Sick sollte in den Abendstunden diesen Schlag führen. In schneidigem Vorstoß schob sich das II. Btl. der 163er unter Hpt. v. Kalkstein bis an den Rondellwald heran, trefflich unterstützt von der Abteilung Oblt. Bernhardt; I./R. J. R. 393 kämpfte sich unter Hptm. Pabst v. Oheim bis in Höhe des II./163 vor, dann unterbanden die hereinbrechende Dunkelheit, der feindliche Widerstand und die Ermüdung der Truppen weitere Gefechts= handlungen. Der Angriff auf Wijtschate hatte sein Ziel zwar nicht erreicht und durch schwere, mit letzter Kraft, besonders des III./R. J. R. 76 unter Hptm. Niemeyer, abgewehrte Gegen= angriffe nordwestlich Meesen viel Blut gekostet. Durch den Opfermut aller an dem Angriff Beteiligten war aber das Ge= lände bis zur Linie Rondellwald—Pappelhof—Straße Wijt= schate—Meesen in Besitz genommen, vom Feinde gesäubert und damit für weitere Angriffe eine breite Grundlage geschaffen. Auch der 11. April brachte nicht den ersehnten Erfolg; der 7./R. 76 war es zwar gelungen, im Sturmanlauf die ersten Häuser von Wijtschate zu erreichen, dann aber glitt sie unter der verheerenden Wirkung des feindlichen Feuers zurück; I./393 gewann etwas Raum nach vorwärts, das I./163 hob zwar einige Unterstände aus, mußte dann aber auch im feindlichen Artil= leriefeuer liegen bleiben.

Noch in der stockdunklen Nacht zum 11. war das R. J. R. 228 der 49. R. D. vorgeholt worden, um die Linie Wulvergem—Spanbroekmühle anzugreifen. Wohl wurden Gefangene gemacht, Geschütze erbeutet, allein der von M. G.=Feuer flankierte linke Flügel fuhr sich fest. Das Regiment, nach beiden Seiten ohne Anschluß, konnte unmöglich allein den Angriff weiter vor=tragen. Da holt der Engländer abends zum Gegenhieb aus. Im Flammenschein der Geschützeinschläge und Leuchtraketen sieht man ihn in dicken Massen anstürmen, sich auf die 5. Kp. am rechten Regiments=Flügel werfen und sie zurückdrücken, während schwerstes Feuer auf den Stützpunkt bei der „Hölle" einhaut. Doch zu sofortigem Gegenangriff springen die Res. 228er auf, werfen mit nackten Bajonetten den Feind zurück und holen sich das verlorene Gelände wieder. Wenn auch unter schweren Verlusten hat sich das Regiment Schmidt wacker be=hauptet. Und am nächsten Tag weicht der Feind vor seiner Front.

Das am 11. im Raume der 162er westlich Meesen bis zur Douve eingesetzte R. J. R. 225 vermochte in langwierigem, verlustreichem Ringen den Angriff bis über den Steenbach vor=zutragen.

Auch die 7. und 8./R. J. R. 76 und die zwei Kompagnien der Sturmbataillone 4 und 17 zerkämpften in diesen Tagen und Nächten gegen Eisen, Stahl und Blei ihre besten Kräfte. Hier fiel auch der prächtige Oblt. Gier, Adj. des II./R. 76, für den sein Freund, Lt. d. R. Schulze, einsprang, hat er doch Leid und Freud der letzten schweren Tage redlich mit ihm geteilt.

Eine treue Helferin war für die Infanterie stets die Flieger=abt. 221 gewesen, die durch schneidige Feindflüge wertvolle Aufschlüsse gab, ebenso die Fliegerabt. 250, von der besonders Lt. Nielebock mit seinem Flugzeugführer, Lt. d. R. Schulze, aus=gezeichnete Meldungen über die Zurückverlegung der englischen Artillerie brachte.

Der Gegner in Wijtschate rührte sich jedoch nicht. Dieses starke Außenfort der Festung Kemmel sollte noch tagelang dem deutschen Angriffswillen trotzen, bis es mit stürmender Hand bezwungen wurde.

Am Nachmittag des 10. April stieß die 7. J. D. gegen das Betonbunkerfeld südlich des Ypernkanal zwischen Hollebeke und Königstraße vor. Dem Kommandeur des J. R. 165, Obstlt. v. Weller, dem noch 6 Kompagnien des R. J. R. 76 und die 2./F. A. R. 40 unterstellt wurden, war die infanteristische Leitung dieses Angriffs übertragen. Die sich überholenden Befehle machten es ihm nicht leicht, seine Truppen in den Streifen südlich des Kanals zu ziehen. Schon in der vergangenen Nacht war mit dieser Umgruppierung innerhalb der Division des Gmj. v. d. Esch (Generalstabsoffz. Hptm. Eilker) begonnen worden. Allein Stunden um Stunden vergingen, bis die Befehle durch das Trichtergelände die Truppen erreichten, bis diese gesammelt und herausgezogen waren und in der stockfinsteren Nacht in ihre Bereitstellungsräume marschierten. Den Stirnangriff sollte rechts das III./165, links 5 Kompagnien des R. J. R. 76 und 5./165 unter Hptm. Eggers führen. 4. Pioniere waren zugeteilt.

1 Uhr nachmittags brechen die Quedlinburger und Hamburger Reservisten mit selbstverständlichem Schneid vor. Die 9. Kp. gewinnt rasch Gelände, die 1./R. J. R. 76 stößt jedoch bei Hollebeke an einem Pallisadenbunker und eingebauten Widerstandsnestern auf hartnäckigen Widerstand. Minenwerfer und Artillerie jagen ihre Geschosse in diese Verteidigungsanlagen hinein, endlich sieht Lt. d. R. Löblein den Augenblick zum Sturm kommen, stürzt mit seiner Kompanie vor und nimmt Hollebeke mit seinen schweren Verteidigungsanlagen in einem einzigen Streich. Eine glänzende Waffentat! Doch keine Zeit zur Rast! Los gegen den Hof Denekere!

Die schwierige Rechtsschwenkung des Bataillons Schwartz (III./165) ist ausgezeichnet gelungen. In die bereits vorausgesehene Lücke zwischen ihm und dem I./R. 76 wird die 10. und 12./165 geworfen. Diese beiden Kompanien stoßen sofort zusammen mit Teilen der 1. M. G. K. 5 Uhr nachmittags gegen den Riesenbunker „Raabschloß" vor, fallen ihn kurz entschlossen

Englische Reserven werden herangezogen
Munitionsnachschub für den Engländer

Die schwere Artillerie fährt auf
Die deutsche Sturmwelle dringt in den Ploegsteerter Wald

an und werfen die Engländer hinaus, ihnen 30 Gefangene und
6 schw. M. G. abnehmend. Und noch dazu welch eine Menge
von Lebensmitteln! Eine willkommene Beute für die unter=
ernährten, ausgehungerten Leute. Nur noch vom Hörensagen
kennt man so etwas wie Schinken, Sahne, Butter, Keks, Schoko=
lade, Tabak. So kann man auf weitere Verpflegung von rück=
wärts verzichten. Und die Munitionsstapel sollen später noch
gute Dienste leisten. So recht kommt hier unseren braven Feld=
grauen der Riesenunterschied zwischen der Ausstattung von
Freund und Feind zu Bewußtsein: steigen da nicht die Taten
unserer ausgehungerten, mit Munition und Waffen aufs kärgste
ausgestatteten Mannschaften um ein vielfaches?

Auch das I./R. J. R. 76 auf dem linken Angriffsflügel ist
anfangs gut vorwärts gekommen; Hptm. d. R. Eggers hat
Widerstandsnest um Widerstandsnest durch geschickte Führung
und umfassende Angriffe seiner Kompanieführer bezwungen
und zahlreiche Gefangene zurückgeschickt. Vor dem ehemaligen
Gehöft Groenelinde, das jetzt ein Nest von Betonklötzen ist,
stockt der Angriff. Diese schwierige Lage erkennt sofort Major
z. D. Lucas, der mit seinem I./165 dichtauf gefolgt ist, und greift
ein. Schon bricht der prächtige Lt. d. R. Lindemann mit seiner
1. Kp. in raschen Sprüngen nach links vor. Einen solchen An=
griffsgeist hat der Engländer nach fast vierjähriger Kriegszeit
bei den ausgehungerten Deutschen nicht erwartet: in wilder
Flucht weicht er zurück, zahlreiche Gefangene zurücklassend.
Auf der ganzen Front kommt der Angriff wieder in Fluß und
stößt erst wieder in Linie Lindenbusch — Hof Dassonville auf
stärkeren Widerstand, der aber auch das Vorwärtsstürmen der
tapferen Res. 76er und des I./165 nicht zu hemmen vermag. Da
schießt ein englisches Geschütz aus etwa 800 m Entfernung
ununterbrochen auf unsere in einem Hohlweg befindlichen
Mannschaften. Kurz entschlossen gehen Vizefeldw. Meier, Ernst,
Serg. d. L. Eckardt und Gefr. Richter der 1. Kp./165 in Richtung
auf das verderbenbringende Geschütz vor. Englische Infan=
teristen empfangen die Deutschen mit Schnellfeuer. Rasch ist
ein M. G. zur Unterstützung des Vorstoßes aus der Flanke

bereit, dann stürmt das feldgraue Kleeblatt bis auf 50 m vor das feuernde Geschütz. Von hier aus werden in aller Ruhe die englischen Kanoniere unter Feuer genommen, das ausgezeichnet liegt. Vizefeldw. Meier hat inzwischen die Batteriestellung um= gangen und schleudert dem Feinde Handgranaten in die Flanke. Verwirrung erfaßt die Engländer; in diesem Augenblick stürzen sich die drei Feldgrauen auf die noch lebenden Tommys, die sofort die Flucht ergreifen. Neben dem Geschütz fallen auch noch 2000 Schuß in die Hände der drei Draufgänger.

Doch auch unsere Reihen lichten sich immer mehr; so wird denn die gerade eintreffende 6./165 und die Sturmabteilung der 7. J. D. freudig begrüßt. Gegen die englische Hauptwiderstands= linie, aus der heftig gefeuert wird, wirft Major z. D. Lucas diese Truppenteile im Verein mit der 2./R. J. R. 76, da heben die Engländer zum Teil schon vorher die Hände hoch oder laufen zurück. Schließlich wird die ganze englische Hauptwiderstands= linie besetzt.

Bereits am Nachmittag des 10. hatte die 7. J. D. Teile des J. R. 26 unter Hptm. v. Niebelschütz und Rittm. Thoma hinter das Angriffsfeld geschoben, die hauptsächlich in Richtung Rondellwald angreifen sollten. Die oberen Stellen ließen auch diesen Truppen nicht genügend Zeit zur Vorbereitung, so daß zur festgesetzten Stunde, 8 Uhr vormittags am 11. April, nicht einmal alle Kompanien den Angriffsbefehl hatten. Schon vor= her hatte sich die 6./165 des Lts. d. R. Salomon durch kühnen Handstreich eines Engländernestes bemächtigt und 3 Offiziere, 75 Mann und 3 M. G. zurückgeschickt. Durch die Ueberstürzung des Angriffs kam es, daß die Magdeburger nach schweren Kämpfen an Königstraße und Dammweg unüberwindlichen Widerstand fanden, so daß Hptm. v. Niebelschütz nachmittags seine Kompanien an den Hanseatenweg zurücknahm. Rittm. Thoma lag am Südrand des Rondellwaldes.

In der vierten Nachmittagsstunde brach ein schwerer Gegen= angriff gegen das Raabschloß los. Allein die dort liegenden Teile der 10. und 12./165 mit der 1. M. G. K. waren auf der Hut. Lt. d. R. Lipinski ließ seine Leute die erbeuteten englischen

M. G. bedienen, und mit ihren eigenen Waffen wurden die Tommys reihenweise niedergemäht.

Am Abend mußte das Quedlinburger Regiment noch einen seiner Besten hingeben, den Führer der 1. Kp., Lt. d. R. Lindemann. Ein Kopfschuß setzte dem Leben dieses vortrefflichen Offiziers ein Ende, der unter unsagbaren Schwierigkeiten aus fernen Weltteilen herbeigeeilt war, um seinem Vaterlande zu dienen.

Das schwere Ringen am 10. und 11. hatte somit weder der 17. R. D. noch der 7. J. D. den gewünschten Erfolg, die Einnahme des auf beherrschender Kuppe thronenden Wijtschate, gebracht. So leichten Kaufes ließ sich der Kemmel sein wichtigstes Außenfort nicht entreißen.

Rings um den Ploegsteertwald.

Hinter dem durcheinandergewürfelten, aus schlammigem Boden aufragenden Feld von Betonbunkern und Widerstandsnestern breitete sich das riesige Viereck des Ploegsteertwaldes im Angriffsstreifen des X. R. K. aus. Gen. d. J. v. Eberhardt war sich bewußt, daß dieser Wald, den jahrelanger Stellungskrieg zerschossen hatte, zu einem mächtigen Hindernis für seine Sturmdivisionen werden konnte, und beabsichtigte, ihn zu umgehen; allerdings lag hinter ihm die Nachtigall-Höhe wie eine versteckte, lauernde Bastion, die der Engländer gewiß zu einem Stützpunkt allerersten Ranges ausgebaut hatte. Er sollte sich nicht getäuscht haben.

In den Gefechtsstreifen der am rechten Flügel stehenden 31. J. D. fiel dieser Ploegsteerter Wald, fiel die Nachtigall-Höhe, fiel letzten Endes der Kemmel. Sollte es ihr vergönnt und möglich sein, in ein, zwei und drei Sprüngen diese Ziele nacheinander zu erreichen? Es kam ganz auf die Widerstandskraft des Feindes an, ob der Division des Gmj. v. Wissel (1. Generalstabsoffz. Hptm. Hederich) ein solcher Anlauf glückte; die Kraft und die Begeisterung dazu fühlten die Truppen dieser Division unbedingt in sich.

Gmj. Maerker, dessen 1. Gen. Stabsoffz. Hptm. Langemeyer war, hatte mit der 214. J. D. als linker Angriffsdivision süd= lich des Ploegsteerter Waldes herumzugreifen; in ihrem Ge= fechtsstreifen lagen die Höhenstellungen von Nieuwekerke und Zwartemolenhoek, seit Jahren ausgebaute Systeme. Links von ihr befand sich das bei der Offensive ausgesparte Armentières; sie mußte sich nicht nur durch die Feindstellungen hindurch= kämpfen, sondern vor allem darauf bedacht sein, hinter Armen= tières dem rechten Flügel der 6. Armee die Hand zu reichen. Auch bei dieser Division herrschte volle Zuversicht auf Gelingen dieser schwierigen Aufgaben.

Exz. v. Eberhardt ließ seine 36. R. D. als Reserve folgen. Die 32. J. Br. (Oberst Feldtkeller) hatte im Angriffsstreifen der 31. J. D. das J. R. 174 rechts, das J. R. 70 links genom= men und ließ das J. R. 166 in zweiter Linie folgen. Spreng= trupps des Pi. Btls. 32 waren zugeteilt.

Schon hallte der Kanonendonner der 6. Armee von Süden her, als am 9. April abends Major Müller=Loebnitz (vorher Chef des Gen. Stabes des XIII. w. A. K.) sein J. R. 174 aus der Bereitstellung um Waasten unter erheblichen Schwierig= keiten in den Angriffsraum führte. Sein rechter Flügel sollte den Douvebach entlang gehen. Unser Artillerievorbereitungs= feuer am Morgen des 10. beantwortete die englische Artillerie in diesem Abschnitt lebhaft, so daß schon die ersten Verluste ge= meldet wurden. Trotzdem trat das Forbacher Regiment 5,15 Uhr vormittags mit frischem Schwunge an. Schnell wurde die erste feindliche Linie genommen, dann aber spielten sich die eigent= lichen Kämpfe in den weitverzweigten Gräben um die Trichter und Betonblöcke des Hintergeländes ab. Die Lage dieser feind= lichen Widerstandsnester war geradezu raffiniert ausgeklügelt; nichts war da von einer zusammenhängenden Linie, die man im Sturm hätte nehmen können, um sich auf die nächste zu werfen: nein, anscheinend wahllos schienen diese Bunker im Gelände verstreut, und doch unterstützten sie sich gegenseitig durch wohlberechnetes Flankierungsfeuer. Kaum hatten sich die Deutschen eines „Widas" bemächtigt, so tauchten aus dem

Nebel schon wieder zwei, drei andere auf; es war wie eine Hydra, gegen die man den Kampf führen mußte. Mit wütender Erbitterung wurde hier gerungen; gleich beim Antreten zum Sturm wurde der Kommandeur des I. Btls., Hptm. d. R. Meyer, verwundet, während sein Adjutant, Lt. Leipold, den Schlachtentod starb. Die Führung des Bataillons übernahm Oblt. d. R. König. Im „Kapitalgraben" liegen die englischen Gefallenen Mann an Mann, wie sie bei einem Handgranatenkampf der Abteilung des Offizierstellv. Lentzen erlegen waren. Ungeheuer schwer ist die Orientierung in dem Nebelmeer; nur die Zuckerfabrik und das von Nordwesten herüberragende Dorf Meesen bilden verschwommene Merkmale. Gegen Mittag haben die Forbacher die Töpferei, Hexenschanze und das Kapitalhaus fest in der Hand, weiteres Vorgehen schließt starkes M. G.-Feuer aus. Selbst zu Gegenstößen rafft sich der Feind auf. Obwohl verwundet, eilt Major Müller-Loebnitz bis in die Gegend nördlich der Zuckerfabrik vor und setzt seine ganze Person ein, um sein Regiment erneut zum Sturm vorzuführen. Der Douvehof kann nicht mehr genommen werden, allein der linke Flügel arbeitet sich ein Stück weit vor. Mit diesem Erfolg müssen sich die 174er zufrieden geben.

Mit mindestens gleich großen Schwierigkeiten hatte das J. R. 70 unter Obstlt. Siehr auf dem linken Flügel der 31. J. D. zu kämpfen, denn der auf den Ploegsteertwald gerichtete Angriff mußte über ein mit Widas gespicktes Gelände vorgetragen werden, aus dem vor allem die Trümmer der zerschossenen Zuckerfabrik aufragten; daß in ihren Kellern und ihrem alten Gemäuer der stark bewehrte Tommy saß, war wohl nicht zweifelhaft. Auch die nahegelegene Weberei lud zu nachhaltiger Verteidigung ein.

Als die letzte schwere Mine in die Zuckerfabrik kracht, werfen sich die Kompanien ins Niemandsland und durch dieses hindurch auf den Feind. Im Geiste sehen sie den Kemmel vor sich in seinen dunklen Umrissen. Der unsichtbare Berg verleiht dem Angriff der Saarbrückener und der 2. Kp./Sturm-Btls. 4 Schwung und Kraft. Ueberraschend brechen sie in die erste

feindliche Linie ein, doch Weberei und Zuckerfabrik sind feuer=
speiende Ungetüme. Wird sie Hptm. Müller (Hans) mit seinem
III. Btl. bezwingen? Seine prächtigen Kompanieführer müssen
und werden es machen! Da stürmen sie schon ihren Kompanien
voraus: Oblt. d. R. Schmitz seiner 11. und Lt. d. R. Semler
seiner 12.! Solchen Führern müssen die Mannschaften folgen!
Zuerst packen sie den Stier an den Hörnern. Es ist ihm nicht
beizukommen. Aus den Mauerspalten, aus den zerschossenen
Kesseln, aus dem Gewirr von Maschinen und Drähten pfeift
und zischt es. Wo sind die Minenwerfer? Kommen nicht. Ihr
Führer, Lt. Clees, gefallen. Der Führer der 9., die rechts dieser
beiden Kompanien kämpft, sieht das schwere Ringen; Lt.
Rauchheld entschließt sich, ihnen beizuspringen. Nimmt die
Hälfte seiner Kompanie aus der Linie. Flankenangriff gegen
das Ungetüm! Da sind noch Teile der 9./174, die führerlos im
Gelände herumlaufen, und 2 M. G. des Sturm=Btls. 4: her
damit! Auf 20 m kommen sie heran, da zerschmettert dem Leut=
nant ein Gewehrschuß das rechte Knie. Offz. Stellv. Krämer
soll den Angriff fortführen, tut es, nach einer halben Stunde
sind sie in der Fabrik. — Inzwischen ist auch Lt. d. R. Semler,
sich mit den Seinen durch den deckenden Lysgrund vorschleichend,
der Fabrik in den Rücken gekommen, packt sie von Süden, und
endlich kommt dieser mächtige Stützpunkt zu Fall; 150 Gefan=
gene, 16 M. G. werden aus den Kellern und Trümmern heraus=
geholt. Eine prächtige Waffentat!

Doch um jene Zeit sind alle Kompanieoffiziere des III. Btls.
tot oder verwundet. Im Nebel hat sich alles nach links ver=
schoben. Am schnellsten hat Hptm. Müller sein Bataillon wieder
in der Hand, schwenkt es nach Westen zurück, erreicht die zweite
und dritte englische Stellung, und bereits um 7,15 Uhr vor=
mittags liegt die 12. Kp. 100 m vor dem zäh und tapfer ver=
teidigten Südoststrand des Ploegsteertwaldes.

Auch Hptm. Eggermann hatte sein I. Btl. flott vorwärts
gebracht; doch wohlgeleitetes Feuer aus zahlreichen M. G. ließ
den rechten Flügel des Regiments nur bis auf 1200 m, die
Mitte auf 600 m an den Wald herankommen. Es war unmög=

lich, festzustellen, woher dieses Feuer kam; erst am nächsten Tage ergab sich, daß der Feind die Höhe 28 besetzt hatte, die sich von der Nachtigallhöhe nördlich des Ploegsteertwaldes und über diesen hinaus nach Westen zog und weit in unser Angriffs= feld vorsprang; sie war durch ein sehr starkes Hindernis und einen Sumpf geschützt. Von hier aus wurde das feindliche Artilleriefeuer geleitet. Ein gut ausgebauter, stark besetzter Verbindungsgraben führte zur Nachtigallhöhe.

Bei sinkender Nacht ging Oberstlt. Siehr mit seinem Stabe und dem II. Btl. am Südrand des Waldes entlang weiter gegen das Dorf Ploegsteert, um den Verbleib des Feindes festzustellen. 1200 m vor dem Dorfe erhielt er aus nächster Nähe Artillerie= und M. G.=Feuer. Der Zweck der Erkundung war erreicht: der Ploegsteertwald gebot den Deutschen ein gebieterisches Halt.

Was hatte sich inzwischen bei der 214. J. D. ereignet, die südlich dieses Waldes vorstoßen sollte?

Von den drei Regimentern der von Oberst z. D. Bering ge= führten 214. J. Br. stand J. R. 363 rechts, J. R. 358 links in der Front, das J. R. 50 als Div.=Reserve bei Quesnoy. Die Frontregimenter hatten als erstes Hindernis die Lys zu über= schreiten, auf deren jenseitigem Ufer hinter feuchten, sumpfigen Wiesen der Gegner saß. Ohne den schützenden Nebel wäre der Uebergang kaum möglich gewesen. Unmittelbar von der eben erst fertiggestellten Pontonbrücke herunter warf sich das III. Btl. auf den Engländer, der diesem und dem I. Btl. ohne größeren Widerstand die Eisenbahnstellung überließ. Vorwärts auf die zweite feindliche Stellung! Vor den scharf vorstürmenden, durch die 3./F.A.R. 44 unterstützten Frontbataillonen des Mjr. Roesch= ke floh der Feind in Richtung auf den großen Wald. Ueber mehrere Geschütze ging der Anlauf der 363er hinweg in das Dorf Ploeg= steert hinein, dann aber kam er zum Stillstand, denn wieder war es der Wald, der aus seinem Südrand den Angreifern seine Eisensaat in die rechte Flanke jagte. Gegenangriffe mußten bereits abgeschüttelt werden. Schon drohte die Front abzu= bröckeln, da traf hochwillkommene Hilfe ein: das I./R. J. R. 61.

Hptm. d. R. Risch schwärmte in die arg gelichteten Reihen des I./363 ein, ihm wieder festen Halt gebend.

Auch Major Hahns pommersches J. R. 358 konnte anfangs einen großen Sprung in das feindliche Stellungsnetz tun, kam aber in dem dichten Nebel nach links ab, nahm noch Weemar Gilde und eine feindliche Batterie bei Hof Despierre, dann aber war es vor der zweiten englischen Stellung festgerannt. Da durchbrachen 10 Uhr vormittags 5. und 8. Kp. diese Stellung nördlich des Calvaire=Hofes, auf den Hof selbst warf sich Lt. d. L. Franke mit seiner 10. und Teilen der 6. und entriß dem Feinde mit seinen tapferen Pommern den Schlüssel zur zweiten Stellung, 5 Geschütze erbeutend. Nun konnte sie aufgerollt werden. 4 weitere Geschütze riß Lt. d. R. Birnbaum bei Klein= Rabecque=Hof an sich.

Auch das J. R. 50 wurde eingeschoben, mit dessen Hilfe ein englischer Gegenangriff bei Dorf Ploegsteert abgewiesen wurde.

Bereits um die Mittagsstunde flogen die Befehle zum Vor= ziehen der Artillerie auf das nördliche Lys=Ufer durch die Leitungen. Hier, ebenso wie bei den anderen Divisionen, war dies aber leichter gesagt als getan. Begleiten wir z. B. das pommersche F. A. R. 2 unter seinem Kommandeur, Major v. Kritter, der die Sturmgruppe Nord führte, auf diesem schwie= rigen Gang! Voraus reiten die Abteilungskommandeure, Obltn. d. R. Heidemann (I.) und Hptm. Geibel (III.) mit ihren Stäben und den Batterietrupps und zwängen sich glücklich über die Brücke bei Pont Rouge. Dann fahren die Batterien der I. Abt. an; im Schrittempo gehen auch sie hinter der II./F. A. R. 44 über die schwankende Brücke, wo heilloser Wirrwarr von Truppen, Fahrzeugen, Verwundetentransporten herrscht. Ein lohnendes Ziel für feindliche Artillerie! Dann ergießen sich die Kolonnen in das Trichtergelände. Die Geschütze, die Muni= tionswagen, die Feldküchen sind mit 6 Pferden bespannt, der Rest der Fahrzeuge wird später geholt. Trotzdem schleicht man im Schneckentempo vorwärts. Hier versagt jede noch so große Uebung im Ueberwinden von Hindernissen, versagt die mit= genommene Rolle zum Ausfüllen der Wegelöcher, versagen

Hacke und Spaten. Es ist ein Quälen von Loch zu Loch. Zehn=
spännig, unter Aufbietung aller verfügbaren Menschenkräfte,
holen die Kolberger Geschütz um Geschütz aus einem Loch her=
aus, um es in das nächste hineinzubefördern. Dann bricht die
stockdunkle, regnerische Nacht herein. So biwakiert denn die
Abteilung im Trichterfeld und erhält nachts Flankenfeuer aus
dem Ploegsteertwald.

Als die Dunkelheit sich über das heiß umkämpfte Schlacht=
feld legte, war der Ploegsteertwald unbezwungen. Wie ein
dräuender Keil stand er mitten in der deutschen Front, Unheil
in seinem düsteren, geheimnisvollen Inneren bergend. Was
mochte in ihm vorgehen? Massierten sich in ihm englische
Reserven, um beim Grauen des nächsten Tages in die zer=
kämpften deutschen Linien einzubrechen? Oder benutzte der
Gegner diesen Keil, um an anderer Stelle seine Artillerie zu=
rückzubringen? Oder wird er auch morgen dem umfassenden
Angriff der Deutschen trotzen, gestützt auf seinen mächtigen
Rückhalt, die Nachtigall=Höhe und ihren Ausläufer 28? Das
waren die schweren Fragen, die die Führer in jener Nacht nach
dem ersten Angriffstage bewegten.

Noch am Abend des 10. April schoben sich II. und III./R. J.=
R. 61 in den Südteil des Forstes hinein, das II. nahm das un=
besetzte Lager Fosse=Labarre in Besitz, dann aber stieß man auf
einen Gürtel feuernder M. G.=Nester, der jedes weitere Vor=
gehen ausschloß.

Am nächsten Tag, 9 Uhr morgens, ging Lt. Steeg mit seiner
5./70 über freies Feld gegen die Nordostecke des Waldes vor,
geriet aber in wütendes M. G.=Feuer. Obstlt. Siehr hielt es
deshalb für geratener, den Wald an seiner Südostecke anzu=
packen, und führte dorthin den Rest seines Regiments. Im
Wald schwenkt es nach Norden ein. Vorsichtig tasten sich die
Kompanien vor, jeden Augenblick gewärtig, aus dem Gewirr
mit M. G.=Garben übersprüht zu werden. Und da enthüllt sich
das Geheimnis des Ploegsteert=Waldes. Ohne Widerstand zu
finden, erreichen die Saarbrückener den Nordrand! Um 10 Uhr
vormittags ist der ganze Ploegsteert=Wald vom Feinde frei.

In den Unterständen findet man jedoch noch warmen Tee und warmes Essen. Alles weist darauf hin, daß der Engländer die Waldstellung erst mit dem Eindringen der 70-er fluchtartig verlassen hat. Der Ploegsteert-Wald ist in deutschem Besitz, aber nicht die Nachtigall-Höhe mit ihrem Ausläufer 28, die anscheinend mit englischen M. G. gespickt sind. Sie erfordern unweigerlich neuen Sturm, neue Blutopfer der Deutschen.

Sturm auf Nachtigallhöhe und Romarin.

Am 10. April hatte auch die 6. Armee in den Feind hineingestoßen, jedoch ihr Sprung nach vorwärts war wesentlich kleiner als am Tage vorher; die Keilspitze legte sich zwar über Steenwerck, allein englische Gegenstöße gestatteten ihr im wesentlichen nur das Ueberschreiten der Lys. Bleiern hing sich das Gewicht feindlichen Widerstandes an den linken Flügel bei Festubert und Givenchy. Das Ergebnis der Gesamtleistungen beider Armeen waren zwei Hervorwölbungen aus der alten Front, zwischen denen das noch nicht genommene Armentières lag. Von höchster Wichtigkeit war es, daß sich ihre inneren Flügel bald zusammenschlossen.

Der Angriff der 4. Armee hatte den rechten Flügel der von Gen. Plumer geführten englischen 2. Armee getroffen; das dort stehende IX. A. K. hatte sich tapfer geschlagen. Gering waren die eigenen Reserven, über die General Haig verfügte. General Foch, um Hilfe angegangen, forderte, daß die Flandernfront unbedingt gehalten werden müsse, wies aber gleichzeitig die französische 10. Armee an, über die Somme in Richtung Doullens vorzurücken. Werden die Deutschen das Kemmelmassiv in ihre Hand gebracht haben, ehe das Eingreifen der Franzosen wirksam wird?

Nach diesem kurzen Ueberblick über die Gesamtlage kehren wir zum linken Flügel der deutschen 4. Armee zurück. Zwei schwierige Aufgaben waren hier zu lösen: Wegnahme der wichtigen Nachtigall-Höhe und Anschluß an den rechten Flügel der 6. Armee, um Armentières und seine Besatzung abzuschneiden.

Wie wir gesehen haben, hatte sich der rechte Flügel der 174=er vor dem stark bewehrten Douve=Hof festgefahren, stand also nördlich des oben genannten Ausläufers 28 der Nachtigall= Höhe. Dann schwang sich ihre Linie zurück bis zum Schmidt= Graben östlich davon. Ein Versuch des Oblt. d. R. König, am Morgen des 11. den Angriff weiter vorzutragen, scheiterte on dem übermächtigen Feuer der Engländer. Obstlt. Siehr hatte mit seinen 70=ern 10 Uhr vormittags den Nordrand des Ploegsteertwaldes erreicht und lag südlich 28.

Scharf und weithin sichtbar zeichnete sich die Nachtigallhöhe hinter dem Ploegsteerter Forst ab, ihn wie eine Trutzburg beschirmend. Gmj. v. Wissel war sich darüber vollkommen im Klaren, daß ohne Wegnahme dieser alles beherrschenden Höhe ein weiteres Fortführen des Angriffs gegen den Kemmel und das Vorziehen der Artillerie undenkbar waren. Die Höhe mußte genommen werden. — „Verbinden Sie mich mit dem Kom= mandeur 166!" rief gegen 11 Uhr General v. Wissel einem seiner Ordonnanzoffiziere zu. „Verbindung hergestellt!" Der Oberleutnant reicht dem Divisions=Kommandeur den Hörer. „Hier Obstlt. Polmann." — „Guten Morgen. Wo steht augen= blicklich Ihr Regiment?" — „Bei der Zuckerfabrik in Waasten, Herr General." — „Gut! Folgende Lage: Die Regimenter 174 und 70 liegen in einem von Norden nach Süden verlaufenden Bogen vor dem stark besetzten Ausläufer 28 der Nachtigallhöhe; sie werden diesen Ausläufer heute 6,45 Uhr abends nehmen. Das J. R. 166 stürmt um 7 Uhr abends die Nachtigallhöhe. Die 214. J. D. links von uns ist in gutem Vorschreiten. Alle Hilfswaffen einschließlich Artillerie stehen Ihnen zur Ver= fügung. Richtung und Art des Vorgehens überlasse ich Ihnen. Ist alles klar?" — „Jawohl, Herr General!" — „Sonst noch eine Frage?" — „Nein. — „Alles Gute!" — Obstlt. Polmann ist sich über die Schwere der Aufgabe im Klaren, weiß aber auch, daß er sein Regiment drüben im Osten ausgezeichnet für den Großkampf geschult hat. „Sofort Essen ausgeben! Batail= lone um 1 Uhr zum Vormarsch nach Dorf Ploegsteert bereit; Führer zu mir!" Der Adjutant übermittelt diesen Befehl, der

Oberstleutnant setzt sich mit der Artillerie in Verbindung. Von allen Seiten wird ihm mitgeteilt, daß es ein Ding der Unmöglichkeit sei, heute noch mit Fahrzeugen das Trichter= und Hindernisfeld zu überwinden. „Dann muß mein Regiment ohne Artillerie stürmen! Umso wichtiger ist Angriffsrichtung und Einsatz." Er studiert die Karte, faßt den Entschluß, weit nach links ausholend die Nachtigallhöhe aus dem Gefechtsstreifen der 214. J. D. heraus zu packen.

Die Bataillone sind in drei Kolonnen angetreten, zuerst das II. unter Hptm. Methien. Durch die zahlreichen Stellungen mit ihren breiten Drahtfeldern winden sie sich. Die Frühlings= sonne leuchtet. Gerne hätte man sie vermißt, denn feindliche Fliegergeschwader ziehen ihre gefährlichen Kurven über den marschierenden Bataillonen, greifen sie an, und die 6. Kp. hat 17 Mann Verluste durch Bomben und M. G.=Feuer aus der Luft. Obstlt. Polmann ist mit seinem Stabe vorausgeeilt nach Dorf Ploegsteert. Immer drohender steigt die Nachtigallhöhe vor ihm auf, von der Abendsonne vergoldet hinter dem großen Walde liegend. In Stockwerken reihen sich Gräben über Gräben, die Stolleneingänge und M. G.=Schlitze sind deutlich zu erkennen. „Ohne Artillerievorbereitung soll dieses Bollwerk genommen werden? Werden sich meine Leute nicht vor den englischen M. G.=Läufen verbluten?" Der Oberstleutnant über= legt, dann wendet er sich rasch an den M. G.=Offizier beim Stabe, Hptm. d. R. Velleuer: „Sie müssen heute mit Ihren M. G. und den Minenwerfern die Artillerie ersetzen. Bis auf einen M. G.=Zug wird Ihnen alles unterstellt. Sie unterstützen den Infanterie=Angriff durch Ueberschießen. Die Minenwerfer nehmen den untersten englischen Graben unter Feuer, sämtliche Maschinengewehre bestreichen den nächsthöheren. Hat die In= fanterie ein Grabensystem erreicht, werden drei weiße Leucht= kugeln hochgehen, das Zeichen für die Maschinengewehre, ihr Feuer eine Etage höher zu verlegen. Verstanden?" — Und ob der Hauptmann diese geniale Art des Artillerie=Ersatzes ver= standen hat!

Am Rande des zerfledderten Ploegsteertwaldes steht der

Oberstleutnant mit seinem Stabe. Es ist gegen 6 Uhr abends. Kugelschauer spritzen durch das Geäst, der Kommandeur steht aufrecht, raucht seine Zigarre, beobachtet den Anmarsch. Mutiges Beispiel wirkt zündend. Mag auch vordem bei dem Fliegerangriff manch einer kleinmütig geworden sein, die Ruhe des Kommandeurs gibt ihm wieder Zuversicht. Aufrecht, die Gesichter ihm zugewandt, ziehen die vom Regiment Hessen-Homburg vorüber. Er grüßt seine morituri . . .

Wir eilen hinüber zu den 70-ern und 174-ern, die sich zum umfassenden Angriff gegen den Ausläufer 28 rüsten. Ihnen ist vorbereitendes Fernfeuer der Artillerie zugesagt. Ein kurzer Feuerüberfall von einer Viertelstunde muß genügen. 21 cm-Granaten rauschen über den Ploegsteertwald, schlagen statt auf die vom Feind besetzte Höhe — in den Waldrand, wo sich die 70-er zum Sturm bereit gestellt haben. Unter Verlusten müssen sie in den Wald zurückgenommen werden. Man flucht über die eigene Artillerie, doch bei den schlechten Fernsprechverbindungen hat das alles in überstürzter Hast gehen müssen.

Ausgezeichnet sitzt dagegen das Artilleriefeuer vor dem Abschnitt der 174-er, wie Major Müller-Loebnitz von seinem Gefechtsstand Hexenschanze deutlich wahrnehmen kann. Die Abteilung des Oblt. d. R. König arbeitet sich nun im Verein mit der 2./Sturm-Btls. 4 gegen den Douve-Hof, an dem er sich bisher die Zähne ausgebissen hat, vor, während sich Hptm. Osann zur Linken anschließt. Zu schweren Kämpfen kommt es noch am Zickzack-Graben, dann aber zieht der Gegner schnell nach Westen ab. Bis zum Äußersten wehren sich drei M. G.-Nester, die erst bei Einbruch der Nacht bezwungen werden können. Noch am Abend geht die Abtlg. König bis in Linie Angstburg—Nachtigall vor, ohne Widerstand zu finden. Vier Geschütze, zahlreiche M. G., viele Gefangene sind die Beute.

Nach dem scheußlichen Artilleriefeuer in die eigenen Reihen nimmt Major v. d. Lippe sein II./70, die 1. Kp., die 1. und 2. M. G. K. und die M. W. des I. und II. Btls. wieder in die Sturmstellung vor. Und da stehen die Braven bereit, als ob nichts geschehen sei. Das III. Btl. befindet sich am linken Flügel der 174-er, greift also von Osten her den Ausläufer an. Artillleriewirkung fehlt; M. G.- und M. W.-Feuer zwingt den Gegner in seine Gräben. Unter seinem Schutz geht die Sturmtruppe vor und nimmt die Höhe in einem einzigen Anlauf. Der Gegner flutet gegen die Nachtigallhöhe zurück, den Erstürmern des Ausläufers 2 Offiziere, 100 Mann, 2 Geschütze und 22 M. G. zurücklassend.

Vor der Nachtigallhöhe lauern die 166-er auf die siebente Abendstunde. Der Gegner rührt sich nicht, wahrscheinlich blendet ihn die glühend untergehende Abendsonne. Da erhebt sich die feldgraue Linie; rechts drüben klettert des Lts. d. R. Bicker 8. Kp. hoch; hier, in der Mitte, eilt Lt. d. R. Steinhöfel seiner sich durch das Gestrüpp durchschlagenden 7. voraus; links, wo kein Wald mehr ist, führt Lt. d. R. Rasch seine 5. vor. Erst im gleichen Augenblick setzt ohrenbetäubendes M. G.-Geknatter ein. „Aha, jetzt sind die Tommys endlich aufgewacht!" ist bei vielen der erste Gedanke. „Na, wenn sie so hoch schießen —?!" Ein schneller Blick nach hinten! Das geradezu tolle Feuer kommt ja von unseren M. G.! Und unsere M. W. hauen auch dazwischen, daß am Engländerhang die Fetzen fliegen! „Hurra!" schreit Lt. Steinhöfel aus Leibeskräften, und der Ruf fliegt wie ein Lauffeuer nach rechts und links. Durch Gestrüpp und Drahtgewirr rennen sie den Hang hoch. Handgranaten krachen in den ersten Graben. Ist kaum nötig, denn die Engländerreihen rühren sich nicht mehr, sind Opfer der M. G.-Garben geworden. Weißer Dampf von Handgranaten quillt aus Unterständen, hinter ihm erscheinen Khakifarbene mit verzerrten Gesichtern, erhobenen Händen. Etage um Etage springt das Feuer der Hilfswaffen hoch, Etage um Etage wird genommen, fast ohne Verluste. — „Vizefeldwebel Butschek gefallen!" Einer der wenigen Gefallenen — dem Lt. Steinhöfel greift der Tod seines prächtigen Zugführers ans Herz. — Auch im zweiten Graben nur tote Engländer. Dank, ihr Kameraden von den M. G.-Kompanien! Mit letzter Lungenkraft erreichen 6. und 8. Kp. die Höhe. Die Führer nehmen mit tatternden Händen ihre Gläser ans Auge: ödes, wüstes Plateau, über dem es schon zu dämmern beginnt. Verschwommen, 7—800 m entfernt, eine anmarschierende Schützenlinie. „Schießen!" schreit Lt. Steinhöfel dem Mann am leichten M. G. zu. „Keine Munition!" „Verdammt!" Und der Leutnant läßt sich den Hang hinunterkugeln, landet vor einem Mann mit zwei Munitionskästen, entreißt ihm einen, keucht wieder hinauf. Das M. G. tackt — fortgewischt ist die Feindlinie. Lt. d. R. Bicker stürmt mit seiner 8. weiter, Steinhöfel deckt den linken Flügel, mit einer Gruppe der 6. unter Untffz. Storch zwei schwere englische Geschütze wegnehmend. Rums! Rums! Hinter ihnen steigen zwei Riesenfontänen hoch. Fernfeuer unserer Schweren! Danke schön! Leuchtkugeln mit weißen Sternen zischen hoch, ein ganzes Feuerwerk: die Schweren schießen weiter. Der Leutnant muß mit seiner Kompanie nach rechts ausweichen. Endlich schläft das Feuer, schläft die Schlacht ein. Man sammelt die Kompanien, ordnet, zieht noch Gefangene aus den riesigen Stollen, schlüpft selbst hinein. Manch heißes Dankgebet steigt zum Himmel.

So nahmen die 166-er die Nachtigallhöhe. Ueber 500 Gefangene, 8 schwere Geschütze, 25 M. G. sind ihre Beute, nur 25 Mann die eigenen Verluste dank der genialen Führung des Obstlt. Polmann. Im Heeresbericht wurde das Regiment genannt, sein Führer, ein Frontsoldat von echt preußischem Schrot und Korn, mit dem Pour le mérite ausgezeichnet.

Was hatte sich inzwischen südlich und südwestlich des Ploegsteertwaldes abgespielt? War es dem X. R. K. gelungen, sich den Anschluß an den rechten Flügel der 6. Armee zu erkämpfen und Armentières abzuschneiden?

In stockdunkler Nacht, bereits um 2,30 Uhr, sollte der Angriff gegen Romarin und das anschließende Gelände fortgesetzt werden. Unmöglich war es, die Befehle so rasch zu den Truppen zu bringen. Nach vielfachen Reibungen trat das J. R. 363 auf dem rechten Flügel nördlich Straße Ploegsteert—le Romarin um 5 Uhr vormittags an, um noch die Dämmerung auszunützen; das Btl. Risch (I./R. J. R. 61) rechts, das I./363 links kamen auch ohne Verluste 1 km rasch vorwärts, allein bei beginnender

Helligkeit setzte frontales und flankierendes Infanterie= und
M. G.=Feuer ein, das sich im Laufe des Vormittags immer
mehr verstärkte und den Bataillonen harte Verluste zufügte.
Gegenangriffe um Gegenangriffe scheiterten an der Tapferkeit
dieser Bataillone, denen auch die englische Artillerie böse zu=
setzte. Da, gegen 11 Uhr vormittags, wurde es plötzlich in dem
vor der Front der 363=er liegenden Pourcelle=Hof und dem
Gelände rechts und links davon lebendig: nach einem kurzen
Granatenhagel und M. G.=Massenfeuer stürzen dichte Angriffs=
wellen zu einem Gegenstoß von äußerster Entschlossenheit gegen
die 363=er und Res. 61=er vor. Auf deutscher Seite fällt kein
Schuß. 50, 40, 30 m sind die Angriffswellen noch entfernt.
Da gellen Hornsignale, brüllt Hurra, eine lange Reihe von
Bajonettspitzen blitzt auf, wirft sich auf den Feind, fährt in ihn
hinein. Er stockt, ist verwirrt, kann nicht begreifen — und
flieht! Hinter ihm her die Bataillone, auch die in Reserve
gestandenen, immer und immer auf seinen Fersen, durch Hecken,
über Gräben. Teilweise Gegenwehr des Engländers wird
niedergeschlagen. Aus den Stützpunkten in unserer rechten
Flanke schlägt M. G.=Feuer, bringt uns Verluste, doch die
Tapferen lassen nicht ab in der Verfolgung. Der prächtige
Hptm. Risch wirft einen Teil seines Bataillons nach der rechten
Flanke, Front nach Norden nehmend, die 363=er aber brechen in
und bei le Romarin in die dritte englische Stellung ein, stets
unterstützt von ihrer Begleitbatterie, der 3./F. A. R. 44. 3 Uhr
nachmittags ist das Angriffsziel erreicht, wobei auch die
I./F. A. R. 2 wacker mitgeholfen hat.

Auch die 50=er waren 5 Uhr vormittags zum Angriff gegen
le Romarin—Rossignol angetreten. Hier war es die Stoß=
batterie, die 2./F. A. R. 44 unter Oblt. d. R. Schlott, die ihre
Granaten mit bestem Erfolg gegen Oosthove=Schloß sandte und
der angreifenden Infanterie den Weg freilegte. Leider fiel
Oblt. Schlott später im Protzenlager. Auch die 50=er arbeiten
sich bis zur Feindstellung le Romarin—Rossignol durch, zu=
nächst aber glückte es nur dem rechten Flügel, dort einzudringen;
vor feindlichem Gegenstoß mußte er aber wieder weichen. Auch

ein Angriff am Abend brachte noch nicht vollen Erfolg; nur das I. Btl. unter Hptm. d. R. Setzermann, die 12., die Lt. d. R. Fiedler führte, und später die 9. unter Hptm. d. L. Goetting, konnten in die außerordentlich stark ausgebaute, tapfer verteidigte Stellung einbrechen. Erst am Morgen des 12. gab der Engländer hier seinen Widerstand auf, und die Niederschlesier stießen gleich bis le Papot vor.

Am äußersten linken Flügel der 4. Armee stand, wie wir wissen, das J. R. 358. Den Pommern war es vergönnt, den Angriff zügig durchzuführen. Als sie in das zäh verteidigte Vanne a. d. Lys eingebrochen waren, sahen sie plötzlich deutsche Stahlhelme. „Wer seid ihr?" — „Rechter Flügel der 6. Armee!" — Damit war Armentières abgeschnitten! Schwer waren noch die Kämpfe der 358-er gegen Pontceau und die dritte feindliche Stellung, doch schoß ihnen gegen Pontceau die 7./F. A. R. 44 Bresche. Am nächsten Morgen räumte südlich Rossignol der Feind auch seine dritte Stellung.

Da am Großen Munque-Hof eine breite Lücke klaffte, hatte Exz. v. Eberhardt die Regimenter der bisher in Reserve folgenden 36. R. D. der 31. unterstellt mit der Absicht, jene Division im weiteren Vorschreiten des Angriffs in die erste, die 31. in die zweite Linie zu nehmen.

Es war die 69. R. J. Br. unter Oberst v. Grone, die ihre Kräfte in die Lücke einzuschieben und auf den Südeingang von Wulvergem und den Kirchhof von Nieuwekerke vorzugehen hatte. Sie nahm das R. J. R. 5 auf den rechten, das R. J. R. 61 (ohne Btl. Risch) auf den linken Frontabschnitt und ließ das J. R. 54 als Brigade-Reserve hinter dem rechten Flügel folgen. In die ungewisse Dunkelheit hinein begannen die Regimenter 8 Uhr abends vorzustoßen.

Ueber versumpftes Trichterland führte Obstlt. Brehme sein R. J. R. 5; nur der zuckende Feuerschein aus dem Bogen von Meesen bis hinunter nach Nieppe beleuchtete gespenstisch die Truppen. Vorne knallten Gewehrschüsse: die 5. Kp. schoß sich mit einer feindlichen Nachhut herum. Bei La Hutte Gewehrfeuer: die Spitze des I. Btls. (Hptm. Brenner) war auf Feind gestoßen. Schießen, Rufe beim Btl. Hptm. v. Randow (II.): auf den Lichtschimmer aus einem englischen Barackenlager war der Btls.-Stoßtrupp losgegangen, von wütendem M. G.-Feuer empfangen; das Lager konnte auch nicht durch Umgehung genommen werden. Als die klaren Sterne vor dem aufsteigenden Morgengrauen zu erlöschen begannen, hatten sich die Bataillone des R. J. R. 5 vor dem starken Feind an Straße La Hutte—Gr. Douve-Hof eingegraben.

Die Pommern des Obstlt. Walter lagen rechts hinter dem R. J. R. 5.

Mit den gleichen Schwierigkeiten hatten die Danziger des R. J. R. 61 zu kämpfen, als sie ebenfalls um 9,10 Uhr abends zum Vorgehen antraten. Nur von 100 m zu 100 m konnten sich das II. und III. Btl. in der stockfinsteren Nacht vortasten, schließlich bis 3 Uhr morgens 4 km zurücklegend.

Als der Brigade-Kommandeur am Morgen des 12. die Lage übersah, mußte sie ihm als nicht sehr günstig erscheinen; wohl war die Nachtigallhöhe genommen, allein der linke Flügel der 49. R. D. stand noch weit ab von dem beherrschenden Wulvergem, das nun den Regimentern der 36. R. D. äußerst bedrohlich wurde — und ihr nächstes Ziel war doch die Höhe von Nieuwekerke und deren stark besetztes Umgelände!

Am 11. April hatte Kaiser Wilhelm auf dem Gefechtsstand des Glts. v. Sieger dem Kampfe beigewohnt. Das XVIII. R. K. hatte an jenem Tage keine wesentlichen Fortschritte mehr gemacht, es sollte auf Anordnung der Armee zunächst auf der Stelle verharren, bis sich der Angriff des X. R. K. weiter auswirkte.

Bedeutend war jedoch der Erfolg der 6. Armee am 11. April. Wie eine Insel in der steigenden Flut verschwand das brennende Armentières, den Siegern den größten Teil der englischen 34. Division, 3000 Gefangene und 40 Geschütze, ausliefernd. Die 6. Armee legte ihre Hand auf Nieppe, Bahnhof nördlich Steenwerck, Le Verrier, Doulieu und Gegend nördlich Merville; der Westrand von Merville wurde erreicht, nach wie vor stand aber der linke Flügel festgekeilt.

Für den Gegner nahm die deutsche Offensive, wenn auch ihr Vorwärtsschreiten nicht mit der vom 21. März zu vergleichen war, bedrohliches Ausmaß an. Bereits am 10. hatte General Wilson an Foch telefoniert, die englische Armee müsse, wenn sich die Lage ernster gestalte, um jeden Preis die Häfen am Aermelkanal, Calais und Boulogne, schützen; im Notfall müsse der nördliche Teil des Landes unter Wasser gesetzt werden. So zäh sich auch am 11. die Fronttruppen gehalten hatten, so waren doch jetzt Haigs Reserven aufgezehrt; wieder richtete er die dringende Bitte an Foch, mindestens 4 Divisionen zwischen St. Omer und Dünkirchen zu versammeln, um die englischen Armeen zu stützen. Erst am nächsten Tage traf auf diese Bitte die Antwort ein.

Nachts krachen wie eine donnernde Mahnung 22 300 kg Bomben aus deutschen Flugzeugen auf die Bahnhöfe von St. Omer und St. Pol.

Kampf um Lerche.

Bei Morgengrauen des 12. April griff das am rechten Flügel des X. R. K. stehende R. J. R. 5 an, konnte sich aber infolge der Flankierung von Wulvergem nur stückweise vorwärtsringen. Erst 8,30 Uhr abends vermochte das Regiment Brehme einen größeren Sprung zu tun, obwohl die Wirkung unserer Artillerie längst verpufft war. Mehrfach feindlichen Widerstand mit dem Bajonett brechend, schob es sich bis über die Förderbahn südwestlich Straße Nieuwekerke — Wulvergem. Aber erneut verstärkte sich der feindliche Widerstand. In der stockfinsteren Nacht drängen sich die Kompanien zusammen, stürmen in dichten Massen gegen Gehöfte und Lager nördlich der Straße. Das Lager speit Feuer nach allen Seiten. 8. Kp. vor zu umfassendem Angriff! Lt. d. R. Hilker führt sie mit jugendlichem Schwung. Salven der Engländer, auf Kommando einsetzend, auf Kommando abschneidend. Prächtige Feuerdisziplin! Doch die Deutschen packen das Lager mit wilder Kraft an und stürmen es trotz hartnäckigster Gegenwehr. Schreck-

lich ist der Nahkampf. Im weiteren Durchstoß erreicht das
prächtige Btl. v. Randow die Bahn südlich Wulvergem. Doch
Feuer in die Flanken, in den Rücken zeigen ihm, daß es allein
vorgestoßen ist. Furchtbare Erkenntnis! Nüchterne Ueber=
legung findet das Richtige: Zurücknahme des Bataillons auf
eine Höhe. Schwer sind die Verluste, vor allem an Führern.
An jenem blutigen, aber ehrenvollen Tage waren 74 Ange=
hörige des R. J. R. 5 gefallen, 225 verwundet, nur 2 vermißt.

Auch das II./J. R. 54 mit 6. und 7./R. J. R. 61 war vor=
gegangen. Für Hptm. d. R. Witt war die Lage denkbar un=
geklärt. Eben las er um Mitternacht zusammen mit seinem
Adjutanten, Lt. Grundmann, einen Befehl, als heftiges Feuer
einsetzte. „Deutsche beschießen uns! Dort drüben können doch
keine Engländer sein!" Da lief San. Vzf. Fritz auf die Anhöhe
hinauf, zeigte sich dort in voller Größe im Scheine der Leucht=
kugeln und rief: „Nicht schießen! Deutsche!" Darauf fielen
nur einzelne Schüsse, durch die Fritz verwundet wurde. — Bald
darauf suchte sich Feldhilfsarzt Dr. Alphes rückwärts einen
Verbandplatz, stieß auf eine Wellblechbaracke, öffnete die Tür,
leuchtete mit der Taschenlampe hinein: drinnen sitzen Engländer
mit fertiggemachten Gewehren. Der Doktor reißt seine Pistole
heraus (sie war übrigens nicht geladen), schreit „Hands up!"
und fängt 7 Engländer. So unsicher war dort die Lage. Bei
zunehmender Helligkeit wurden die Pommern gewahr, daß sie
auf der einen, die Engländer auf der anderen Seite einer Hügel=
welle südlich Lerche lagen. Unmöglich, sie ohne Artillerie an=
zugreifen; man mußte sich sogar mächtig seiner Haut wehren,
um sich den Engländer vom Leibe zu halten. Hier ereilte den
Btls.=Führer, Hptm. d. R. Witt, der Schlachtentod; das Batail=
lon übernahm Lt. Gans.

Ueber die deckungslose, vom Höhenkamm bei Lerche beherrschte
Ebene mußten sich die 54=er vorarbeiten, um das II. und
III./R. 61 abzulösen. Ihr linker Flügel hing ganz in der Luft,
lag doch die Nachbar=Division noch etwa 2 km weit zurück!
Trotzdem kämpften sich die Kolberger bis auf 30 m an die
englische Hauptstellung heran.

Unerschüttert und unerschütterlich stand der Feind bei Morgengrauen des 13. in seiner außerordentlich stark befestigten Stellung bei Lerche.

Am 12. April, 9 Uhr abends, hatte der Kommandeur der 36. R. D., Gmj. v. Rantzau, den Befehl im bisherigen Gefechts= streifen der 31. J. D. übernommen. Es blieben ihm bis auf weiteres unterstellt: J. R. 166 und die gesamte Artillerie der 31. J. D. Der Rest dieser Division sammelte sich im Westteil und südlich des Ploegsteertwaldes.

Wo war inzwischen die linke Nachbar=Division, die 214., geblieben? Die Division des Generals Maercker schnitt die dritte englische Stellung nördlich Le Romarin in einem spitzen Winkel, so daß sie die Front rein nach Westen hatte; sie mußte demnach am 12. April eine gewaltige Rechtsschwenkung machen, um nur einigermaßen in Höhe ihrer rechten Nachbarin zu kommen.

Das am Drehpunkt der Division stehende J. R. 363 mußte naturgemäß zunächst auf der Stelle treten, um das mittlere Regiment in seine Höhe vorkommen zu lassen. Major Roeschke setzte daher nur sein linkes Flügelbataillon (III.) in Bewegung, das auch die Gegend südlich Pipes erreichte, dann nahm er sein I. und II. und das noch immer auf seinem rechten Flügel stehende I./R. J. R. 61 allmählich in die Front nach Nordwesten, in die sich die Bataillone, heftigen Widerstand überwindend, hinein= kämpften. Nach Einnahme eines großen Munitionslagers an der Straße Romarin—Nieuwekerke erreichte der rechte Flügel unter dem Feuerschirm der I. und III./F. A. R. 2 am Abend schließlich die Gegend südwestlich Calais=Wirtshaus, stand aber immer noch um etwa 1 km hinter dem linken Flügel der Nach= bardivision zurück. Weit waren sie noch von den Höhen von Lerche und Nieuwekerke entfernt.

Stärker als die 363-er mußte das in der Divisionsmitte stehende J. R. 50 ausholen, um im Angriff die Front nach Nordwesten zu gewinnen. Vor dem Abschnitt Camperniße— le Papot trafen das I. und II. Btl. auf zähesten Widerstand. Dichte, eng zusammengefaßte Maschinengewehrgarben bestrichen das ebene, von Hecken und Wassergräben durchzogene Feld. Die Begleitbatterie fuhr nördlich der Kirche von Nieppe auf und feuerte auf le Papot, wodurch die Schützen bis auf 400 m an die feindliche Stellung herankamen, dann aber stockte der Angriff von neuem. Erst als der Regiments=Kommandeur, der stets inmitten seiner Truppen vorgehende Oberst v. Paczinski= Taage, sein III. Btl. auf dem rechten Flügel eingesetzt hatte, räumte der Engländer unter diesem Druck seine Stellung an der Straße und zog sich in breiten Schützenlinien hinter die Eisenbahnlinie nördlich Lamperniffe zurück. Schwere M. G. jagten dem Feind ihre Garben nach, dann folgte das Regiment, mußte jedoch abends vor erneutem Widerstand halten. Es lag etwa in der Höhe des rechten Nachbarn.

Das am äußersten linken Flügel der 214. J. D. am 11. abends bei Pontceau—Pont de Nieppe gestandene J. R. 358 wurde bei vorschreitendem Angriff der Regimenter 363 und 50 hinter den rechten Flügel der Brigade Bering genommen.

Der Höhenkamm bei Lerche konnte demnach am 12. nicht genommen werden; er stand wie ein Eckpfeiler vor der Naht der 36. R. D. und 214. J. D., vorgeschoben vor die Höhe von Nieuwekerke, die der Angreifer bereits an jenem Morgen zu gewinnen gehofft hatte. Die englische 25. Division, der eine Brigade der englischen 49. Division zugeteilt war, hatte sich an jenem Tage zäh und tapfer gehalten; eine Brigade der englischen 33. Division war im Anmarsch auf Nieuwekerke.

Die deutsche 6. Armee hatte an diesem Tage einen wesent= lichen Erfolg vor allem bei Merris zu verzeichnen, der sie bis in die Gegend südlich von Bailleul führte; ihr rechter Flügel, wo die 117. J. D. focht, bog sich bis in die Gegend westlich le Romarin zurück, bildete demnach mit dem linken Flügel der 4. Armee einen ziemlich scharfen Winkel; dies sollte sich am Morgen des 13. April außerordentlich tragisch auswirken.

Nieuwekerke.

Auch der Morgen des 13. April hüllte die flandrischen Gefilde in dichten Nebel. Wieder, wie schon so oft, mußte man

in völlige Ungewißheit hinein vorstoßen, sah nichts vom
Gegner, nichts vom Angriffsziel, nichts vom Nachbarn zur
Rechten und Linken und wurde nicht gesehen, vor allem nicht
von der eigenen Artillerie. Wohl brachte der Nebel manchen
Vorteil, denn er entzog die Deutschen den Augen des Feindes,
ließ sie manches Widerstandsnest überrumpeln, dessen Wegnahme
ihnen bei Licht wohl viel Blut gekostet hätte, doch der Soldat
und vor allem die Führer empfanden weitaus mehr die Nach-
teile, im Nebel kämpfen zu müssen. An jenem unglücklichen
Morgen des 13. April sollte sich dies in furchtbarer Weise
zeigen, wenn man auch nicht ausschließlich dem nebligen Wetter
die Schuld zumessen kann.

Nieuwekerke und die Höhen beiderseits des Ortes waren
auch an diesem Tage die Angriffsziele für die 36. R. D. und
die 214. J. D. Wie ein spitzer Pfeil ragte die noch nicht
gewonnene, starke von Norden nach Süden verlaufende Eng-
länderstellung bei Lerche in diesen Angriffsstreifen hinein.

Bei der Division des Generals Maercker stand das I./R. J.=
R. 61 immer noch auf dem rechten Flügel des J. R. 363; es
war zwar ein Brigadebefehl erlassen worden, daß das Btl. Risch
wieder zu seinem Regiment zurückzutreten habe, allein dieser
Befehl hat das Bataillon nie erreicht. Hptm. d. R. Risch wun-
derte sich nicht wenig, daß am Morgen des 13. sein linker Nachbar, das J. R. 363, verschwunden war. Auch die Fernsprech=
leitung war abgebaut, eben auf Grund des erwähnten Befehls.
Der tatkräftige, umsichtige Bataillons=Führer ließ jedoch die
Zeit nicht unnütz verstreichen. Er zog sein Bataillon durch
geschickte Geländeausnützung in eine geräumte englische Stellung westlich Petit Pont. Das Bataillon hing vollkommen in
der Luft. Eine der ausgesandten Patrouillen unter dem Gefr.
Maßen (2.) mit zwei Mann stieß auf einen englischen Stütz=
punkt, dessen Besatzung in Stärke von 10 Mann sich nach
Feuerkampf dem schneidigen Patrouillenführer ergab. In dem
nur zeitweilig durch einige Sonnenstrahlen gelichteten Nebel
konnte Hptm. Risch so gut wie nichts von dem bemerken, was
links von ihm vorging. Er hörte nur heftiges Schießen, das

sich zuerst nach vorwärts entfernte, dann wieder zurückzukehren schien. Seine Aufmerksamkeit fesselte besonders ein großes englisches Barackenlager südlich Paquet. Ohne Zweifel war es noch von den Engländern besetzt — oder schon wieder? Heute morgen hatte man doch nördlich dieses Lagers und sogar aus Nieuwekerke Infanteriefeuer gehört! Oder hatten die 363-er das Lager beim Angriff ausgespart, und nun befand sich das Engländernest hinter den Deutschen? Um diese Ungewißheit zu zerstreuen, entsandte der Hptm. die 1. Kp. unter Lt. d. R. Baumann nach Westen gegen das Lager und den Lt. d. R. Wollermann (2.) gegen den Südrand. Was die beiden dort angetroffen haben, werden wir bald hören.

Der allgemeine Angriff war für die Divisionen des X. R. K. auf 7 Uhr morgens angesetzt. Vorher hatte 5 Minuten lang die Artillerie starkes Vernichtungsfeuer auf die gegenüberliegenden englischen Stellungen abzugeben. Schon einige Zeit war halblinks vor der Front der 214. J. D. Gefechtslärm hörbar, vor allem M. G.-Schießen; die genaue Richtung war nicht festzustellen; war etwa die 117. J. D. auf dem rechten Flügel der 6. Armee schon zum Angriff angetreten? Oder machte vielleicht der Feind einen Gegenstoß? Der scheußliche Nebel hielt das alles wie unter einer Tarnkappe verborgen. Dann kracht das Artilleriefeuer der 214. J. D. los. Minen bersten. Immer noch M. G.-Feuer da vorne. Was ist los? Gleichgültig — Punkt 7 Uhr wird zum Sturm angetreten! Wieder einmal Angriff, diesmal den ansteigenden Hang gegen Nieuwekerke hinauf! Die M. G. K. 424 hat die letzten Schüsse abgegeben. Die Angriffswelle der 363-er fließt vorwärts über die Baracken am Ostausgang von Kortepyp, M. G.-Nester überflutend, und erreicht bereits 8,20 Uhr vormittags den Südausgang des langgestreckten Dorfes Nieuwekerke. Bis jetzt hat man Anschluß nach links an die 50-er, plötzlich geht er verloren. Wo sind die 50-er? Doch hinein in das Dorf! Wilder Kampf von Teilen des II. Btls. mit dem zähen Engländer, der um keinen Preis sein Nieuwekerke hergeben will. Rasend steigt die Verlustziffer. Kein Anschluß nach rechts, kein Anschluß nach links! Flankenfeuer, flankenangriffe! Wir können das Südende des Dorfes halten, wenn nur rechts und links Truppen kämen! Doch niemand kommt. Immer verzweifelter wird dieses Ringen ganz allein da vorne. Der Regiments-Kommandeur schwenkt das I. Btl. mit der front nach Westen ein, es geht in Stellung an der Bahn de Seule—Nieuwekerke zum Schutz der linken flanke. Wo bleiben die 50-er, die 358-er, wo die 117. J. D.? Nur wütendes flankenfeuer bestätigt, daß sie alle nicht da sind, nicht kommen. Unmöglich, hier länger zu bleiben, zu verbluten. Unter starkem Druck auf die flanken weichen die 363-er, schrittweise kämpfend, 10,45 Uhr vormittags fast bis auf ihre Ausgangsstellungen zurück. Einzelne kleine Teile halten sich noch im Kampfgelände, durch feindliches M. G.-feuer bereits vollkommen abgeschnitten. Da hebt Lt. d. R. Andersen ein M. G.-Nest mit 84 Engländern aus; was nützt es? fast 100 Mann sind in dem großen Barackenlager südlich Paquet abgeschnitten, und ungewiß ist ihr Schicksal. Plötzlich sehen sie Bewegung bei den Engländern, nervöses Schießen ist zu hören, und bald darauf erscheinen Deutsche, gleichzeitig von Westen, Nordwesten und Norden her in das Lager einbrechend, und die Engländer vor sich hertreibend. Und es sind die Braven vom Btl. Risch (I./R. J. R. 61), das man längst bei seinem Regiment geglaubt hat! Es sind die Lte. d. R. Baumann und Wollermann mit ihren Leuten, von denen wir wissen, daß sie von ihrem Hauptmann gegen das Lager ausgesandt wurden. Nachdem die 1. Kp. schon vorher in einem Gehöft 70 Engländer ausgehoben hat, umzingeln nun die Befreier den feind in seinem Lager und nehmen ihm 250 Mann und 20 M. G. ab. Eine neue ausgezeichnete Tat des Btls. Risch!

Inzwischen war das II. Btl. des 22. b. J. R. der 11. b. J. D. bei den 363-ern eingetroffen. Es säuberte zunächst einmal die im Gelände zurückgebliebenen M. G.-Nester. Die Bayern lösten das J. R. 363 ab, das hinter ihren rechten flügel genommen wurde; 6 Uhr abends sollte dann das Zweibrückener Regiment Nieuwekerke angreifen.

Auch die 50-er waren Punkt 7 Uhr angetreten; in glänzendem Anlauf erreichten die ersten Wellen die große Straße 500 Meter südlich Nieuwekerke; bei dem schnellen, durch den Nebel begünstigten Vorgehen wurden einige Engländernester über= rannt und ausgehoben. Selbst durch die eigene Feuerwalze hin= durch stürmten die Kompanien des III. Btls. unter Hptm. Miethner vor und gewannen 150 m Raum jenseits der Straße. Der Btls.=Stab selbst geriet in dem dicken Nebel zu weit nach rechts und sah sich plötzlich 8 Uhr vormittags auf der Höhe westlich Nieuwekerke, also weit der stürmenden Infanterie vor= aus und wahrscheinlich — mitten im Feind. Ein Luftzug zer= reißt auf kurze Zeit die Nebelwand; der Hauptmann und sein Stab sehen englische Kolonnen, die auf der Straße von Nieuwe= kerke nach Dranoeter zurückfluten. Unser Angriff ist also gelungen! Jeden Augenblick müssen die stürmenden Feldgrauen erscheinen! Dort, auf der gegenüberliegenden Höhe, feuern zwei Geschütze. Und wie mit einem Silberstift sind in den Nebel die Umrisse des großen Kemmelberges gezeichnet. Dann ist das Bild weggewischt. Dort, in den paar Häusern am Nordausgang von Nieuwekerke, wollen sie das Nahen der eigenen Infanterie abwarten. Sie gehen dorthin. Aus den Häusern faucht aber Infanterie= und M. G.=Feuer. Sind also doch noch von den Tommys besetzt? Sie pirschen sich heran; Feuergefecht gegen die Engländer. Eine Ordonnanz verwundet. „Rechts von uns gehen deutsche Truppen vor!" ruft der Adjutant, Lt. d. R. Reschlau. „Müssen 363=er sein!" erwiderte der Hauptmann. „Gegner am Haus verstärkt seinen linken Flügel!" schreit eine Ordonnanz. „Verflucht, dann können wir uns hier nicht länger halten. Zurück bis an die Straße!" Sie arbeiten sich zurück. Ununterbrochen peitscht englisches M. G.=Feuer diese Straße, Fontänen einschlagender Granaten steigen auf ihr hoch. Und lange Reihen von Engländern stürmen heran. Letzte Schüsse der Deutschen fallen. Wenn man nur noch über die Straße käme! Nur einer wagt diese Tollkühnheit, Lt. d. R. Kieslich, und kommt glücklich zurück, über die anderen geht die englische Welle. Gefangenschaft, aber nach tapferster Gegenwehr, ist ihr hartes Los.

Die Kompanien des Bataillons kämpfen inzwischen im Nebel. Die 12. unter Lt. d. R. Fiedler reißt 25 Gefangene an sich, sie und die 10. stoßen bis auf einen Höhenrücken westlich Nieuwekerke vor, den sie bereits 8,30 Uhr vormittags erreichen, nur 50 m stehen sie vor dem zäh verteidigten Grabenstück, könnten es mit Hilfe von Teilen der Sturmkompanie 4 ohne Zweifel nehmen, wenn nicht die eigene schwere Artillerie in ihre Reihen schösse. Sie gehen hinter ein Haus auf der Höhe zurück, halten sie aber trotzdem, auf baldige Verstärkung hoffend. Schwere M. G. sichern die Flanken. Da geht ein Volltreffer in das Gehöft, wieder von der eigenen Artillerie! Die Stellung wird trotzdem bis 4 Uhr nachmittags gehalten, dann müssen die Reste des Bataillons an die Straße Nieuwekerke—Zwartemolenhoek zurück. Neue Kurzschüsse jagten auch hier die braven Niederschlesier heraus, auf Befehl des Regts.-Kdrs. wurden sie zuerst bis an den Bahndamm, dann zusammen mit den Resten des Regiments an das Lager nördlich des Rangierbahnhofes zurückgenommen. Das III. Btl., dessen Führung Lt. d. R. Fiedler übernahm, hatte nur noch eine Stärke von 4 Offizieren, 26 Unteroffizieren und 69 Mann. Auch die übrigen Kompanien des Regiments verbluteten sich in schweren Nahkämpfen um M. G.-Nester, Häuser und Baracken. In dem Nebel ging bald der Anschluß nach links zu den 358ern verloren; und wo blieb der Angriff der 117. J. D.? War er überhaupt erfolgt? Auch der Regts. Stab wurde von den Engländern und eigener Artillerie immer wieder aus seiner Gefechtsstelle herausgeschossen, immer wieder traten Verluste ein, so daß der Regts. Kdr. schließlich mit zwei Fernsprechern allein war. Es gelang ihm, Fühlung mit der 10. Kp. Siebert aufzunehmen, dem er befahl, mit dem Rest seiner Leute zurückzugehen.

Auch die 358er waren wieder in die vordere Linie an den linken Flügel der 214. J. D. genommen worden. Hier das gleiche Bild wie bei den anderen Regimentern: glänzender Anlauf, Kampf im dicken Nebel, Verlieren des Anschlusses, Durcheinandergeraten der Verbände, schreckliche Ungewißheit, warum linke Nachbardivision nicht angreift. Da erscheint in dem Ge=

höft nördlich le Papol, wo sich der Kdr. der 358er befindet, ein
Offizier des R. J. R. 11, eines Regts. der links anschließenden
117. J. D. Es ist Major v. Lüttichau, der Kommandeur des
II. Btls. Und er teilt das Furchtbare mit: „Wir haben bereits
5,30 Uhr morgens angegriffen, also 1½ Stunden vor der 214.
J. D.! Sind ausgezeichnet vorwärtsgekommen. Lagen im
Kampf mit englischen M. G. Da prasselte plötzlich auf uns
aus dem Nebel vernichtendes deutsches Artilleriefeuer. Es war
kurz vor 7 Uhr." — „Und um 7 Uhr traten wir zum Sturm
an!" — „Ja, es war das Vernichtungsfeuer der Artillerie der
214. J. D., das auf unsere schwer ringenden vorderen Linien
von rückwärts her niederbrach. Dazu das Feuer der englischen
Maschinengewehre! Und die Ungewißheit im Nebel! Sie wer=
den sich nicht wundern, daß das für unsere braven Leute zu viel
war. Unser I. und II. Btl. sind durch das eigene Artilleriefeuer
wahrscheinlich völlig versprengt. Nur Reste des Regiments
kamen zurück...." Es war eine furchtbare Botschaft, und sie
zog zuerst den Schleier von jenem grauenvollen Geheimnis des
13. April morgens. So, wie es Mjr. v. Lüttichau geschildert
hatte, war es tatsächlich gewesen; fast senkrecht zur Angriffs=
richtung der 214. J. D. waren die Regimenter der 117. J. D.
angesetzt worden und noch dazu um 1½ Stunden früher, so daß
sie das Vernichtungsfeuer der Artillerie der 214. J. D. treffen
mußte. Ein Irrtum der höheren Führung, der durch den dichten
Nebel noch ins Gigantische gesteigert wurde! So erklärte es
sich, weshalb die linke Nachbardivision nicht mehr angreifen
konnte; dadurch hing die 214. J. D. nach links in der Luft und
mußte vor den englischen Flankierungsstößen wieder nahezu
in ihre Ausgangsstellungen zurückweichen.

Der Kommandeur der 358er gab diese niederschmetternde
Nachricht natürlich sofort an seine Brigade weiter, doch zu
ändern war zunächst nichts mehr. Sein Regiment kämpfte
indessen gegen die starken M. G.=Nester: das III. Btl., das ohne
Befehl im Gefechtsstreifen des linken Nachbars, des R. J. R.
22, eingegriffen hatte, gegen Häuser an der Bahn bei de Seule
mit Minenwerfern und der Stoßbatterie; das I. Btl., das nach

der Verwundung seines Kommandeurs, des Hptm. a. D. Bac=
meister, Lt. d. R. König führte, drang über Kortepyp bis auf
die Höhen bei Westhof vor, wies einen englischen Vorstoß in
eine Lücke ab, mußte dann aber vor flankierender feindlicher
Gegenwirkung bis vor die Bahnhofsanlagen südlich Kortepyp
zurückweichen; obwohl es hier Anschluß an R. J. R. 11 gewann,
wurde es doch noch aus der linken Flanke beschossen. Auch das
II. Btl. lag in jenem Gewirr von Eisenbahnanlagen südöstlich
Costenoble und litt schwer unter dem dauernden M. G.=Feuer
aus Front und linker Flanke und aus Richtung de Seule; die
dort befindlichen M. G.=Nester wurden durch die Minenwerfer
nachmittags vom Feinde gesäubert. Der Regts.=Kommandeur
zog sein III. Btl. allmählich aus der Kampflinie und nahm es
westlich Camperniffe in Reserve.

So, wie eben geschildert, war die Lage bei der 214. J. D.
etwa in der zweiten Nachmittagsstunde. War die 36. R. D., die
ja ebenfalls anzugreifen hatte, glücklicher gewesen? Nur dem
auf dem rechten Flügel dieser Division liegenden R. J. R. 5
war es trotz der Flankierung von Wulvergem her möglich, seine
Linien um etwa 500 m vorzuschieben, dann mußte es halten,
da der englische Stellungsteil bei Lerche jedes weitere Vorgehen
der übrigen Teile der Division unterband.

Um diesen Stellungsteil von Süden zu packen und aufzu=
rollen, wurde nachmittags das Detachement v. Jacobi gebildet.
Unter dem Kmdr. des R. J. R. 61 traten zusammen: die 5., 8.
und 2. M. G. K. seines Regiments, die 3. und 4./J. R. 54, acht
Stoßtrupps des Sturmbataillons 4 und die 1. Battr. des R.
F. A. R. 36 (Lt. d. R. Vollert). 6 Uhr nachmittags trat es aus
Gegend von le Romarin in nördlicher Richtung an. Bei Paquet,
wo die 1./R. F. A. R. 36 in Stellung ging, traf das Detachement
auf das Bataillon Risch. Dieses hatte nach dem weiter oben
geschilderten Angriff auf das große englische Barackenlager
südlich Paquet mit seiner 1. Kp. die Südausgänge von Nieuwe=
kerke erreicht, mit seiner 4. rechts davon ein englisches M. G.=
Nest von 5 Gewehren ausgehoben, sich aber dann fast völlig ver=
schossen, so daß es eine Stellung etwa 100 m nördlich Paquet

bezogen hatte. Hier wurde es von dem Detachement seines
Regts. Kdrs. aufgenommen. Es sollte in zweite Linie treten.
Viele Mannschaften schlossen sich jedoch dem Vorgehen an, ein
gutes Zeichen für den Angriffsgeist dieser Frontsoldaten. In
hartem Kampf erreichte das Detachement die südliche Gleis=
kralle südlich Nieuwekerke. Allein die Verluste des Detache=
ments stiegen, besonders die Stoßtrupps der Sturmkompanien
hatten fast die Hälfte an Toten und Verwundeten zu beklagen.
Obstlt. v. Jacobi, der sich stets hinter der vordersten Linie be=
fand, wurde von einem Infanteriegeschoß getroffen, das jedoch
nur die Taschenuhr zerschmetterte. Nachts blieb das Detache=
ment in der gewonnenen Linie; wenn auch Fortschritte erzielt
waren, so war es doch auch ihm nicht möglich gewesen, den
englischen Stellungskeil bei Lerche aus den Angeln zu heben.

Inzwischen war aber doch noch ein Angriff um 7 Uhr nach=
mittags gegen Nieuwekerke aus dem Raum der 214. J. D.
heraus angesetzt worden. Es waren die Truppen der 11. bayer.
J. D., die Exz. v. Eberhardt in diesen Abschnitt geworfen hatte,
nachdem die Division des Gen. Lts. Ritter v. Kneußl (der 1.
Gen. Stabs=Offz. war Mjr. Frhr. v. Stengel) bisher als Reserve
hinter dem rechten Flügel der Division Maercker gefolgt war.
Schon in der Nacht zum 13. April war das 22. b. J. R. mit
einer Stoßbatterie des 21. b. F. A. R. der 214. J. D. zur Ver=
fügung gestellt worden, sowie das 3. b. J. R., das an Stelle der
358er trat. Um 7 Uhr abends sollte es Zwartemolenhoek, das
22. b. J. R. das vielbestürmte Nieuwekerke angreifen.

Oberst Frhr. v. Stengel führte seine Augsburger zum An=
griff vor, fand jedoch bald zähesten Widerstand in den von den
Engländern wieder besetzten M. G.=Nestern. Der mit Maschi=
nenwaffen gespickte Bahnhof nördlich de Seule spottete jeder
Anstrengung. Noch in der Abenddämmerung wurde der West=
hof erstürmt; aller Opfermut der Bayern vermochte aber nicht
mehr, die starken Stellungen am Südhang des Zwartemolenhoek
an sich zu reißen; starkes Artillerie= und Infanterieflankenfeuer
zwang in den Morgenstunden, den Flügel zurückzunehmen.

„Nieuwekerke!" hieß das Losungswort für das 22. b. J. R.,

Nieuwekerke, das schon so viel Blut gekostet hatte. Wird es Oberst Carl mit seinem pfälzischen Regiment in letzter Stunde dieses Unglückstages doch noch an sich reißen?

Die Zweibrückener hatte langsam, aber stetig die unheimliche Kraft der vor ihnen im Nebel donnernden Schlacht in ihren Bann gezogen. Aus ihren Bereitstellungen bei le Papot waren sie Zug um Zug vorgerückt, den Nebel, den die andern verfluchten, über alles lobend, denn auf der Straße bei Pont de Nieppe war ein fürchterliches Durcheinander von Fahrzeugen, Kolonnen und marschierenden Truppen, die für feindliche Flieger ein gefundenes Fressen abgegeben hätten. Man hatte keine Ahnung, was da vorne los war. Anscheinend sinnlose Schießerei der beiderseitigen Artillerien, immer wieder aufkläffendes Bellen der M. G., das man bis zum Ueberdruß satt hatte: diese Offensive hatte man sich wirklich anders vorgestellt! Feldgraue tauchen im Nebel auf, Preußen, die zurückgehen; bayerische Offiziere fassen sie hart an, schicken sie wieder vor. Das I. Btl. kommt zuerst zum Losschlagen — es ist inzwischen schon Abend geworden — und nimmt unter Hptm. d. R. Armin Schmitt die Höhe östlich Drie Koningen, die ihm nur wenig Tote, meist Leichtverwundete kostet.

Mjr. Baumanns II. Btl., dem J. R. 363 unterstellt, muß erst lästige M. G.-Nester westlich de Schelde und an der Straße südlich des Zollhauses von Kortepyp wegräumen, was der 8. Kp. unter Oblt. d. R. Fröbel (gef. 15. 4.) in raschem Anlauf unter Einbringen von 60 Gefangenen gelingt, dann dreht das Bataillon zum Angriff gegen Nieuwekerke ein. Um 5,30 Uhr nachmittags treten 8. und die von Lt. d. R. Wagner (gef. 18. 4.) geführte 6. Kp. in erster Linie an. Hptm. Langbein führt sein III. Btl. rechts gestaffelt nach. Die vorderen Wellen des Btls. Baumann ringen sich von M. G.-Nest zu M. G.-Nest, überall harten Strauß ausfechtend, einmal nach links, einmal nach rechts ausbiegend, gegen Nieuwekerke vor. Längst hat der linke Flügel seinen Anhalt, die große Straße, verloren, die Kompanien schieben sich immer weiter nach links, so daß sie sich schließlich vor M. G.=Nestern westlich des Dorfes festrennen. Nieuwekerke selbst wird nicht angegriffen.

Und es wird doch angegriffen! Hptm. Langbein, mit seinem III. rechts gestaffelt folgend, hat diese Linksverschiebung des Schwesterbataillons erkannt. „Wenn Baumann Nieuwekerke nicht angreifen kann, greife ich es an!" sagt er sich und setzt sein Bataillon auf die berühmte Ortschaft an. Es ist bereits ½7 Uhr. Keine Minute zu verlieren! Oblt. a. D. Stark mit seiner 9. rechts, Lt. d. R. Keßler mit seiner 11. links in erster Linie, dahinter in der Mitte die 10. des Lts. d. R. Ungemach, bei der sich der Hauptmann mit seinem Stabe befindet, nach rechts hinausgestaffelt des Lts. d. R. Zimmermann 12. — so treten sie zum Angriff gegen Nieuwekerke an. Zwielicht — am Nachmittag ist es etwas klarer geworden — läßt gerade noch die Umrisse der Häuserreste erkennen, in die eben die Begleit= batterie, die 3./21. b. F. A. R. unter Hptm. d. R. Sturm, und die M. W.=Abtlg. des Bataillons unter Lt. Reuter ihre Eisen= töpfe in hastender Geschwindigkeit jagen. Aus überhöhenden Stellungen spritzen die M. G. des Lts. Reißer ihre Feuerstrahlen über die Köpfe der Angreifenden in den Feind. Der aber schießt auch und nicht zu schlecht, und die bläulich=roten Flämmchen der englischen M. G. zucken am Ortsrand auf. Lt. d. R. Kahn, M. G.=Offz. b. St., bricht neben dem Hauptmann, der jetzt, wie immer bei Sturmangriffen, unmittelbar der vorderen Linie folgt, zusammen — die schwere Wunde läßt ihn den nächsten Tag nicht mehr überleben. Ein neuer Feuerwirbel von Gra= naten und Minen läßt am Ortsrand die Fetzen fliegen — Hurra schreit auf, Bajonette leuchten, geschwungene Kolben krachen nieder: Hinein in das rauchende Dorf, das der zermürbte Feind leichten Kaufes hergibt. Nieuwekerke genommen! Trostwort noch in den letzten Stunden dieses Unglückstages! Tief schießt ein Infanterieflieger herab, winkt, rattert nach rückwärts weg und meldet denen da hinten als erster die Eroberung von Nieuwekerke.

Es ist Nacht geworden über dem grausigen Schlachtfeld. Nur einzelne Leuchtkugeln, an schwankenden Schirmen schau=

kelnd, erhellen ab und zu die Finsternis. Hptm. Langbein hat seine Kompanien geordnet, damit ihm das Dorf nicht mehr entrissen werde. Dann geht er mit anderen Offizieren an den Ausgang der Straße nach Dranoeter vor. M. G.-Geschosse spritzen in die Mauerreste. „Wo sitzen denn die? Vielleicht sinds deutsche von Nachbartruppen rechts von uns, die so weit vorgekommen sind?" „Hallo!" schreit Lt. d. R. Ungemach, neben dem Lt. d. R. Dreher steht, und schießt eine Leuchtkugel hoch. Gespenstische Helle hüllt die Offiziere ein. Klatsch! Klatsch! Klatsch! Der Hauptmann ist zur Seite gesprungen, die zwei Leutnante aber brechen zusammen, schwer verwundet. „Das verteufelte M. G.!" schreit Langbein. „Geben Sie ihm ein paar aufs Dach, Reuter!" Dieser läßt seine Minenwerfer auffahren und schickt einige Töpfe in jene Gegend hinüber. Das M. G. schießt ruhig weiter. „Lassen Sie es sein! Da ist heute Nacht nichts mehr zu machen! Wir müssen die Helligkeit abwarten." Dann verschwinden sie im eroberten Dorf.

Schon mit dem ersten Morgenlicht ist der Hauptmann wieder auf den Beinen. Er kriecht mit seinem Adjutanten, Lt. Schneider, der die Uniform der 7. Chevaulegers trägt, vor. Wieder pfeift es herüber. „Dort drüben in dem dicken Haus sitzen sie, Herr Hauptmann!" — „Ja, in dem Hospiz auf der Höhenkuppe! Wir müssen es nehmen, da es ein weiteres Vorwärtskommen unmöglich macht." Bald darauf gehen Stoßtrupps gegen das auf einer leichten Bodenwelle stehende Hospiz vor, werden aber mit blutigen Köpfen zurückgeschickt. „Wir müssen das Ding wegnehmen, sitzen ganz allein da vorne, denn die Preußen sind noch weit zurück." Am Kirchplatz und rechts davon stellen sich eben die 10. und 9. Kp. zum Angriff auf das Hospiz bereit. „Da hinte' sitze' auch welche!" flüstert ein Mann dem Hauptmann zu, nach rückwärts deutend. Wahrhaftig, in einem Hohlweg Truppen, Mann an Mann! Haben die Front nach Süden. Sind es Deutsche, vielleicht Nachbartruppen? Oder Gefangene? Oder Engländer? Die Offiziere bringen die Ferngläser nicht von den Augen. „Einwandfrei Engländer, Herr Hauptmann; haben englische Gasmasken!" flüstert der

Adjutant. „Ich habe auch keinen Zweifel mehr. Wenn die wüßten, daß wir hinter ihnen sind! Aber auch wir sitzen in der Falle, eingeklemmt zwischen das Hospiz und denen da im Hohl= weg, die wir schnell überwältigen werden!" Der Hauptmann soll sich getäuscht haben. Aus dem Gebiet eines zerschosse= nen Hauses grast ein M. G. auf 150 m Entfernung den Hohl= weg ab. Die Tommys sind nicht schlecht erschrocken, nehmen aber mit einzelnen Schüssen das Feuer auf. Nun hauen die Batterie Sturm und die M. W. dorthin, Stoßtrupps gehen vor, doch den zähen Angelsachsen ist nicht beizukommen. „Also regelrechter Angriff!" bestimmt der Hauptmann. Eben wird ein schw. M. G. vorgeschoben — verflucht! da sind ja neue Engländerstützpunkte! Nun sitzen wir im Wespennest! Doch schon rattert die Maschinenwaffe, schnell und blutig wird mit den neu Aufgetauchten abgerechnet. „Nun aber Angriff gegen die paar Engländer im Hohlweg! 10. geht frontal vor, 9., nach Süden ausbiegend, packt sie in Flanke und Rücken! Schneider, bringen Sie etwas Schwung in die 10.! Ich mache die Sache bei der 9. mit!" — „Wenn's nur so einfach wäre, wie sich's der Hauptmann denkt!" meinen die von der 10. Hinter Häusern springen sie vor, werfen Handgranatensalven, die sofort erwi= dert werden; dann rast mörderisches Feuer los, es gibt Tote und Verwundete, man kommt nicht vorwärts. Inzwischen aber hat die 9., deren Bewegungen der Hauptmann leitet, den Eng= ländern in den Rücken gestoßen, und nun wird's lebendig im Hohlweg, und die Tommys kommen aus ihren Löchern mit erhobenen Händen. Die Wut der Bayern ist aber so groß, daß sie noch ein paar zusammenknallen — „wohl begreiflich, aber entschieden zu verwerfen!" sagt das Kriegstagebuch. Ihr Er= staunen ist groß, als sich ihnen 2 Offiziere mit 100 Mann und 2 M. G. ausliefern; so stark haben sie sich die „paar Engländer" doch nicht vorgestellt. Noch ein gutes Stück stößt die Kompanie Stark vor, den Nachbartruppen das Herankommen erleichternd, dann aber trifft sie auf hartnäckigen Widerstand.

Nun aber gegen das Hospiz! Hptm. Langbein hat in aller Frühe mittlere M. W. angefordert. Bis sie kommen, bewerfen die leichten und Sturms Feldkanonen das Gebäude mit ihren Geschossen, können ihm aber nicht viel anhaben. Erst die 2 Uhr nachmittags anlangenden „Mittleren" machen saubere Arbeit. Bereits der zweite Einschlag spaltet das Hospiz von oben bis unten, das feindliche Feuer verstummt. Gegen den rauchenden Steinhaufen führt dann der Hauptmann die 11. und 12. unter Keßler und Zimmermann vor: Das Nest ist so gut wie leer, 5 Engländer, die sich im Keller wehren, erliegen den deutschen Handgranaten; 2 schw., 1 leicht., ein auf Motorrad montiertes M. G. und 4 Geschütze sind die von den Engländern im Stiche gelassene Beute.

Wieder unter Führung des Hauptmanns stößt die 12. Kp. auch noch gegen die Stampkot=Mühle vor und wirft aus ihr die Engländer hinaus. Im Galopp jagt ein Geschütz der Begleit=batterie auf der Straße nach Dranoeter im M. G.=Feuer vor, protzt bei dem Straßenknie am Nordausgang von Nieuwekerke ab und nimmt die Engländer auf 300 m unter Feuer. Ein M. G.=Zug, der im Hospiz in Stellung gebracht wird, feuert in den Rücken des gegen die rechten Nachbartruppen kämpfenden Feindes, der mit schweren Verlusten weichen muß.

So hat das III. Btl. des Zweibrücker Regiments das viel=bestürmte Nieuwekerke genommen und seinen Besitz durch Er=oberung der umliegenden Stützpunkte gesichert. „Vom Regiment kommt großes Lob", heißt es schlicht und einfach im Kriegs=tagebuch. Hptm. Langbein wurde mit dem Ritterkreuz des Mil. Max=Joseph=Ordens ausgezeichnet; er sollte das bittere Ende dieses Krieges nicht mehr sehen, denn am 18. Juli fiel er bei Soissons auf dem Felde der Ehre.

Der 15. April.

Immer noch jagte Wulvergem seine verderbliche Eisensaat dem X. R. K. in die rechte Flanke. Es mußte endlich ausge=schaltet werden.

Am 15. April sollte es die 49. R. D. (Gmj. v. Uechtritz und Steinkirch; Ia Hptm. Graf v. Galen) wegnehmen. Dem R.

J. R. 225 war der Angriff gegen das Dorf selbst aufgetragen, während R. J. R. 228 die von dort nach Wijtschate führende Straße erreichen sollte.

Nach halbstündiger Artillerievorbereitung warfen sich die Res. 225er unter Mjr. von Köppen im Sturmangriff den Hang hinan. Mit beispielloser Frische stürmen III. und II. Btl. los, nicht achtend der Kurzschüsse eigener Artillerie, nicht achtend des feindlichen M. G.-Feuers, nicht achtend eines verzweifelten englischen Gegenstoßes. Wie auf dem Uebungsfeld machen die Bataillone schwierige Schwenkungen, und bereits um 9 Uhr vormittags ist Wulvergem fest in deutschem Besitz. Eine ausgezeichnete Leistung; noch dazu mit geringen Verlusten errungen!

Schwerer hatte es das Schwesterregiment des Obersten Schmidt, das R. J. R. 228, besonders in der Mitte und auf dem linken Flügel. Schneidig nahm die 6. Kp. unter Lt. d. R. Damm einen Sprengtrichter, hakte sich des Hptms. d. L. Schneider III. Btl. in der hochgebauten, wie ein Eisenbahndamm anmutenden Straße fest, allein Offiziere um Offiziere fielen, Unteroffiziere führten die Kompanien, und es war ein Ding der Unmöglichkeit, die zwei Sprengtrichter jenseits der Straße, die Tod und Feuer spien, zu nehmen. Als aber die Dunkelheit herabsank, packte sie das Bataillon Schneider noch einmal an und riß sie in scharfem Handgranatenkampf an sich.

Prächtig wirkten unsere Flieger mit, besonders gute Meldungen brachte Lt. Triebner der Flieger-Abtlg. 250.

Das R. J. R. 5 auf dem rechten Flügel des Korps v. Eberhardt sah den geglückten Sturm auf Wulvergem: sofort stand es auf und erreichte die Straße Wulvergem—Nieuwekerke; das III. Btl. unter Lt. d. R. Winteler konnte nachmittags sogar den Douvebach überschreiten.

Gespannt sahen die Erstürmer von Wulvergem nach links, wo die lange Höhenlinie westlich Nieuwekerke in eine dicke Rauchwand gehüllt war. Die Abendmeldungen sollten ihnen sagen, was sich dort ereignet hatte.

Der Sturm gegen Zwartemolenhoek, Ravetsberg und Liller Berg war im Gange!

Neue Divisionen, die am rechten Flügel der 6. Armee stehen=
den, zog der Kemmel in seinen Bann, denn ihrem weiteren Vor=
dringen stellten sich Ravetsberg und Liller Berg entgegen.

In der vierten Nachmittagsstunde sollten die 11. b. J. D.
und die 117. J. D. den großen Außenwall des Kemmels an=
greifen; dem Gen. v. Kneußl wurde außerdem das R. J. R. 71
der 22. R. D., dem Gmj. v. Drabich=Waechter, dem Kdr. der
117. J. D. (Ia Hptm. Boehm), das sächs. J. R. 102 der 32. J. D.
zur Verfügung gestellt. Diese Division und die 10. E. D. hatten
die Stadt Bailleul abzuschließen.

Von 3 Uhr nachmittags ab bildet der heiß umstrittene
Höhenzug eine einzige rauchende, qualmende Feuerwand, aus
der nur ab und zu die Umrisse der Hügel zu erkennen sind. Aus
den Ruinen von Dörfern und Gehöften, aus Waldstücken und
Hecken, hinter unscheinbaren Höhenwellen hervor schleudert die
Ebene einen Eisenhagel gegen das Hügelgelände. Braune
Fächer schießen an den Hängen hoch, sich entfaltend, Steine und
Erdbrocken schleudernd. Schwarze Türme bleiben einen Augen=
blick stehen, neigen sich, prasseln in sich zusammen, zackige Eisen=
fetzen nach allen Seiten jagend. Stählerne Klauen schlagen in
die Hänge, Totes und Lebendes wahllos durcheinanderreißend.
Die Hügel brüllen, scheinen sich in dem auf und niedersteigenden
Qualm zu heben und zu senken, als wollten sie dem Furchtbaren
entfliehen, und sind doch mit unsichtbaren Banden an die Stelle
gebannt. In der Ebene und am Fuße der Hänge lauern Sturm=
batterien in Gebüschen und hinter Zäunen. Planlos scheinen
sich anfangs die Hügel wehren zu wollen, denn die über sie weg=
gezogenen Bogen der Granaten und Schrapnells tasten bald
hierhin, bald dorthin auf Wege und Hecken und Straßen und
Häuser und Lager. Da verdichtet sich die Feuerwand, zieht sich
von den Kuppen herunter fast bis an ihren Fuß, wird Feuer=
walze und steigt wieder langsam, langsam nach oben. Ein
Regen platzender Minen folgt ihr. Und ihnen folgen Stahl=
helme....

Sechzig kurze Erdenminuten dauert dieser Feuerorkan: zur
Ewigkeit werden sie den Männern, über die er sich ergießt.

Division Kneußl in einem Haus bei Vanne. Leise klirren die Fensterscheiben. Ununterbrochen gehen die Fernsprecher. Der General und seine Berater äußerlich ruhig, doch die Spannung, die Verantwortung zerren an den Nerven. Immer wieder sieht man auf die Uhr. Ordonnanzoffiziere schreiben. — „Brigade meldet: Kommandeur des R. J. R. 71 eingetroffen!" — „Wo steht das Regiment?" — „Bei le Papol, Exzellenz." — „Ballonzug meldet: Südwestlich Kemmelberg feuernde Batterien. Werden von 10 cm=Batterien beschossen. Bei Zwartemolenhoek einzelne Engländer unserem Artilleriefeuer ausgewichen", teilt Oblt. Goerlitz mit. — „Verständigen Sie davon Brigade!" — „Zu Befehl, Herr Major!" — 4 Uhr — 4,5 Uhr. „Haben Sie Meldungen?" „Nein, Exzellenz!" 2 Minuten später meldet Ballon: „Starkes feindliches Artilleriefeuer auf Nieuwekerke." — Der Stift des Ordonnanzoffiziers fliegt über das Papier, dann reicht er das Blatt dem Mjr. v. Stengel; dieser liest vor: „4,10 Uhr Meldung von Brigade: Höhe an Straße Zwartemolenhoek—Nieuwekerke 4,06 Uhr erreicht nach Meldung 22. J. R., das Angriff beobachten kann, ohne wesentliche Verluste. Widerstand hat Feind südlich der Straße nicht geleistet, nördlich davon scheint Regiment stärkeren Widerstand gefunden zu haben." — Es geht vorwärts! — Meldung von Artilleriekommandeur: „Infanterie hat Punkt p erreicht." — „Zwartemolenhoek?" — „Jawohl, Exzellenz!" — 4,38 Uhr meldet Brigade: „Eigene Infanterie fordert Sperrfeuer an! Geht zurück! Erhält starkes M. G.=Feuer von links!" .... Gegenstoß? Glückt er? Was hat sich da vorne ereignet?

Vordere Linie des Augsburger Regiments. Gestern und vorgestern hat Oberst Frhr. v. Stengel vergebens seine Bataillone gegen den Zwartemolenhoek vorgeführt und unter den 115 Toten den Kdr. II. Btls., Mjr. Doehla, und gegen 400 Verwundete eingebüßt, heute muß sein Regiment, das bei Gorlice den Zameczysko, in Galizien das Fort XI der Festung Przemysl, in Serbien den Drenak, vor Verdun den Termitenhügel, im Feldzug gegen Rumänien Steilhänge im Vulkangebirge erstürmt hat, diesen lächerlichen Hügel nehmen. Punkt 4 Uhr brechen sie

los. Oblt. d. R. Eickemeyer führt die geschickt angesetzten Kom=
panien seines II. Btls., unterstützt von der Begleitbatterie,
1./21. b. F. A. R. unter Oblt. d. R. Landgraf, gegen die englische
Front, und in überraschend schnellem Anlauf bricht der allbe=
währte Lt. d. R. Steiner mit seiner 8. Kp. in die Stellung nörd=
lich Breemeerschen ein, während das zum Flankenstoß ange=
setzte III. Btl. unter Hptm. Daser im Anschluß an die 117. J. D.
gegen die nach Süden gerichteten Feindstellungen bedeutend
langsamer vorwärts kommt. Kurz vor dem Einbruch braust ein
mächtiger feindlicher Gegenstoß heran, rennt die zwei vorderen
Kompanien über den Haufen, wird aber dann von der zweiten
Linie des Bataillons, der 10. und 12. Kp., geschickt und sicher
aufgefangen, so daß die heraneilende 1. und 4. Kp. nicht mehr
unmittelbar einzugreifen brauchen. Der Gegner wird zurückge=
schleudert, das Bataillon folgt ihm wieder auf die Höhe nach.
Unterdessen hat Lt. Steiner mit seiner 8. Kp. den Durchstoß nach
Westen fortgesetzt, um nun auch seinerseits den auch von Süden
her bedrängten Teil des Feindes nördlich Breemerschen abzu=
schneiden. Da führt der Engländer auch gegen ihn einen kräf=
tigen Gegenschlag: Lt. Steiners Kompanie muß weichen bis
in die erstürmte englische Stellung, wird dort aber von den drei
andern Kompanien des Bataillons und den nachgeschobenen
Teilen der Regts.=Reserve (2. und 3. Kp.) aufgenommen. Wil=
des Handgemenge entspinnt sich. Augenblicke höchster, ver=
zweifelter Spannung: der Engländer weicht. Wieder ist Lt.
Steiner der erste, der sofort nachstößt, springt seiner Kompanie
voraus, herrliches Beispiel des Frontoffiziers vom Frühjahr
1918, wirft die Arme in die Luft, als wolle er nach dem Sieg
greifen — doch das tödliche Blei hat ihn getroffen. Ein uner=
setzlicher Verlust für das Regiment. Das Max=Joseph=Ordens=
kapitel ehrte das Andenken des Helden durch Zuerkennung des
Kommandeurkreuzes. Trotzdem stockt die Verfolgung keinen
Augenblick. Kurz vor Einbruch der Dämmerung wird die Kuppe
einem Häuflein tapferer Engländer abgerungen und von dort
in den nun auch vor dem III. Btl. und der 117. J. D. zurück=
weichenden Feind hineingeschossen. Das I. Btl. stößt sodann

noch bis Haenedries nach und schiebt Posten bis an die Feld=
bahn etwa 200 m nördlich davon vor.

Rechts der Augsburger steht das II. Btl. des b. R. J. R. 13
unter Obstlt. v. Düwell zum Vorstoß bereit. Der Bataillons=
Kommandeur, Hptm. Eidam, hat schon vor Beginn des Sturmes
einen schmerzlichen Verlust zu beklagen: ein Granatsplitter hat
dem Leben seines ausgezeichneten Adjutanten, des Lts. Raisch,
ein Ende gesetzt. Schlag 4 Uhr brechen die Kompanien vor=
derer Linie aus ihrer Sturmstellung los: die 7. unter Lt. d. R.
Albrecht und die 6. unter Lt. d. R. Preislinger. 5. und 8. unter
Lt. d. R. Messerer und Dannhorn folgen hinter dem linken
Flügel. Ein Stoßzug der 7./21. b. F. A. R. jagt zwar seine
Granaten in die feindlichen M. G.=Nester, allein nur langsam
vermag sich die Infanterie durch das wütende Kreuzfeuer der
Engländer den Hang hinaufzuarbeiten. Da braust der Gegen=
angriff hauptsächlich gegen das 3. Regiment los; sofort schlagen
die Geschosse der 5. und 6. Kp. in den dicht geballten Feind und
tragen wesentlich zur Abwehr des Ansturmes bei. Im Anschluß
an die Augsburger erreicht das Btl. Eidam sein gestecktes Ziel,
in der Abenddämmerung mit seiner 6. und 7. Kp. noch einen
starken Stützpunkt ausräumend.

Prächtig haben diesen Angriff der Division v. Kneußl
bayerische Kanoniere der III./21. F. A. R. und pommersche der
I. und III./F. A. R. 2 unterstützt. Oblt. d. R. Heidemann der
3./2 wurde schwer verwundet. Utffz. Radtke hielt im schwersten
Feuer mit seinen zehn Fernsprechern eine 4 km lange Telefon=
leitung zur 1./2 aufrecht.

Auch bei den zum Sturmangriff eingesetzten Regimentern
der 117. J. D. weiß jeder Mann, daß damit die gesamte gegen
den Kemmel gerichtete Operation steht oder fällt. Hinter Hecken
lauern sie, die als erste Welle in den Feind hineinspringen
sollen, rechts das R. J. R. 11 mit unterstelltem I./157, dann das
R. J. R. 22 mit beigegebenem III./157, am linken Flügel das
sächsische J. R. 102. Der Kommandeur des F. A. R. 233, Mjr.
Splettstoeßer, hat der Infanterie Begleitbatterien seines Regi=
ments zugeteilt: die ganze II. Abt. unter Hptm. Beitzke den

Res. 11=ern, die Batterien der Abt. Mjr. Aldenhofen (I.) dem R. J. R. 22 und die bei la Crecne stehende III. (Hptm. d. R. Froese) dem J. R. 102. Mjr. v. Lüttichau hat das I. Btl. der 157=ern auf den rechten, sein III. auf den linken Flügel, die bei= den anderen unter Hptm. Geyer zusammengefaßten Bataillone hinter den rechten genommen.

Jetzt beginnen an allen Ecken des flachen, von Hecken durch= zogenen Vorgeländes die Sturmgeschütze mit direktem Schuß zu arbeiten. Von de Seule her galoppieren die Stoßbatterien her= an, fahren teilweise offen auf. Mit dem Fernglas sucht der Führer sein Ziel, und über Kimme und Korn visiert geht der Schuß hinauf auf den Hang, an den sich, dem Beobachter noch verdeckt, die Infanterie heranarbeitet.

Kurz vor 4 Uhr fliegen die letzten leichten Minen auf den Feind, dann steht die ganze Linie auf. Nicht so rasch wie bei den Bayern gelingt der Anlauf, denn der Engländer legt den Stürmern vom ersten Augenblick an ein wütendes Artillerie= feuer hin. Es ist ein schweres Durchkämpfen unter dem Granatenhagel gegen die zahlreichen, durch unser Feuer noch nicht erledigten M. G.=Nester, die sich den Hang hinauf staffeln, als stünden sie auf den Feldern eines Schachbretts. Dazu Gegenangriff gegen die Bayern, den man genau beobachten kann. Wieder ein Sprung vorwärts, als die Bayern den Gegen= angriff abgewettert haben. Dicht hinter dem I. Btl. der 157=er hat Mjr. d. R. Mende sein II./157 nachgeführt. Er weiß, er soll den etwa stockenden Angriff vorreißen. Ist jetzt der Zeit= punkt dazu schon gekommen? Schwerer Entschluß, doch der Major faßt ihn, führt ihn durch. Und so springen sie in die da vorne festgefahrenen Linien der Feldgrauen vor, durch sie hin= durch, über sie hinaus, den Angriff mit mächtigem Schwung vorreißend. Voraus alle drei Kompanien ihre Führer, die Lte. d. R. Vetter, Kohl und Seidel, sowie der der 2. M. G. K., Oblt. d. R. Stammer, unmittelbar ihnen folgend Lt. d. R. Langner mit seiner 8. Die feindlichen M. G.=Nester, geschickt im Gelände versteckt, sich mit bewundernswerter Zähigkeit ver= teidigend, werden durch Stoßtrupps in den Flanken umgangen, gefaßt, durch Handgranaten erledigt. Die ganze Linie erhebt sich nun, diese Linie von Männern, gepackt von wilder Kampfeswut, den Tod für ein Nichts achtend, nur die heiße Flamme des Sieges in der Brust, setzt sich unter blutigen Opfern mit Hergabe der letzten Kraft in den Besitz von Sebasto. Der Bataillons-Kommandeur und die Reserve-Kompanien eilen ebenfalls auf die oberste Kuppe. Leichter Regen setzt ein, Dämmerung läßt die Umrisse der Landschaft beinahe schon verschwimmen, aber dort drüben steht wie ein pechschwarzer Schatten jener, um den das ganze blutige Ringen hier und rechts und links davon geht: der Kemmel. Haben die Deutschen den Schlüssel zu dieser Festung schon in der Hand? Mjr. Mende sieht nach links: „Dort stockt doch der Angriff, Dietrich?" fragt er seinen Adjutanten. „Jawohl, die Maschinengewehre auf dem Kamm feuern den 22-ern und den Sachsen in die Flanke!" — „Fassen Sie alles zusammen, was Sie finden! Und dann gegen die englischen Stützpunkte!" Rittlings auf dem Kamm gehen sie vor, wiederum ein M.G.-Nest um das andere aushebend. Andere Teile des Bataillons sind beim Sturm in die Linien der Bayern und des Res. 11 gekommen und fechten dort mit, als der Gegner über den Bahndamm geworfen wird. Wie der Blitz sind schwere M.G. unter Lt. d. R. Muschner zur Stelle, und leichte unter Lt. d. R. Kohl helfen mit, den Sieg der anderen zu vervollständigen. Die 6. Kp. schlägt zwei englische Gegenangriffe aus dem Gehöft Haenedries heraus ab. Schrapnellfeuer klirrt auf Sebasto und das nahe Barackenlager, den Siegern noch letzte Wunden schlagend. Zu einer Nachtverfolgung reichen die Kräfte der noch nicht geordneten Verbände nicht mehr aus. Wären stoßkräftige Reserven da, vielleicht könnte man heute noch den Kemmel erreichen?

Auch das I./157 unter Mjr. Holtz hat die Stockung im Angriff überwunden. Die 2. Kp. unter Lt. d. R. Walther hängt eine Zeitlang mit dem linken Flügel in der Luft, läßt sich aber dadurch nicht beirren, sondern arbeitet sich, zusammen mit der 1. unter Lt. d. R. Rammensee, weiter vor. Ueber eine 600 m

lange, faft deckungslofe, von Drahtzäunen und Waffergräben
durchzogene Strecke geht es den Hang hinauf, und Unterführer
wie Mannfchaften leiften geradezu Hervorragendes. Da Lt.
d. R. Pardeß der 3. Kp. fieht, daß rechts der Angriff fchneller
vorwärts kommt, wirft er dorthin feine Kompanie. Vermifcht
mit Teilen der 1. und 2. Kp. erreicht die 3. die Straße auf der
Höhe und rollt nach links den Feind auf, wobei fich befonders
Vzfw. Kofa durch gefchickten Einfatz feiner leichten M. G. aus-
zeichnet. Die fchweren unter Lt. d. R. Mauß und Flt. Heymann
unterftützen den Angriff zunächft durch überhöhendes Feuer,
dann aber folgen fie der Infanterie sprungweife bis über die
Höhenftraße, ihr Feuer in die zurückflutenden Engländer jagend.
Durch fchneidiges Vorfahren und Schießen auf nahe Entfernun-
gen im feindlichen Feuer zeichnen fich die Begleitzüge der Artillerie aus.

Der 15. April war vor allem durch den gefchickt angefetzten
und fchneidig durchgeführten Stoß des II. Btls. zu einem der
höchften Ehrentage für das fchlef. J. R. 157, deffen Garnifon in
Brieg ftand, geworden.

Auch das auf dem linken Flügel des R. J. R. 11 ftehende
III. Btl. riß den Angriff nach kurzem Verhalten wieder vorwärts. Es hatte fchwer unter der Flankierung vom Ravetsberg
vor deffen Wegnahme zu leiden, kämpfte fich ebenfalls wie fein
Nachbar zur Rechten durch die M. G.-Nefter hindurch und wies
mehrere Gegenangriffe fchnell zufammengeraffter Referven im
ruhigen Feuer und zähen Aushalten derer ab, die nach vier
vergeblichen blutigen Angriffen und zwei Tagen erfchöpfender
Anftrengungen ihr befohlenes Ziel erreichten.

Die Führung des links anfchließenden R. J. R. 22 hatte
kurz vor dem Angriff Hptm. i. Gen.-Stab Boehm übernommen.
Von feinen Bataillonen ftanden III. und I. in vorderer, II. in
zweiter Linie. Sein Ziel war der Ravets-Berg. Auch hier
wehrt fich der Engländer, der in zahlreichen M. G.-Neftern auf
dem allmählich anfteigenden Hang liegt, verzweifelt. Schon
während der Artillerievorbereitung haben fich die Kompanien
des III. Btls. unter Lt. d. R. Florian fo nahe als möglich an

den Feind herangearbeitet. Aus nächster Nähe feuert ein Zug der 3./F. A. R. 233 unter Lt. d. R. Oestreich auf noch heil gebliebene M. G.=Nester am Hang. Trotzdem können sie nicht alle von den braven Kanonieren niedergekämpft werden, und die Handgranaten und Bajonette der Infanterien müssen noch die letzte Arbeit leisten. Zu einer Art Bastion ist der Feuter=hof ausgebaut, der um seinen Wassergraben und seine dicken Mauern einen Feuerkranz sprühender Maschinengewehrgarben legt. Wieder muß die Schwesterwaffe einspringen; diesmal ist es die 7./F. A. R. 233 (Führer Oblt. d. R. Diethelm), die den Feind aus dem Gehöft herausschießt. Zwei Kompanien des II. Btls. sind inzwischen eingeschwärmt, das I. Bataillon unter Hptm. Westphal überwindet den vor allem seinem linken Flügel entgegengesetzten Widerstand, und nun vermag die Res. 22=er nichts mehr aufzuhalten: während gut gezieltes M. G.=Feuer hinter den fliehenden Engländern herrattert, er=reichen die Kompanien 6 Uhr abends die Straße Bailleul—Sebasto; der Ravets=Berg ist erstürmt!

Dem Zittauer Regiment 102 des Obstlts. Schlick war, zu=sammen mit 12. Pionieren, der Sturm auf den Liller Berg übertragen, die große Bastion vor dem linken Flügel der 117. J. D.

Noch während des gewaltigen Artilleriefeuers schieben sich Schützenschleier der Sachsen vor, um den Feind zu zwingen, seine Karten aufzudecken, d. h. seine M. G.=Nester zu zeigen. Sofort hauen die Begleitbatterien der III./F. A. R. 233 und des sächs. F. A. R. 64 ihre Granaten auf die gewünschten Ziele. Punkt 4 Uhr springen die Bataillone den Gegner an. Einige Minuten später erreicht Rittm. v. Zeschau mit seinem III. Btl. die Straße bei le Leuthe, diesen besonders bewehrten Stützpunkt der Engländer. Hptm. Oertmanns II. Btl. ist gleich beim An=treten in einen Regen von M. G.=Geschossen, Granaten und Schrapnells gekommen. „Sprung auf — Marsch Marsch!" Wieder sind die Sturmhaufen einige Meter weiter. Der Liller Berg speit rasende Eisensaat in die Sachsen, blutigen Zoll fordernd. Hier ist das Granatfeuer am schwersten auf der

ganzen Angriffsfront. Eine undurchdringliche Sperrfeuerkette.
Jeder krampft sich in den Boden, duckt sich, lugt zur Seite und
nach vorwärts. Ringsum zerwühlter Acker, rauchende Gehöfte,
flammende Strohdächer, angeschossene Rinder, tote Schweine,
zerzauste Hecken, niedergebrochene Bäume, aufgerissene Straßen.
Und tote Männer, das Gewehr umklammernd, stöhnende Ver=
wundete, denen man hilft, so gut es geht. Da reißt am linken
Flügel d. L. Schäfer seine 6. Kp. hoch, ist als erster in dem
englischen Stützpunkt, der sich mit 17 Mann den Sachsen aus=
liefert. Auch der blutjunge Lt. d. R. Wuensch stürzt sich mit
seine beiden M. G. in diesen Kampf und fällt an der Spitze
seiner Leute. Wieder ein Sprung vorwärts. Doch der Liller
Berg wehrt sich mit wilder Verzweiflung. Noch einmal hauen
die Batterien auf dieses Fort, noch einmal setzen die feldgrauen
Linien an, doch — Achtung sei dem Gegner gezollt! — er
wehrt sich nach wie vor. Die Verluste häufen sich bei den
Unseren. Springen dort nicht ein paar Engländer zurück?
Weichen dort nicht ein paar Gruppen? Hptm. Oertmann sieht
es von seinem Gefechtsstand aus. „Setzen Sie Ihren M. G.=
Zug ein!" ruft er dem Führer der 2. M. G. K., Lt. Zipfel, zu.
Dieser hat schon auf den günstigen Augenblick gelauert, schon
sind die beiden Gewehre in Stellung, schon orgeln sie über die
eigenen angreifenden Infanteriewellen hinweg in die ganz lang=
sam weichenden Engländer. Dies ist aber das Zeichen für die
Kompanien zum letzten Sturm. Persönlich greifen die Btls.=
Führer in den Kampf der vordersten Linien ein; vorwärts, vor=
wärts, hinauf zum Sturm auf den Berg! 6,55 Uhr abends hat
das II. Btl. dem tapferen Gegner den Höhenrand abgerungen,
zehn Minuten später das III. Der Name „Liller Berg" wird für
immer mit dem Zittauer Regiment verknüpft sein.

Durch kühnen Handstreich setzten sich die Lte. d. R. Gang
und Schäfer noch nachts in den Besitz von Bailleul, aus der
Stadt 78 Engländer herausholend.

Die beiden übrigen Regimenter der sächs. 32. J. D., die
Regimenter 103 und 177, warf Glt. v. d. Decken (Ia Hptm.
Uth) über den Liller Berg und brachte die Linie Irrenanstalt

St. Antonius—La Bourse—Cappellinde in deutschen Besitz.
Gleichzeitig schloß die 10. E. D. unter Gmj. Rumschöttel (Ia
Hptm. Dinglinger) Bailleul von Süden und Westen ab.

Dank der guten Führung und vor allem der Tapferkeit der
Frontsoldaten war am 15. April ein bedeutungsvoller Erfolg
errungen worden. An jenem Tage hatte das Auge Flanderns
sehen müssen, daß die anrollende Woge einen großen Sprung
nach vorwärts gemacht hatte. Das auf den beiderseitigen
Infanterielinien liegende Feuer zog sich wie ein lang gestrecktes
Band vor dem Kemmel dahin, bereits auf seinen nächsten Vor=
höhen aufdampfend, nur Wijtschate ragte noch als letztes
trotziges Fort auf, die anstürmende Flut gleich einem Wogen=
brecher zurückdämmend. Und was hatte das Auge Flanderns
auf der Gegenseite gestern und heute gesehen?

Als sich in den Morgenstunden des 14. April der Nebel
etwas gelichtet hatte, erkannte das Auge Flanderns lange
Infanterie=Kolonnen auf den Straßen bei Caestre, Steenworde
und Terdeghem, sah, daß auf den Rampen bei Bergues den
rasch hintereinander anrollenden Zügen Kompanien um Kom=
panien entstiegen, und erblickte nicht endenwollende Reiter=
Kolonnen, die von Südwesten her gegen St. Omer marschierten.
Und neue Batterien sah es auftauchen auf dem Katsberg und
dem Roten Berg und dem Vidaigne=Berg. Sie alle aber, die
Infanteristen und Kavalleristen und Artilleristen, trugen grau=
blaue Uniformen: Franzosen, die ersten Franzosen, Hilfe nahte
im letzten Augenblick!

Endlich hatte Foch dem Drängen des englischen Oberbefehls=
habers nachgegeben. An jenem 14. April besuchte er Haig in
Abbeville. Der Brite schilderte den bedenklichen Zustand seiner
Truppen und verlangte Ausdehnung der französischen Front
nach Norden. „Unmöglich", erwiderte der Franzose, „während
der Schlacht kann nicht abgelöst werden, da in dieser Zeit=
spanne die paar Reserven überhaupt nicht verfügbar sind." —
„Ich gebe dies zu. Aber schieben Sie doch Ihre 10. Armee nach
Bethune, die Nordgruppe Ihrer 5. bis in die Gegend von
Amiens!" — „Selbstverständlich. Die Anweisungen dazu sind

gegeben. Und morgen wird General Robillot mit seinem 2. Kavallerie=Korps und den beiden Infanterie=Divisionen, der 133. und der 28., unmittelbar hinter Ihrer Front stehen. Die Artillerie der 133. J. D. geht wohl schon in diesem Augenblick auf dem Mont des Cats in Stellung, das 59. F. A. R. auf dem Mont Rouge und Mont Vidaigne . . .!" — „Ich weiß dies. Doch die 133. J. D. ist vollständig abgekämpft. Sie stand am 3. April noch bei Moreuil, hat schwerste Verluste erlitten, dann Gewaltmärsche, die Eisenbahnfahrt . .!" — „General Valentin wird seinen Truppen den nötigen Elan geben, Sir! Sie wer= den wohl nicht behaupten wollen, daß die 28. J. D. . . . .?" — „Nein, nein! Ich bin sehr dankbar für diese ausgezeichnete Division, die sich ja in Belfort vollkommen ausgeruht hat! Sie ladet heute bei Bergues aus —" — „— und General Madelin wird sie morgen in die Gegend von Waton vorführen, abends werden bereits 2 Bataillone in Linie Mont Vidaigne—Straße von Clytte nach dem Dorfe Kemmel stehen." — „Und der Kemmel selbst?" — Foch wehrte leicht mit der Hand ab: „Die 28. Division wird General Robillot vor allem deswegen auf seinem linken Flügel einsetzen, um die Briten im Festhalten des Ypernbogens zu stützen. Der Ypernbogen darf nicht fallen, Sir!" — „Ich weiß, Belgiens letzte Bastion. Doch wenn der Deutsche den Kemmel . . .?" — „Er wird den Kemmel und das Höhengelände diesseits der Douve nicht nehmen. Robillots Kavallerie=Korps muß in dieser Stunde bei St. Omer stehen. Er kommt, wie Sie wissen, aus der Gegend südlich der Somme, hat in 60 Stunden 200 km geritten. Heute wird er einen Rast= tag einlegen, um nachts vorzurücken und das Höhengelände fest in die Hand zu nehmen. Sie können sicher sein: der Kemmel wird nicht in deutsche Hand fallen!" Dann verabschiedete sich Foch von dem englischen Oberkommandierenden. Abends wird er zum „Général en Chef des Armées alliées en France" ernannt. —

Am Morgen des 15. April zogen tatsächlich lange fran= zösische Reiter=Kolonnen von Steenworde gegen Godewaers= velde, es waren die französische 2. und 6. K. D., die nach dem

Nachtmarsch im Raume Eecke—Godewaersvelde—Abeele eintrafen, während die 3. K. D. bei Caffel aus den Sätteln gestiegen
war. Jägerbataillone der französischen 133. J. D. marschierten
auf der Straße von Caestre nach Flêtre. —

Wir haben gesehen, mit welch bewundernswerter Tapferkeit die englischen Bataillone den Deutschen den Besitz der
Höhen östlich Bailleul streitig gemacht hatten; wenn auch aus
schweren Wunden blutend, war doch die Truppe nicht willens,
dem Gegner den Uebergang über den Douve-Grund und das
Vorgehen bis an den Fuß des Kemmels leicht zu machen, denn
jeder Tag Verzögerung war Zeitgewinn für das Eingreifen des
zu Hilfe eilenden Bundesgenossen. Die englischen Stäbe dagegen waren nervös geworden; um Mitternacht gab der Führer
des englischen IX. Korps an die 19., 49. und 59. Div. den Befehl zum allgemeinen Rückzug auf das Höhengelände unter
Deckung durch die 34. Div.; das Oberkommando der englischen
2. Armee ordnete Verbrennung der Flugzeughallen an und ver-
sprach seinen erschöpften Truppen rasche Ablösung durch Franzosen und Belgier. General Plumer, der für die Sicherheit
seiner Front fürchtet, bittet um Ablösung durch Franzosen
westlich Bailleul, womit Robillot einverstanden ist, nicht aber
Foch, der der Ansicht ist, daß die französischen Truppen nach
Flandern geschickt wurden, „um in die Schlacht zu gehen“.
Wenn auch der Höchstkommandierende an der englisch-fran-
zösischen Front die Lage nicht für so bedenklich ansah wie
Plumer, so verkannte er doch nicht ihren Ernst und traf
Anordnungen, um zwei weitere französische Divisionen nach
Flandern zu entsenden.

Werden die Deutschen am nächsten Tag Wijtschate nehmen
und — den Kemmel stürmen?

Wijtschate.

Immer noch hielt sich Wijtschate auf seiner einsamen Höhe,
dessen Name seit einigen Tagen auf den Lippen der Angreifer

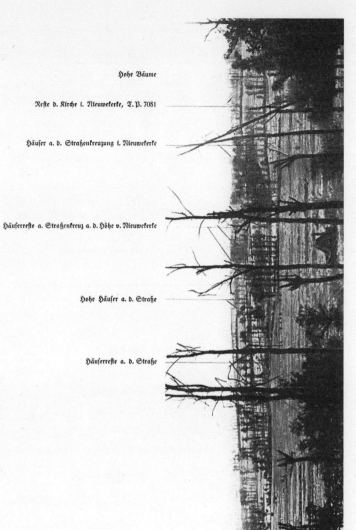

Blick auf die Höhenwelle von Nieuwekerke

Hohe Bäume

Reste d. Kirche i. Nieuwekerke, T. P. 7081

Häuser a. d. Straßenkreuzung i. Nieuwekerke

Häuserreste a. Straßenkreuz a. d. Höhe v. Nieuwekerke

Hohe Häuser a. d. Straße

Häuserreste a. d. Straße

Häuser a. d. Straße bei Korteppp

Häuser a. d. Straße le Romarin — Nieuwekerke

Haus a. d. Straße
Kemmelturm, T. P. 7080

Gehöft

Höhe 97
Mont Noir
Kirchenruine in Kemmeldorf

Roter Berg

Haus a. d. Wegegabelung

Roter Berg, Ondank, Mühle u. Kapelle

Gehöft, Mitte
Unterstand

Goethals Ruinen

Mauerstumpf

Scherpenberg
Haus

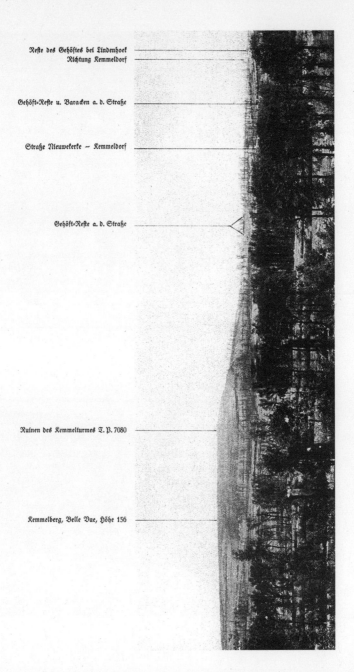

Blick auf Kemmel und Höhengelände

Reste des Gehöftes bei Lindenhoek
Richtung Kemmeldorf

Gehöft=Reste u. Baracken a. d. Straße

Straße Nieuwekerke – Kemmeldorf

Gehöft=Reste a. d. Straße

Ruinen des Kemmelturmes T. P. 7080

Kemmelberg, Belle Vue, Höhe 156

Pioniere an die Front
Sturmangriff

schwebte. Gmj. v. Mutius sollte es endlich mit seiner 17. R. D. zu Fall bringen.

Wieder hing leichter Nebel in den frühen Morgenstunden des 16. über dem Gefilde. Die Sturmtruppen begrüßten ihn, denn er nahm den feindlichen Artilleriebeobachtern besonders auf dem Kemmel die Sicht. Neben den Regimentern seiner eigenen Division stand General v. Mutius das Regiment Oberst Schmidt zum Angriff gegen die Spanbroekmühlen-Höhe zur Verfügung. Sein rechter Nachbar, Gmj. v. d. Esch, hatte mit dem linken Flügel seiner 7. J. D. Wijtschate und die Höhe nördlich davon anzupacken, um dem von der Flanke her angreifenden rechten Flügel der 17. R. D. die Hand zu reichen.

Es waren die Magdeburger 26-er, die den Stirnangriff gegen das Dorf zu führen hatten. In und südlich des Rondell-waldes lauerten sie in drei Stoßgruppen auf das Vorwärts-springen des Artilleriefeuers: 6,22 Uhr brechen sie los. Die nördliche unter Lt. v. Dormann stürzt sich auf die Betonbunker und wühlt sich durch das zweite Hindernisband; die mittlere, die sich zuerst in zahlreichen Drahthindernissen und Widas ver-strickt, reißt Mjr. Borcherdt vor und schleudert den Feind über die Hanseaten-Straße. Wijtschate selbst ist das Ziel der süd-lichen Stoßgruppe (6., 8. und ein Zug 1./Pi. 4) unter Hptm. Schmidt. Sie liegt an dem sanft geneigten Hang, an dem, über-ragt von der Kuppe 84, die Trümmer des Ortes kleben. Schon schieben sie sich vor in das Niemandsland: die 8. unter Lt. Nebel, die 6. unter Lt. Mönting; die M. G. K. unter Lt. Bunke rückt heran, und da will auch die 5., die eigentlich zum mittleren Stoßtrupp gehört, nicht zurückbleiben. Auf einmal ist alles hoch und in wilder Bewegung nach vorn. Schwacher Wider-stand im ersten Graben wird überrannt. Ein M. G.-Nest rasselt ihnen seine Garben entgegen; es wird umgangen, von rückwärts erledigt. „Hands up!" schreit Lt. Nebel: 25 Tommys schnallen ab. So geht es weiter von Bunker zu Bunker, da geben die Engländer den Widerstand auf, eilen den Hang hinan, hinter ihnen drein die Deutschen, in das Dorf, durch das Dorf hindurch. Wijtschate genommen! Doch die Höhe 84? Und

wo bleiben die 162-er, die um das Dorf herumgreifen sollen?
„Hallo, ihr seid schon da?!" schreit ein Hauptmann von links
her, dem Feldgraue folgen. Es ist Hptm. Dziobek von den
162-ern . . . .

Dem Regiment Lübeck war tatsächlich unter Mjr. Haus die
schwierige Aufgabe geglückt, mit seinen beiden in Reserve
folgenden Bataillonen während des Vorgehens scharf rechtsum
zu machen und die feindlichen Stellungen sw. Wijtschate durch
überraschenden Flankenangriff aufzurollen. Wie ein Schlacht-
treffen zu friderizianischer Zeit mutet die Ausgangslage des
Regiments an: drei Bataillone in der Reihenfolge II., I., III.
hintereinander. Sobald das frontal angreifende II. die Straße
Wijtschate—Sauvegardelinde überschritten hatte, sollten die
beiden anderen Bataillone nach rechts einschwenken. 5,30 Uhr
morgens stieß das II. Btl. aus der deutschen Stellung hinaus,
hinein in den Nebel, hinein in den Feind. Erster größerer
Widerstand am Bayernhof. Das feindliche Sperrfeuer haut in
das Gelände hinter den Bataillonen, doch die wütenden
Maschinengewehrgarben aus dem Bayernhof sperren anscheinend weiteres Vorgehen. Der Engländer weiß, es geht um sein
Wijtschate, das letzte Außenfort der Kemmelfestung. Die Verluste beim II. Btl. steigen. Da wirft der Kommandeur des
I. Btls., Mjr. Dziobek, die Kp. Siebelts und Herwig in den
Kampf; das II. Btl. steht auf, allen voran sein Führer, Lt.
d. R. Vieth; die Vzfw. Lindhorst und Tödt und die Musketiere
Reske und Griese stürzen durch die Feuergarben der M. G., sie
von hinten fassend: und die 6 Kompanien fluten über den eroberten Bayernhof weg. — Da taucht im Nebel ein Riesen-
geschütz wie ein Ungeheuer der Vorwelt vor der 6. Kp. auf; es
ist ein englischer 40,5 cm-Mörser mit 60 mächtigen Granaten,
den die Kompanie des Lts. d. R. Ramke erobert. Kurz darauf
überwältigt Lt. Peters 4. mit Handgranaten die Kanoniere
zweier Geschütze mittleren Kalibers. Ueberall schachbrettartig
angelegte Widerstandsnester, deren Feuergarben sich kreuzen,
doch sie werden durch tollkühnes Zupacken erledigt.

Dann machen I. und III. Btl. die befohlene Wendung. Es

klappt wie auf dem Uebungsfeld. Aus dem Nebel stürzen sie
von der Flanke her in die feindlichen M. G.=Nester, die überraschten Engländer zu Paaren treibend. Doch auch den Deutschen kostet es Verluste; da fallen mit anderen im Siegesrausch,
hingerissen von heller Begeisterung und Kampfeslust, Lt. d. R.
Buller und Friedel Hellmann, der tüchtige Adjutant des I. Btls.
Auf den Trümmern von Wijtschate reicht Btl. Dziobeck den
26=ern die Hand.

Das II. Btl. ist inzwischen vorgestürmt gegen den Lisner=
Hof. Vor Erreichung der Straße Wijtschate—Kemmel erhält
es äußerst wirksames M. G.=Feuer aus Gegend Schottenhäuser=
Lömpelstede und aus südlich Sauvegardelinde her. Feindliche
Kanonenbatterien im ehemaligen Markwald jagen ihre Lagen
in direktem Schuß in die Sturmwellen; schon jetzt ist der Feind
durch überhöhende Beobachtung vom Kemmel her — der Nebel
zerflattert in leichten Dunst — in der Lage, den Angreifer
dauernd unter Feuer zu nehmen. Der Riese Kemmel ist hinter
der Höhenwelle auch vor diesen deutschen Regimentern auf=
getaucht. Doch das II. Btl. frißt sich durch das Feuer hindurch
und erreicht das Angriffsziel, den Oedhof und den Riesen=
sprengtrichter bei Maedelstede.

Kaum waren I. und III. Btl. in Wijtschate eingedrungen,
mußten sie so schnell wie möglich wieder Anschluß an das II.
gewinnen. Dziobeks Btl. schwenkte zurück, bricht feindlichen
Widerstand am Gabelhof, gewinnt Anschluß an Lt. Vieth; Lt.
d. R. Toelke hat mit seinem III. Btl. mit blanker Waffe die
Höhe 84 gestürmt, ist von Süden in Wijtschate eingebrochen,
schwenkt nun auf dem linken Haken und stößt bis zum Nord=
westrand des ehemaligen Wijtschater Waldes durch. Rechts
neben dem I. geht das III. Btl. in Stellung, dem gleichen
Granatenhagel ausgesetzt wie die beiden anderen.

Heller Jubel ging durch die Infanterie, als die 5./R. F.=
A. R. 17 des Hptm. Heidecke in ihrer Nähe auftauchte. Vom
Gabelhof und von der Höhe 84 jagte sie ihre Granaten mit
direkter Beobachtung in den weichenden Feind. Lästige Feind-

batterien wurden zum Schweigen gebracht. Jeder Schuß, den das Geschütz beim Gabelhof abfeuerte, saß!

An das Regiment Lübeck schloß links das R. J. R. 76 unter Oberst v. Grawert an. Das beherzte Vorgehen der Infanterie, vom Nebel begünstigt, bringt den Feind in Verwirrung; trotz flankierenden M. G.-Feuers dringt der Angriff des I. Btls. durch. Im Nebel verliert der Bataillons-Stab die Richtung; sieht eine Höhe vor sich; es ist die Spanbroek-Mühle; stößt auf besetzte Unterstände; nimmt sie; da fällt ins Herz getroffen der Btls.-Kmdr. Hptm. Eggers, einer der besten Offiziere seines Regiments. Der Adjutant, Lt. d. R. Tietz, übernimmt das Btl. Lt. d. R. Matthiessen reißt seine 2. Kp. bis in die Gegend nörd-lich des Maedelsteder Trichters vor, wo bis 9 Uhr vormittags die anderen Kompanien, vermischt mit Teilen des J. R. 162 und R. J. R. 228, eintreffen. Sie gehen zur Verteidigung über, da heftiger Widerstand am Barackenlager weiteres Vorgehen verhindert; der Maedelsteder Trichter wird besetzt. Das hinter dem linken Flügel folgende Halbbtl. v. Dorrien hat ein Wider-standsnest östlich der Spanbroek-Mühle ausgehoben und grup-piert sich dort. Lt. Gätgens führte die 4./R. F. A. R. 17 als Begleitbatterie gewandt und rasch nach und wirkte vom Gabel- und Bayernhof aus.

Das Regiment Oberst Schmidt am linken Flügel der Divi-sion v. Mutius hatte mit dem II. und I. Btl. des R. J. R. 228 und dem III./R. J. R. 226 die Spanbroekmühlen-Höhe anzu-greifen.

Im dichten Nebel führte Hptm. d. L. Schulze das II. Btl. und die 1. und 3. Kp. den Hang gegen die Spanbroekmühle hin-an, zunächst vom Feinde unbemerkt. Erst im letzten Augenblick gewahrte die stürmenden Linien; da war es für ihn zu spät; mit Hurra wurde die wichtige Höhe mit dem Sprengtrichter genommen, zugleich mit 3 Offizieren, 270 Mann. Jenseits der Mühlenhöhe gruben sich die Schlesier aus Schweidnitz und Neiße ein.

Während das II. und III. Btl. der 163-er mehrere Wider-standsnester südwestlich Wijtschate ausräumte, wurde das I.

in die Kampffront vorgezogen; die vorderen Kompanien er=
reichten den Maedelsteder Trichter, wo Lt. Würfel mit dem
Stab des II./162 zusammentraf. Beide beschlossen, wegen des
starken Flankenfeuers nicht weiter vorzugehen. Vom Trichter=
rande aus bot sich eine wunderbare Fernsicht gegen den Kemmel
und in die Ebene von Ypern. Deutlich konnte man Züge hinter
der englischen Front fahren sehen, die sicherlich Verstärkungen
brachten.

Rechts der Magdeburger stand das J. R. 165 unter seinem
tatkräftigen Kommandeur, Obstlt. v. Weller, zu selbständigen
Angriff gegen Dammstraße und Fasanenwald auf. Die
Quedlinburger nehmen Rotes Schloß und Bayernschloß, deren
überraschte Besatzungen davonlaufen, von deutschem M. G.=
Feuer verfolgt. Auch Backofen und Pavillon fallen den An=
stürmenden zu; mit heldenhaftem Schneid, der dem von 1914
durchaus nicht nachsteht, kämpft sich das III. Btl. des Mjrs.
Knobel durch den Fasanenwald, dann aber reichen die Kräfte
nicht mehr aus, um die mit Betonblöcken gespickte Dammstraße
ganz an sich zu reißen. Doch der Druck des Regiments ist so
stark, daß sie am nächsten Tage vom Gegner freiwillig geräumt
wird.

Werfen wir einen Blick auf die schwere Artillerie und folgen
wir dabei dem Bericht des Lts. Lattmann der 1./Fußa. Btls. 35,
den er im „Ehrenbuch der schweren Artillerie" gibt! „Morgens
reißen die Mörser breite Feuerschlünde in die nebelschwere
Nacht. 10 Uhr vormittags Befehl: ‚Drittes Geschütz Stellungs=
wechsel nach vorne!' 14 Pferde, 40 Kanoniere wuchten den
Mörserkoloß ins eroberte Trichtergelände nördlich Meesen.
Vom Weg keine Spur, nur daran erkenntlich, daß Pioniere
Gräben und Trichter in einer gewissen Richtung mit Bohlen
bedecken und Schotter beschütten. Nach zwei Stunden — 1500
Meter Strecke — in englischen Grabentrümmern scheint
Weiterkommen unmöglich. Aber der Batterie=Führer meldet
dem anwesenden Kommandeur der 17. R. D., daß er's schon
schaffen wird. Beste Pferde, beste Fahrer ran! 80 Kanonier=
fäuste im zwingenden ‚Zu — gleich!' ziehen das Geschütz Schritt

für Schritt. Pioniere legen Balken und Bohlen, begeisterte Infanterie schiebt und hebt an allen Enden, und unter anerkennendem Beifall des Divisions-Kommandeurs und dem Hurra aller Zuschauer ist nach einstündiger harter Arbeit das schlimmste Gelände überwunden. Stürmisch von der Infanterie begrüßt, schleudert „Elli" noch abends aus dem eroberten Trichterfeld die ersten Granaten mit äußerster Schußweite auf neu aufgetauchte Feindbatterien. — Für den Morgen des 17. heißt's auch für die beiden anderen Geschütze: „Stellungswechsel nach vorn!" Bis Meesen geht das ganz gut, d. h. 4 km in 3 Stunden! Dann tut sich vor ihnen der „Blaugrund" auf: 300 m Schlammlöcher! Vorausgesandte Kanoniere, Kuno Lattmann 3. B., versinken bis zu den Schultern, müssen mit Hebebaum wieder herausgeholt werden. Der Hohlweg ist nicht zu umgehen. Sie müssen hindurch, damit sie 1000 m vor „Elli" zu stehen kommen. Unmöglich mit Mörsern? So scheint's. Doch was ist unmöglich, wenn ein stählernes Muß dahinter steht! Kanonierhilfe ist nicht möglich, die versinken ja selbst! Da tun's nur die 14 besten schweren Belgier in glänzender Weise im Galopp: ein wildphantastisches Bild von urwüchsiger Kraft! Ein Schauspiel für Infanteristen und Feldartilleristen, die es nicht glauben wollen, daß Mörser da hindurchkämen, und die sich durch feindliches Streufeuer nicht abhalten lassen, den Ausgang zu sehen. Der Blaugrund mit seinen mannstiefen Löchern wird von den braven Belgiern im Galopp genommen! Die ganze Batterie ist stolz, besonders wegen der Mitfreude der Infanterie, die jeden 35er schon „Elli" nennt, obwohl doch nur die Braut des Geschützführers des Dritten so heißt. Die Infanterie der prächtigen 17. R. D. ist auf einmal „unsere Infanterie" geworden. Wir verstehen uns, wir schützen uns. Wenn wir schießen, sind wir nicht eine von vielen Batterien dahinten — nein, „Elli" schießt und nur „Elli" schießt gut."

Während sich die Nachmittagskämpfe um die Dammstraße abspielten, schwoll das gut geleitete feindliche Artilleriefeuer gegen die Stellungen der 17. R. D. derart an, daß an einem groß angelegten Gegenangriff nicht mehr zu zweifeln war. Bald

nach 7 Uhr abends fielen Nebelbomben auf die Linien der
Lübecker. Ein feindlicher Angriff wurde durch das Sperrfeuer
unserer Artillerie und M. G. im Keime erstickt. Neue Vernebe=
lung, neues Artilleriefeuer, das sich nach 8 Uhr zu einem rasen=
den, nie in dieser Stärke erlebten Trommelfeuer steigert. Bis
über den Bayernhof hinaus greift diese riesige Feuerwand. Drei
dichte feindliche Linien stürzen aus Nebel und Abenddämme=
rung gegen die Stellungen der 162er. Für Augenblicke stockt
manchem das Blut im Herzen, dann aber greift er zu Gewehr
und Handgranate oder faßt den Hebel des Maschinengewehrs.
In das Sperrfeuer unserer einhauenden Granaten peitschen die
Spitzgeschosse — die vordersten englischen Linien stürzen, neue
wälzen sich über sie weg, auch sie stürzen, ohne die Stellungen
der Regimenter 162 und Res. 76 erreichen zu können. Feuer
speit der Maedelsteder Trichter, das Hauptziel des feindlichen
Gegenangriffs. Dort aber befehligt ein unerschrockener Mann,
Lt. d. R. Würfel, seine Schleswig=Holsteiner 163er sowie Teile
des II./162 und I./R. 76. Schlachtflieger brausen dem englischen
Angriff voran. Eine Walze von Brisanz= und Brandgranaten
wälzt sich über den Trichterrand, die 1. M. G. K. jagt dicht
liegende Garben in den Feind; eigenes Sperrfeuer, ausgezeich=
net sitzend, brüllt los, doch der tapfere Gegner wühlt sich immer
näher heran mit einer an Wahnsinn grenzenden Verbissenheit.
Auch sein Gewehr= und M. G.=Feuer liegt ausgezeichnet, seine
Granaten explodieren im Trichter. Schütze auf Schütze der
Deutschen fällt an seinem M. G., Schütze auf Schütze springt
neu heran, um zu fallen. Prächtig ist der Geist dieser Männer!
Gut eine Stunde währt der Feuerkampf, endlich gibt der Eng=
länder das blutige Ringen auf und gleitet zurück: er hat die
Helden vom Maedelsteder Trichter nicht bezwingen können.
Nicht geringerer Ruhm als dem Lt. Würfel gebührt dem Führer
der 1. M. G. K., Lt. d. R. Junge; ganz besonders zeichnen sich
aus Lt. d. R. Wulf und Vzfw. Jhringer, die beide am Gewehr
den Heldentod finden; ebenso vorbildlich kämpft Fähnrich
Schütz. Lt. d. R. Würfel wird durch Oberschenkelschuß ver=
wundet; die Führung des Bataillons übernimmt Lt. d. R.

Junge. Als der Sturm abgeschlagen, sind sämtliche M. G. bis auf eins durch Treffer außer Gefecht gesetzt. Endlich senkt sich die Nacht auf die blutgetränkte Erde und läßt die ermatteten Kämpfer Atem schöpfen.

Schweres Vorwärtsringen.

Man hätte nach dem großen Erfolg des 15. und nach Er= oberung der Wijtschate=Bastion am 16. April rasches Nach= drängen der Deutschen und Wegnahme des Kemmelberges er= warten sollen — und was geschah? Der in der Verteidigung so außerordentlich zähe Engländer hielt sich in jenen Stellungen, in die ihn der Deutsche gedrängt hatte, und Tag um Tag mußten sich die deutschen Divisionen vorwärtsringen, um nur bis an den Fuß des großen, gigantisch sich vor ihnen auftürmenden Berges zu gelangen.

Zur Erleichterung der Führung wurde das Gen. Kommando des Garde=Res. Korps (Gen. d. K. Frhr. v. Marschall, Chef des Stabes Mjr. Graf v. Stillfried) eingeschoben. Es übernahm den Befehl über 117., 32. J. D. und 10. E. D., demnach von den Osthängen des Ravetsberges bis zur Stadt Bailleul ein= schließlich.

Gleichzeitig übernahm die Führung der 117. J. D. der schon seit einigen Tagen dazu bestellte bisherige Kommandeur der 43. Ers. Br., Gen. Mjr. Hoefer (1. Gen. Stabsoffz. Mjr. Frhr. v. Hammerstein). Den einarmigen General Hoefer verehrten seine Soldaten abgöttisch, denn er war stets im dicksten Kampf= gewühl zu sehen, war auch als Brigadekommandeur mit unter den ersten gewesen, die bereits am 9. April abends die Lys bei Bac St. Maur unter schweren Kämpfen überschritten hatten. Er ist so ganz das Abbild des deutschen Frontsoldaten im Früh= jahr 1918; im Krieg hatte er einen Arm verloren: auch das deutsche Frontheer war nicht mehr im Vollbesitz seiner physischen Kräfte, über die es im Jahre 1914 verfügt hatte, allein seine Tapferkeit, sein Mut, sein Opfersinn, sein national=sozialer Frontsoldatengeist, seine glühende Liebe zum deutschen Vater=

lande, seine Zuversicht auf den Endsieg, alle diese geistigen Eigenschaften waren damals noch in ihm ungebrochen wie in jenem einarmigen General Hoefer.

Ein solcher Geist war bei jenen Divisionen nötig, die geglaubt hatten, leichten Schwunges den Kemmel und das dahinter liegende Höhengelände zu stürmen, damit nach menschlicher Voraussicht den Krieg für die deutsche Sache entscheidend, und die sich nun in tagelangen Kämpfen durch den außerordentlich zähen Abwehrgürtel des Feindes bis an den Fuß des Berges hindurchbeißen mußten. Nur einzelne Abschnitte aus diesen Kämpfen können wir im folgenden geben.

Wie eine Zunge schiebt sich vom Ravetsberg gegen Dranoeter die Höhe 70 heran, auf der der Salonhof liegt. Dieser lieblich klingende Name sollte unvergeßlich furchtbaren Klang für die Meininger des R. J. R. 71 bekommen. Der Höhenzug mußte in unserer Gewalt sein, bevor wir den Angriff gegen den Kemmel ansetzen konnten. Hinter dem Ravetsberg stellte Mjr. Volkmann sein Regiment bereit, bereits dort schweres Artilleriefeuer auskostend, dann sprang Hptm. Moeller mit seinem I. Btl. hinüber durch den Grund und packte die Höhe an. Büsche und Hecken des Hanges wurden lebendig, wütendes Feuer in die deutschen Linien jagend. Vom Ravetsberg bellen deutsche Begleitgeschütze des R. F. A. R. 22; Lt. d. R. Zypries, von Granaten umbraust, leitet dort das Feuer der III./F. A. R. 2, doch von der Höhe 70 sprühen unentwegt dichte Bündel von Spitzgeschossen. Vergebens macht Mjr. Volkmann auf das Unmögliche aufmerksam, er muß dem Befehl gehorchen und seine beiden anderen Bataillone zum Vorbrechen bereitstellen. Vorne kämpft das Btl. Moeller einen Todeskampf, trotzdem den einen oder anderen Stützpunkt zu Fall bringend. Am Hinterhang des Ravetsberges ertönt das Kommando: „Marsch! Marsch!" Der Gegner hat darauf gelauert. Ein breites, glühendes Band von M. G.-Geschossen empfängt die Meininger auf der Höhenkante, folgt ihnen, als sie den Hang hinunterrasen. Dort drüben, bei Sebasto, schieben Kanoniere und 4. Pioniere zwei Feldgeschütze des Lts. d. R. Gerstenberg in Stellung, buddeln sie in fieber-

hafter Haft ein, die erſten Granaten verlaſſen die Rohre, da
tanzen Erdfontänen rings um ſie hoch, klirren M. G.-Garben
auf die Schutzſchilde, eine Staubwolke überdeckt das Grauen.

Die Meininger ſind am Bahndamm. Mit geradezu toll=
kühnem Schneid hat Rittm. v. Reinersdorff-Paczensky-Tenczyn
ſein II. Btl. durch dieſen Geſchoßhagel hindurchgeriſſen, doch
der Weg ſeines und des III. Btls. iſt mit Toten und Verwun=
deten überſät. Dieſes wühlt ſich bis auf die Höhen öſtlich des
Salonhofes hinauf — den Hof ſelbſt zu nehmen, iſt unmöglich.
Endlich bringt die Dunkelheit Erleichterung, doch der nächſte
Morgen neuen Angriff. Das III. Btl. reißt ſeinen linken Flügel
über den Salonhof vor, ihn umklammernd. Der Engländer
räumt, doch der Deutſche kann den Hof nicht beſetzen, da ihn
der Gegner durch M. G.-Kreuzfeuer abriegelt.

Neuer Angriff wird für 8,45 Uhr abends befohlen. Da bricht
gegen 7 Uhr abends am 17. April ein wahnſinniger Feuerſturm
auf die Deutſchen nieder. Hat der Engländer die Angriffsabſicht
erkannt? Nein! Er ſtürmt ſelbſt! Rennt in dichten Scharen
gegen die erſchöpften Meininger an. Iſt alles verloren? Nichts
iſt zu erkennen in dem Gewühl, in dem Kampf Mann gegen
Mann, nur das eine: die Deutſchen weichen nicht! Ihre letzte
Kraft vervielfacht ſich, verrichtet Wunder. Nur weniges berich=
tet die Ueberlieferung von jenem wilden Ringen: Sergeant
Geiſer der 9. Kp., von neun Bajonettſtichen verwundet, liegt in
einem Kranz von achtzehn Engländerleichen, wird von Lt. d. R.
Kirchhoff herausgehauen. Ein paar Zeilen, die ganze Größe
des Frontſoldatengeiſtes vom Frühjahr 1918 in ſich bergend!
Reſtlos wird der große engliſche Gegenangriff auch mit Hilfe
der braven Artillerie abgewieſen. Der Salonhof leuchtet wie
eine brennende Pechfackel hinauf in die Nacht. Teile der 4., 9.
und 12. Kp. der Reſ. 71er dringen vorübergehend in ihn ein;
der rechte Flügel der Deutſchen ſchiebt ſich noch um etwa 100 m
vor, ſo daß man die Höhe erreicht hat und in die nach Dranoeter
ſich hinziehende Mulde ſehen kann. Endlich trifft Befehl ein,
die Vorſtöße einzuſtellen, die Höhe aber mit allen Mitteln feſt=
zuhalten. Als das Regiment in der darauf folgenden Nacht

herausgezogen wurde, mußte es in seine Verlustlisten eintragen: tot 6 Offiziere, 136 Mann; verwundet 23 Offiziere, 561 Mann; krank 2 Offiziere, 132 Mann.

Inzwischen hatte am 17. April das auf dem rechten Flügel der Bayern=Division stehende 22. b. J. R. die Douve bei Mariebrug und Water ohne Schwierigkeit überschritten, allein Dranoeter und das Höhengelände südöstlich davon starrte von englischen M. G., und vom Südwesthang des Kemmels schlug schärfstes Feuer. Dabei machte sich bereits Munitionsmangel, besonders bei der schweren Artillerie, geltend. Trotzdem arbeitete sich das Rgt. am Helle=Bach, der den Kemmel von der Dranoeter=Höhe scheidet, mit seinem rechten Flügel vor, unterstützt von der 1./F. A. R. 2.

Furchtbare Tage brachen nun für die in den Sack von Bailleul eingeklemmten Truppen aller Waffengattungen an. Während rechts von ihnen später gestürmt wurde, mußten sie in dem von den Höhen herabschlagenden, über die freie Ebene dahinfegenden Kreuzfeuer englischer und französischer Geschütze ausharren, immer wieder ausharren. Auch sie haben ein gut Teil an den kommenden großen Erfolgen, indem sie die ihnen anvertrauten Stellungen unter schwersten Blutopfern hielten. Nicht weniger als die Infanterie war die in der Ebene stehende Artillerie dem zielsicheren Feuer aller Kaliber ausgesetzt. Wir können im Rahmen dieses Buches hier nicht Einzelheiten geben. Als Beispiel sei nur erwähnt, daß das Bromberger F. A. R. 17 am 12. Mai mit einem Verlust von 8 toten, 15 verwundeten Offizieren, 34 toten und 160 verwundeten Unteroffizieren und Mannschaften das Schlachtfeld verließ.

In jenen Stunden des 17. April, als die Meininger an der Salonhof=Höhe verbluteten und sich die Zweibrückener und Augsburger nur schrittweise gegen das waffenstarrende Dranoeter herankämpften, versuchte die 36. R. D., die sich inzwischen über den Douvegrund bis an den Fuß des Kemmels vorgearbeitet hatte, einen kühnen Stoß gegen den großen Berg selbst. Obwohl die in Front eingesetzten drei Regimenter — R. J. R. 5, J. R. 54 und R. J. R. 61 — die Schwäche unseres Artillerie=

feuers erkannten, traten sie 11 Uhr vormittags an. Es war ein blutiger Opfergang für die Regimenter Brehme und Walter, der nur zu geringem Vorschieben unserer Linien führte.

Doch der Stern des Glückes scheint dem R. J. R. 61 zu leuchten. Beiderseits des nach Den Molen führenden Hohlweges bricht Mjr. Liebe mit seinem III. Btl. vor. Da springen Gestalten auf, Hände hochhebend, teils herüberlaufend, teils den Hang hinaufeilend: der Engländer räumt! Ihm nach! Die rechts und links von uns verbluten im Feuer, wir aber stürmen den Kemmel! Flammende Zuversicht begeistert sie. Immer mehr Engländer laufen den Hang hinauf! Warum bleibt die Feuerwand unserer Artillerie dicht vor unserer Nase stehen? Feuer vorverlegen! Grüne Leuchtkugeln zischen hoch, telephonische, schriftliche Meldungen eilen zurück: alles vergebens! Da, endlich läßt das verfluchte Geschützfeuer nach. Was ist denn das? Statt vorzuspringen, flaut es ab, hört schließlich auf. Ist denn kein Tommy mehr auf dem Berg? Also los, los! Doch wie aus der Erde gezaubert, schlägt ihnen verheerendes M. G.-Feuer entgegen aus dem Hohlweg nach Den Molen und aus der rechten Flanke. Der Engländer hat unser durch das eigene Artilleriefeuer veranlaßtes Stocken des Angriffs benutzt und sich wieder festgesetzt: das Schlachtenglück hatten wir schon an der Stirnlocke gefaßt, ein paar Minuten später ist es verschwunden.... Mjr. Liebes Bataillon ist an den Hang geheftet, kommt keinen Schritt weiter. Rasendes Feuer frißt sich in die Reihen, beste Führer nehmend. Obstlt. Jacobi will Kompanien links umfassend vorwerfen: unmöglich! Zähneknirschend müssen sich die Danziger mit dem errungenen Erfolg zufrieden geben; es war allerdings ein Erfolg, denn ein wichtiges Tor zur Kemmelfestung war eingestoßen.

Und durch dieses Tor beabsichtigte das X. R. K. am Morgen des 18. überraschend einzubrechen, sich einen Weg auf den Kemmel zu bahnen und den Berg dadurch zu Fall zu bringen. Die inzwischen wieder herangezogene 31. J. D. sollte diesen Handstreich durchführen, ohne Artillerievorbereitung mit ihren Regimentern 70 und 166 in vorderer Linie, 174 in Reserve durchbrechen und auf dem Höhenkamm nach Osten einschwenken. Es war der zweite Versuch, den Berg im Handstreich zu nehmen.

Am 17. abends übernahm die 31. J. D. den Befehl im bisherigen Abschnitt der 36. R. D., deren Truppen am Abend des nächsten Tages herausgezogen wurden. Das J. R. 70 hatte schon am Tage vorher hinter dem R. J. R. 61 in zweiter Welle gelegen, war aber nicht mehr zum Eingreifen gekommen. Es war ein Auftrag gewesen, der zu den unangenehmsten im Kriege gehört: tatenloses Ausharren im feindlichen Feuer, schwere Verluste und wenig Aussicht auf Erfolg und Ruhm. Die ganze Gegend südlich des Kemmels hatte dauernd unter stärkstem Beschuß selbst schwerster Kaliber gelegen, zeitweise Feuerüberfälle hatten ihn bis zur Unerträglichkeit gesteigert. 150 Mann des Saarbrückener Regiments waren dem mörderischen Feuer in tatenlosem Abwarten zum Opfer gefallen. So gehörte der 17. April zu den schwersten des ganzen Feldzuges, er verbrauchte mehr Nervenkraft als die zwei vorausgegangenen in der Durchbruchsschlacht. Der Morgen des 18. rief das J. R. 70 neben den 166ern in die vorderste Linie, während die 174er als zweite Welle folgen sollten.

Gleich zu Beginn stand das Unternehmen unter keinem günstigen Stern. Pflichtgemäß machten die Regts.-Kommandeure auf die erheblichen Schwierigkeiten aufmerksam, die sich aus der Kürze der verfügbaren Zeit, dem unbekannten Gelände, der dunklen Nacht und der lebhaften Artillerietätigkeit des Gegners ergeben mußten. Nur Teile der Regimenter kamen, wenn auch unter Artilleriefeuer und Gasbeschuß, in die vorgeschriebenen Bereitschaftsräume. Mangels entsprechender Bestimmungen der übergeordneten Dienststellen stießen nachts in Nieuwekerke mehrere Bataillone verschiedener Regimenter aufeinander, so daß eine allgemeine Stockung entstand. In diese hinein schlugen mit Gas untermischte Feuerüberfälle der feindlichen Artillerie, die erhebliche Verluste und große Verwirrung hervorriefen. Verschiedene Truppenteile trafen daher verspätet ein, die anderen waren infolge des dichten Morgennebels gegen

Sicht einigermaßen gedeckt. Die ganze Bereitstellung hatte sich schließlich so verzögert, daß der Angriff am hellen Tage, also ohne jede Aussicht auf Erfolg, hätte stattfinden müssen. Kleinen Teilen des J. R. 166 gelang es trotzdem, bis an Den Molen heranzukommen, aber sie waren allein und mußten zurück. J. R. 70, zum Teil auch die Regter. 166 und 174, sowie Kompanien der Pioniere 27 und Res. 321 litten schwer unter den rasenden Feuerüberfällen.

Um 10,30 Uhr vormittags befahl die Brigade, daß der Angriff abzubrechen sei. Bevor sich die Nebeldecke noch weiter hob, hatten sich die Bataillone zum größten Teil wieder in ihren Unterkunftsräumen eingefunden.

Unter den Gefallenen befand sich auch der Regts.-Arzt des J. R. 70, Stabsarzt Dr. Reershemius, der gleichzeitig mit dem Feldhilfsarzt Kniebes und sieben als Hilfskrankenträger tätigen Hoboisten durch eine 38 cm-Granate den Tod fand. Hier sei auch der braven Krankenträger nicht nur dieses, sondern aller am Kemmel kämpfenden Regimenter gedacht; auch sie waren Helden im Sinne des alten Frontsoldaten, Helden des Alltags, denen die Nachwelt keine Kränze flicht. Zu ihnen gehören auch jene, die fast immer vergessen werden: die Fernsprecher, die beim Flicken der Leitungen einen einsamen Tod starben, und die Melder, die, von Trichter zu Trichter springend, auch durch das dickste Feuer Befehl oder Meldung zu überbringen hatten, und die Essenträger, die zähesten und kräftigsten Leute, Zentnerlast auf dem Rücken schleppend, Flaschen und Pakete am Riemen, der vorderen Linie das Nötigste an Lebensunterhalt bringend.

Jene furchtbaren Morgenstunden des 18. April hatten den Deutschen gezeigt, daß der Kemmel nicht durch einen einfachen Ueberrumpelungsversuch zu nehmen sei. So leichten Kaufes ließ sich jener Berg, der das Auge Flanderns trug, nicht aus dem gegnerischen Stellungssystem herausschlagen. Die oberen Kommandostellen erkannten dies. Weitgehende artilleristische Vorbereitung war zur Wegnahme des Berges nötig. Hierzu mußten die feindlichen Infanterieanlagen und Batterienester erkundet, neue Batterien und Minenwerfer eingebaut, ausreichende Munitionsmengen vorgefahren werden. Für die Tage dieser Vorbereitungen ging die Infanterie in den Stellungs= krieg über. Hinter ihr marschierten frische Angriffs=Divisio= nen auf.

Nach inzwischen erfolgten Ablösungen standen zum Angriff gegen den Kemmel und Dranoeter im Raume des X. R. K. von rechts nach links bereit: Alp. Korps, 4. b. J. D. und 22. R. D., in Reserve 214. und 31. J. D. Beim G. R. K. befanden sich vorwärts Bailleul die 117. und sächs. 32. J. D., während bei Korps Sieger in vorderer Linie eingesetzt waren: 7. J. D., 13. R. D., 19. R. D., 56. J. D. mit 1/3 der 233. J. D.; der Rest dieser Division, die 3. G. J. D. und die 49. R. D. standen in Reserve.

Die Tage der Vorbereitungen für den Kemmel=Sturm wurden durch einen örtlich begrenzten Angriff einer deutschen Division unterbrochen. Wir haben bereits von dem schweren Ringen des R. J. R. 71 um die Salonhof=Höhe gehört. Das für den großen Angriff unbedingt benötigte Sprungbrett, die Höhen bei Vleugelhoek, hatten damals nicht mehr genommen werden können. Von ihrem Besitz hing aber unstreitig der Erfolg des auf den 25. April angesetzten Sturmes ab. Es war die am linken Flügel des X. R. K. eingesetzte 22. R. D., die mit Wegnahme dieser Höhen beauftragt wurde. Gen. Lt. z. D. Schubert, unterstützt von seinem Gen. Stabsoffz. Hptm. König, hatte im Benehmen mit seinem Inf. Brig. Kommandeur, Gen. Lt. z. D. Simon, die Durchführung dieses schwierigen Angriffs auf sorgfältigste vorbereitet. Den Sturm hatten die Artillerie der Division, besonders das R. F. A. 22 unter seinem Komman= deur Mjr. v. Beyer, und Minenwerfer vorzubereiten. Er sollte am 23. April abends stattfinden.

Ein Feuerschlag aus 67 Batterien und 6 m. M. W. brüllt auf, 30 Minuten lang die Höhen um Vleugelhoek in einen rasenden Wirbel von Stahl reißend. 8,55 Uhr abends. Die Führer stoßen die Arme hoch, springen vor, die Infanteristen springen vor, und über den Ostabfall der Salonhofhöhe wirft sich das R. J. R. 94 des Oberstlt. v. Görschen, die feindlichen M. G.= Nester glatt überrennend, mit Teilen über das Ziel hinaus=

schießend. Gleicher Angriffsschwung reißt die Res. 82er unter Obstlt. du Vignau den Westabfall der Höhe 70 hinan und über sie weg: wenige Minuten genügen, um die Deutschen in den Besitz dieser wichtigen Höhe zu bringen. Gering waren die Verluste des R. J. R. 94, größere Opfer hatte das Schwester=regiment bringen müssen, das noch am nächsten Tage ein vor der Front verbliebenes Franzosennest ausräucherte. 4 Offiziere, 220 Mann der französischen 34. J. D. wurden in Gefangen=schaft geschickt. Scharfe Gegenangriffe vermochten den Thürin=gern die Salonhofhöhe nicht wieder zu entreißen.

Wie wir sahen, stand bereits am 23. die erste französische Infanterie in der Front. Werfen wir einen kurzen Blick auf die Ereignisse, die sich seit dem 16. April auf der Szene und hinter den Kulissen der Gegenseite abgespielt haben! Wir haben gehört, daß General Foch am 15. zum Höchstkomman=dierenden der französischen, englischen und belgischen Kräfte der deutschen Westfront gegenüber ernannt wurde; „der letzte Schein britischer Befehlsgewalt", sagt Stegemann hierzu, „wird geopfert und der Oberbefehl mit geschlossenen Augen in die Hände Fochs gelegt, der fortan selbstherrlich über Franzosen, Briten und Amerikaner gebietet und ihre Verbände nach Gut=dünken untereinanderwürfelt." Als er am 16. nachmittags in Blendecques bei St. Omer, dem Stabsquartier Plumers, ein=traf, veranlaßte ihn der Fall Wijtschates, noch am Abend ein Telegramm an seinen Generalstabschef Weygand aufzugeben, er solle die französische 34. J. D. zur englischen 2. Armee ab=befördern. Um die Scharten von Meteren und Wijtschate auszuwetzen, hatte General Plumer den Befehl bereits an die beiden französischen Divisionen gegeben, im Gegenstoß das Verlorene wiederzugewinnen; beide Angriffe am Abend, der der französischen 28. J. D. bei Wijtschate und der 133. J. D. bei Meteren, hatten nur geringen Erfolg. Unterdessen hoben die zu Bataillonen umformierten Kavallerie=Brigaden Robillots in fieberhafter Eile Stellungen am Katzen=Berg und am Schwarzen Berg und im Zwischengelände aus. An diesem Tage begann auch der Ypernbogen zu wanken; der englische

Oberbefehlshaber hielt es für angezeigt, die Baſtion näher an die Stadt zu nehmen; er gab damit am 16. April 1918 zwar den Gewinn der blutigen Flandernſchlachten vom 31. Juli bis 6. November 1917 preis, allein die Deutſchen ſahen die Hoff= nung ſchwinden, größere Teile des Gegners abſchneiden zu können. Das General=Kommando des Gardekorps erhielt Weiſung, ungeſäumt nachzudrängen und den Ypernkanal bei Boeſinghe zu überſchreiten, die Belgier ſtemmten ſich jedoch dem Verfolger entgegen; ſchließlich ſtanden die Deutſchen wie= der auf den Randhöhen der Mulde von Ypern. Ihre Artillerie warf in ſich kreuzendem Feuer Gasſchwaden in die Stadt und in das Hintergelände.

Am Abend des 17. löſte General Madelins franzöſiſche 28. J. D. die ausgebrannte engliſche 19. vor dem Kemmel ab. Drei neue franzöſiſche Diviſionen rief Foch nach Flandern. Um ſie unter einheitlichem franzöſiſchen Befehl zuſammenzu= faſſen, errichtete er das „Detachement d'armée du nord", es dem General de Mitry anvertrauend, der ja bereits im Oktober 1914 ſein 2. K. K. in jene Gegenden geführt hatte.

Immer mehr ſchien ſich die Front der Entente in Flandern zu feſtigen. Foch ließ ſich allerdings von der Ruhe vor dem Sturm nicht täuſchen; als er am 18. April den nördlichen Kriegsſchauplatz verließ, gab er den Generalen Plumer und Robillot nochmals eingehende Anweiſungen, die darin gipfel= ten, den Kemmel und die Hügelkette „à tout prix" zu halten und möglichſt die verlorenen Vorhöhen durch baldige Gegen= offenſive wieder zu gewinnen.

Vom 24. 4. ab waren neben dem 2. K. K. vier franzöſiſche Diviſionen in der Front zwiſchen dem engliſchen XV. Korps (rechts) und dem engliſchen XXII. Korps (links), im Raume von Bailleul bis vor Wijtſchate, eingeſetzt. An dieſem Tage übernahm General Nollet, der Führer des XXXVI. Korps, die zwei rechten Diviſionen, nämlich die 133. und 34. J. D., mit der 2. K. D. (zu Fuß) in zweiter Linie, während General Robillot die beiden linken unmittelbar am Kemmel ſtehenden Diviſionen (154. und 28.) befehligte, hinter denen in zweiter

Linie (ab 23.) die 3. K. D. (zu Fuß) stand. Die Armee=Reserve in Gegend Oudezeele setzte sich aus der 39. J. D. und (ab 23.) der 6. K. D. zusammen. Der deutsche Stillstand in den Operationen hatte die vollständige Ablösung des engl. IX. Korps durch die französischen Divisionen erleichtert. Immer wieder wies Foch Sir Douglas Haig auf die äußerst wichtige Bedeutung („l'importance capitale") des Kemmels hin, für dessen Besitz „die größten Opfer gebracht werden müßten."

Immer mehr wuchs die Spannung auf beiden Seiten. Die deutschen Flieger hatten die Vorherrschaft in der Luft, die deutsche Artillerie die Ueberlegenheit über die englisch=französische. Anderseits war der Berg zu einer wahren Festung ausgebaut, mit trefflich gedeckten M. G.=Nestern gespickt, mit Stollen versehen, die ganze Kompanien aufnehmen konnten, mit Kilometern von Stacheldraht umsponnen; die Dörfer Kemmel und Dranoeter und die Weiler und Fermen waren nahezu uneinnehmbare Stützpunkte, von zahlreichen M. G. flankiert, und das Sperrfeuer der englischen Artillerie, dem sich das der Batterien der französischen Infanterie= und Kavallerie= Divisionen zugesellte, bildete wohl einen undurchschreitbaren Riegel.

Die Gegenangriffe der französischen 34. J. D. am 24. April morgens waren von keinem Erfolg begleitet; deshalb sollte die 154. und 28. J. D. sich durch einen Stoß den Feind etwas weiter vom Leibe halten. Auch der Angriff der französischen 28. J. D. südlich und östlich von Lindenhoek zeitigte nur unbedeutende Fortschritte, sollte sich im Gegenteil am nächsten Morgen in eigenartiger Weise verhängnisvoll auswirken. Bei diesem Vorstoß wurden einige Gefangene hereingeholt. Sie sagten aus, daß am 25. ab 4 Uhr morgens starke Gasbeschießung einsetzen werde, eine im höchsten Maße alarmierende Nachricht. An ihrer Richtigkeit war kaum zu zweifeln. Um Mitternacht erfährt sie General Madelin, Führer der französischen 28. J. D., um 1,30 Uhr morgens General Robillot; sofort fliegt sie durch alle Drähte, an die Front, zu den Reserven, zu den Nachbarn, an General de Mitry und vor allem an die gesamte Artillerie.

2,45 Uhr morgens donnert das Abwehrfeuer los und hält die ganze Nacht an. Dumpf dröhnen im Hinterland auf beiden Seiten die Bombeneinschläge der Fliegergeschwader auf, 16 000 Kilo fallen auf Poperinghe, 600 auf Ypern; 16 schwere Bomben englischer Flieger krachen auf Kortryk herab, dem Armee=hauptquartier der 4. Armee. Soll Donnerstag, der 25. April 1918, den großen Sturm auf den Kemmel bringen?

Der Sturm.

Gegen den Berg,

Dranoeter und Kemmel-Dorf.

Punkt 3,30 Uhr morgens glitten an Hunderten von deutschen
Geschützen die Rohre auf den Lafetten zurück, rauschten die
ersten Gasgranaten, denen Tausende folgten, in den schwarzen
Nachthimmel, um in den Batteriestellungen der Franzosen und
Engländer mit unheimlichem Knall zu zerspringen. Das tödliche Gift umfloß sie in schwerflüssigen Schwaden und legte
sich lähmend auf die mit Masken bewehrten Kanoniere; viele
Batterien schwiegen in der Hoffnung, nach Beendigung der
Vergasung mit neuer Kraft losbrechen zu können, andere
streuten unschlüssig in das gegnerische Hintergelände. Auf
rückwärtigen wichtigen Verbindungsknoten krachte die Donner-
stimme ganz schwerer Granaten bis zu 38 cm Kaliber auf, das
Leitmotiv gebend für den Orkan, der von 6 Uhr ab losbrach,
als durch den Nebel, in dem schwach leuchtend die Scheibe des
Mondes schwamm, das erste Tageslicht sich durchzukämpfen ver-

suchte. Das Flackerlicht der zahlreichen Leuchtkugeln, die ängstlich über dem Berge schwebten, wurde von den Rauchwolken erstickt, die wie aus einem feuerspeienden Ungetüm in den grauen Morgenhimmel stiegen und, ohne Unterlaß genährt, sich wie eine riesige Kappe über den Kemmel und die benachbarte Landschaft legten. Hoch über diesem Wolkenberg glitten deutsche Fliegergeschwader hin und her, eine nicht zu durchbrechende Sperre in der Luft ziehend. Unten aber wühlten und wüteten die deutschen Granaten. Feuersäulen sprangen auf, in die künstliche, von Menschenhand um den Berg erzeugte Dämmerung gespensterhafte Lichter werfend, Feuersäulen in den Gräben an den Kemmelhängen, das Geknatter französischer M. G. erstickend, Feuersäulen über den Unterständen, eng zusammengedrängte Besatzungen ausbrennend oder in die nächsten Granattrichter jagend, — Feuersäulen, an den Baumstämmen hochspringend, sie zerfetzend, — Feuersäulen, aus den Barackenlagern aufschlagend, ganze Bataillone in alle Winde treibend, — Feuersäulen in den Batterie-Nestern der Engländer und Franzosen, Geschütz und Kanonier durch die Luft wirbelnd, und Feuersäulen in Dörfern und Tälern und kleinsten Geländefalten, gierig nach Reserven suchend. Weiße Gasschwaden trug der Morgenwind über den Kemmel, sie den Hang langsam hinabwälzend gegen den Douve-Grund, die Deutschen zum Aufsetzen der Masken zwingend. Der Orkan ebbte in jener siebenten Morgenstunde zweimal ab, schwoll zweimal an. Die kaum erkennbaren Umrisse des Berges standen wie von einem Kranze zuckenden Nordlichtes umflammt. Da wanderten die Feuersäulen über den Nordabfall des Berges zurück und bildeten etwa auf halbem Südhang eine einzige turmhohe Feuerwand; gleichzeitig — die Uhr zeigte 10 Minuten vor 7 — schlug es mit dumpfen, schweren Schlägen auf die Feindstellungen, schwarze Rauchwolken hochjagend; die mittleren und schweren Minenwerfer arbeiteten mit fieberhafter Schnelligkeit, furchtbarer Treffsicherheit, und M. G. kläfften in das dumpfe Donnern und Krachen. Die schweren Erdklumpen und sirrenden Splitter überschütteten bereits die ersten deutschen Stürmer.

Wir sind bei einer der zahllosen Batterien*). Es ist, wahllos herausgegriffen, die 9. des F. A. R. 2. Blaukreuzgranate um Blaukreuzgranate wandert in das Rohr, jagt aus dem Rohr hinüber auf die feindlichen Kanoniere. Das beim Abschießen entweichende Gas breitet sich im Morgennebel und der Staubentwicklung aus und reizt zum Husten. Die Augen beginnen zu tränen. In den Ohren dröhnt nur die brüllende Stimme der Schlacht, sonst ist nichts zu hören. Jetzt schießt es vor, jetzt hinter der Batterie hoch, prasselnd schlagen Erdklumpen herab. Ein besonders scharfer Knall . . . „Sanitäter!" Wie eine Kinderstimme in diesem Heulen von Giganten hört sich dieser Ruf an. Beim zweiten Geschütz von rechts liegen sie; zwei Mann tot, einer verwundet. Gefechtsordonnanzen spritzen aus der Deckung an die Geschütze, überbringen auf Kartonpapier das nächste Kommando. Wieder drei Riesen-Erdsäulen mitten zwischen den Geschützen. Ein Stapel Kartuschen flammt auf. Wieder drei Mann hingestreckt. Wie gelähmt ist die Batterie für einen Augenblick; nur seitwärts, vor und hinter uns brüllen die Mörser und schweren Haubitzen. Hochaufgerichtet, mitten hinter der Batterie, steht der Führer, Lt. d. R. Rubach, — die gellende Pfeife reißt befehlend die erschütterte Bedienung zusammen: „Wei — ter — feu — ern!!" Erlösend krachen die vier Rohre. Wut packt jeden. Schuß auf Schuß. Rache für die vier Toten! Wirkt unser Gas? Das feindliche Feuer wird schwächer, unsicherer. Neben uns rasen die Feldkanonen, als seien sie wild geworden. Schießen nicht auch die Mörser hinter uns schneller? 7 Uhr Infanteriesturm! Das Herz pocht mit. Haben wir euch Luft gemacht da vorne? Gespannt horcht das Ohr: Schwaches Infanteriefeuer, wenig M. G. Es geht vorwärts! Batterietrupp vor! Wo ist der Kemmel? Ueber einen riesigen weißen Schutthaufen ziehen dicke schwarze Rauchwolken. Wo ist Dranoeter? Wo Loker? Rauch, Steine, weißer Schutt alles. Doch deutlich im Glase sieht man überall Bewegung kleiner grauer Punkte, die Feindhänge hinaufklimmend . . . .

---

*) Artillerie des X. R. K. siehe Anlage.

Vier deutsche Schlachtgeschwader brausen über Dorf und Berg Kemmel und Dranoeter, Infanterie- und Batterie-Nester des Feindes mit über 60 000 Schuß M. G.-Feuer, 700 Wurfminen und zahlreichen Bomben überschüttend.

Die das Edelweiß tragen, sind auserwählt, den Berg zu nehmen. Ihnen folgen wir zuerst, wenn auch die Nachbar-Division zur Rechten aus besonderen Gründen um eine Viertelstunde früher zum Sturm angetreten ist. Gmj. Ritter v. Tutschek (sein erster Gen.-Stabs-Offizier ist Mjr. Blankenhorn) hat von der Stirnseite her den Berg zu stürmen, ihm ist die schwerste Aufgabe übertragen. Löst er sie nicht, dann müssen die Angriffe rechts und links zerschellen. Doch er weiß, was er seinem Alpenkorps, das diesen mit Blut und Sieg verknüpften Namen mit Recht und Ehren trägt, zumuten kann: Erstürmung eines wenn auch für uneinnehmbar geltenden Berges. Sein Brigade-Kommandeur, der Führer der 1. b. Jäger-Brigade, Gmj. Ritter v. Kleinhenz, hat das b. Infanterie-Leib-Regiment in das Herz seiner Front gestellt, rechts das Jg. Rgt. 2, links das 1. b. Jg. Rgt.; Leiber, bayerische und preußische Jäger sollen im Sturmangriff den berüchtigten Berg anpacken.

Wenden wir uns zuerst zum Herzstück dieser Front, zum Infanterie-Leib-Regiment! Oberst Ritter v. Epp, der den k. b. Militär-Max-Joseph-Orden seit Verdun trägt, ist sein Kommandeur. Steht rechts mit dem III., links mit dem II. Btl. in vorderer Linie, während das I. hinter dem rechten Flügel zu folgen hat. Die Leute tragen Sturmgepäck, haben für 4 Tage Verpflegung bei sich. Züge der Rgts. Pi. Kp. sind den Sturmbataillonen zugeteilt, ebenso einige Flammenwerfer und zwei Züge der Pi. Kp. 283. Die M. G. A. 205 mit einem Halbzug Pioniere befindet sich beim Regiments-Kommandeur. Mit der letzten einschlagenden Mine brechen die Sturmwellen los. Der Angriffspfeil des III. Btls. unter Mjr. Graf Bothmer (Robert) weist genau auf den Großen Kemmel. Artillerie, M. W. und Gewehre der 3. M. G. K. haben prächtig vorgearbeitet, so daß 9. und 10. Kp. flott gegen Teile des III./französischen J. R. 30 Gelände gewinnen. Oblt. d. R. v. Ruckteschell erhält zwar gleich von Anfang an ekliges Front= und Flankenfeuer von rechts, aber schnell macht er ein paar M. G.=Nester mundtot. Nun wieder vorwärts, Rauch und Staub als wertvolle Bundes= genossen benutzend! Und da hinein in den Hohlweg, der wohl auf den Kemmelturm zuführt! Dicht hinter der 9., die einen Zug der 3. M. G. K. bei sich hat, folgt der Major mit der 11. unter Lt. Frhr. M. v. Godin. Lt. d. R. Großblotekamp hat links davon mit seiner 10. gleich den großen Sprung bis zur Bahn gemacht, deren Gleise sich im Bogen am Hang hin= schwingen. Franzosen der Bahndammbesetzung kommen mit hochgestreckten Händen entgegen, andere, die den Hang hinauf= eilen, werden erfolgreich mit Gewehr= und M. G.=Feuer gefaßt.

Oblt. d. R. v. Ruckteschell, entschlossen und mitreißend wie immer, hat sich inzwischen auf die Franzosenstellungen im Hohl= weg und Wald geworfen, rollt sie auf, hebt auf zweidrittel Höhe des Berges ein sehr starkes M. G.=Nest aus und stürmt dann hinter der Feuerwalze her. Noch einmal kräftige Gegen= wehr des III./französischen J. R. 99 unterhalb des Kemmel= turms; schießend arbeiten sich die Züge der 9. hoch; da bricht auch dieser letzte Widerstand zusammen, waffenlose Feinde kommen entgegen, andere fliehen, und mit den letzten Granat= einschlägen erreicht 8,05 Uhr vorm. die 9. Kp. v. Ruckteschell den Kemmelturm, eben heraneilende Reserven den jenseitigen Hang hinunterwerfend. Handgranaten räumen die starken Unterstände unmittelbar am Gipfel aus: Der Große Kemmel ist in der Hand des III. Btls. des b. Infanterie=Leib=Regiments! In die geschlagene Bresche springt nach wenigen Minuten die 10. ein, und während ihre Züge den Kemmelrücken überschrei= ten, zischen, den geglückten Sturm kündend, Leuchtzeichen hoch, schießt eine Brieftaube mit der Siegesmeldung des Bataillons= Kommandeurs davon. Hören wir, was Mjr. Graf Bothmer einige Tage später über den Kemmelsturm niederschrieb: „In Sprüngen geht es mit dem l. M. G. über Stock und Stein, während die altgedienten Träger der schw. M. G. gegen Gesetze des Gewichts es fertig bringen, der leichten Waffe zu folgen. Es sind ja die eigenen Freunde und Kameraden, die da stürmen,

da trägt das Herz mit und verrichtet Wunder. Die ersten Stel=
lungen werden überrannt; schreckensbleiche Gefangene, alles
schwenkend, was sich schwenken läßt, kommen entgegengelaufen.
Nur das eine beseelt sie: Heraus aus dieser Hölle! Manche
schwankende Gruppe, die in der Nähe ihres Unterstandes zu den
Waffen greift, beschleunigen ein paar Handgranaten in der
Wahl ihres Schicksals. — Vor uns her, donnernd einschlagend,
in riesiger schwarzer Rauchwolke explodierend, geht das deutsche
Feuer. Auch wir sind nicht gegen dies deutsche Eisen gefeit.
Auch uns vernichtet es, wenn es unglücklich trifft, und doch ist
es unser bester Freund! Wir sind im Großkampf mit ihm ver=
mählt, neben die Feuersäule tritt unser Fuß, über den rauchen=
den Trichtern geht es an des Feindes Kehle, da gilt es seine
Verblüffung auszukosten, wie ein Dämon im Feuer sich seine
verzerrten Züge einzuprägen. Nur dann sinken die Arme, fallen
die Waffen. Wie der Efeu sich um die Stämme windet, so
müssen Infanterie und Artillerie zusammengehören, und wenn
es auch eigene Opfer kostet. Und gelingt dies nicht, dann —
ja dann ist oft alle heldenhafte Tapferkeit umsonst. Aber dies=
mal gelingt es!"

Aber diesmal gelingt es mit solchem Geist in der Brust!
Da ist Lt. d. R. Boehmers 3. M. G. K., deren Züge, aus immer
neuen Stellungen die 9. und 10. überschießend, trefflich mit der
Infanterie zusammenarbeitet. Die Besatzung eines feindlichen
Unterstandes will sich nicht ergeben; Lt. d. R. Mitterer wirft
mit ein paar Leuten Handgranaten in den Eingang — dies
genügt. Die nachfolgende M. G. A. 205 übernimmt immer
wieder die Ziele der 3. M. G. K., so daß diese der Infanterie
folgen kann.

Und da ist die 12. unter Lt. Schoerner. Sie windet sich in
der Talsenkung zwischen Großem und Kleinem Kemmel ge=
wandt hoch. Noch im toten Winkel nach links drehend, steigt
sie gegen den Sattel an, um das Flankenfeuer auszuschalten;
der Zug des Lts. Frhr. v. Pechmann versucht mit einem
Flammenwerfer die Blockhauslinie zu stürmen, muß aber davon
ablassen. Von der Nordseite des Kemmelrückens hereilende

Franzosen geraten in das vernichtende Feuer der 12. Kp. Als Lt. Schoerner sieht, daß sich das II. Btl. um die Blockhauslinie legt, führt er seine Kompanie um den Großen Kemmel und folgt wieder seinem Bataillon, das bereits über den Nordhang hinabsteigt.

Zur Linken des III. Btls. hat Hptm. Frhr. v. Prankh sein II. vorzuführen. Bedeutend zäher ist hier der Widerstand des Gegners (Teile des I./französischen J. R. 416). Heftig entbrennt noch vor Sturmbeginn der Infanteriekampf auf der ganzen Linie des Bataillons. Der Zug Kübler wirft sofort vorzüglich sitzende Minen in die französischen Stützpunkte, Lt. v. Stettner, Führer der 2. M. G. K., jagt Feuergarben hinein, hellauf lodern die zwei Bauernhäuser, und Franzosen, 70 bis 90 Mann, kommen dem vorstürmenden Bataillon mit erhobenen Händen entgegengelaufen. Durch das M. G.=Feuer vom Kemmelhang hindurch erreicht das Bataillon den Bahndamm, hier zu neuem Vorgehen dicht aufschließend.

Neuer Angriff bergan über zwei Widerstandsnester hinweg. Doch den niederen, stark verdrahteten Buschwald hat das vorausgegangene Feuer zu einem dichten, wilden Verhau geschlagen, durch das sich kaum die Patrouillen hindurcharbeiten können. Ein bergan führender Hohlweg saugt daher den Zug Dusold der 8. und die 5. und 6. unter Lt. d. R. Kammerer und Bretschneider geradezu auf. Handgranatenkampf und Handgemenge erledigen zwei sich heftig zur Wehr setzende Stollenbesatzungen. Die 7. unter Lt. Frhr. v. Ow=Felldorf und Reste der 8. gehen außerhalb des Hohlweges über die Hänge vor. Eben als 7,40 Uhr vormittags die Feuerwalze über den Rücken des Kleinen Kemmels springt, ist eine erste Welle von Pionieren und Leuten der 7. Kp. nahe am Erfolg; da fegt in die über offenes Ackerland springenden Bayern Dauerfeuer aus zahlreichen M. G. Alle Handgranaten= und Flammenwerfer=Angriffe, die sofort und entschlossen einsetzen, scheitern auf ein paar Meter Entfernung an den dichten, nahezu unversehrten Hindernissen. Auf dem Kemmelhauptgipfel liegt noch das zusammengefaßte Feuer von 11 Steilfeuerbatterien — kaum 200 m davon entfernt sprühen 5 Betonblöcke aus dicht über dem bewachsenen Boden liegenden Schießscharten wütendes M. G.-Dauerfeuer. Da es alle Hänge peitscht, drängt es auch die übrigen Teile des II. Btls. in den einzig Schutz gewährenden Hohlweg, so daß dort eine bedenkliche Anhäufung von Kräften entsteht. Deshalb entläßt auch Hptm. Frhr. v. Prankh wieder die 12., die unterstützend in den Kampf eingegriffen hat. Als das III. Btl. 8,05 Uhr den Großen Kemmel überschreitet, liegt das II. vor den französischen Blockhäusern völlig fest, die so ausgezeichnet eingebaut und von einem Drahtgeflecht mit eingeknüpften grünen und braunen Lappen überzogen sind, daß sie das Auge des Fliegers nicht erkannt hat. So hat sie unsere Artillerie auch nicht beschossen.

Inzwischen ist das I. Btl. dem III. in zweiter Linie nachgefolgt. Gleich beim Antreten ist es von einem Sperrfeuerband gefaßt worden; ein Granatsplitter ins Herz hat den Kommandeur getroffen, als er das Zeichen zum Vorgehen gibt, den Hptm. Graf Holnstein, einen tüchtigen, beliebten Offizier, der alle Kämpfe des Regiments seit Ausmarsch mitgemacht hat. Rittm. v. Spies übernimmt das Bataillon. Der Führer der 3., Lt. d. R. Halt, wird schwer verwundet. Durch die Sperrfeuerzone hindurch weicht das Bataillon dem vom Kleinen Kemmel herüberschlagenden Feuer in den Hochwald am Kemmelosthang aus und erreicht fast ohne weitere Verluste die Höhenlinie bald nach dem III. Btl.

In den Meldekopf des Regiments-Stabes dicht hinter dem Bereitstellungsraum des II. Btls. schlägt bald nach Sturmbeginn ein schwerer Volltreffer und tötet den Regimentsarzt, Ob. Arzt d. R. Tröger, den Offz. Stellv. Gerstner, Führer des Regts.-Nachrichtenzuges, und den Ord. Offz. der 2. M. G. K., Lt. d. R. Dressel. Oberst Ritter von Epp folgt mit seinem Stab zuerst dem II. Btl., geht dann aber, als dieses in dem Hohlweg festliegt, zum III. auf die Höhe am Kemmelturm, wo er verbleibt, bis der Kampf um die Hügel endgültig entschieden ist. Vom Gipfel des Berges bietet sich dem Regiments-Kommandeur ein überwältigendes Bild. Der Gegner scheint in voller Auflösung zu sein. In westlicher und nordwestlicher Richtung, wohin immer das Auge frei zu sehen vermag: Feind in aufgelöster Bewegung, marschierende Kolonnen, größere, kleinere Trupps, teils zurückflutend gegen Coker und Scherpenberg, teils in Bewegung auf den Kleinen Kemmel. Von dort her ertönt noch wilder Gefechtslärm. Es haben sich zwei getrennt von einander fechtende Kampfgruppen gebildet: die des II. Btls., das vor der Blockhauslinie festgerannt ist, und die des III., das einen scharfen Keil in die Feindstellungen getrieben hat und auf das das I. Btl. aufgeschlossen hat. Oberst Ritter von Epp sieht jedoch die Entscheidung auf dem rechten, glücklich vorwärtsstoßenden Flügel liegen, auf der rücksichtslosen Erweiterung des Einbruchs zum Durchbruch unter schärfster Ausnutzung der augenblicklichen Verwirrung beim Feind. Durch Ueberflügelung muß die dem II. Btl. noch Widerstand leistende feindliche Kampfgruppe doch über kurz oder lang fallen. Zunächst hat ein Zug der 11. Kp. unter Lt. d. R. Mooseder in den Kampf des II. Btls. flankierend einzugreifen, später wird je ein Zug der 11. und 4. dorthin gesandt.

Mjr. Graf Bothmer setzt die 9. und 10. Kp. dem Feind auf die Fersen und überträgt der 12. den Schutz der linken Flanke. Hinter der Feuerwalze her eilt das III. Btl. den Hang hinab. Doch die Verfolgung wird schwieriger, als man zuerst gedacht hat. Denn bald wird das allein vorstoßende Bataillon von links und rechts flankiert und hat feindlichen Widerstand an den bewaldeten Nordhängen des Kemmels zu brechen. Widerstandsnester, Unterstandsbesatzungen und feindliche Unterstützungen werden in raschem Angriff zwar erledigt, so daß bei Letteberg die Straße Dereat—Kemmel=Dorf erreicht wird, allein hier fegt von der Rückfallkuppe 97 her schärfstes Flankenfeuer in die Kompanien. Stehen dort nicht Jäger des preuß. Jäger=Regiments 2?

In dieser Lage verlassen wir zunächst das Infanterie=Leib=Regiment und wenden uns zuerst nach links zu den bayerischen Jägern des 1. Jg. Rgts. Die Aschaffenburger Jäger — das aktive rechts, das Res. Btl. links — standen in der Front zum

Sturm gegen den Kleinen Kemmel bereit; das Freisinger
1. b. Jg. Btl. hatte Obstlt. Paulus in Reserve genommen. Ihnen
wie den anderen Truppenteilen des Alpen=Korps standen die
beschwingenden Kämpfe unter italienischer Sonne noch vor
Augen — und heute mußten sie in flandrischem Nebel eine
waffenstarrende Kuppe stürmen. Doch der Angriffsgeist, der
ihnen im Blute lag, verließ sie auch an jenem Tage nicht. Da
wirft sich die 3. aktive Kp. durch das Sperrfeuer hindurch zu=
erst auf ein englisches Barackenlager vor der Front der 4., ihr
dessen Wegnahme erleichternd. Dann drehen beide Kompanien
ihre Fronten auf den Kleinen Kemmel ein, wo ehemals die
Louis=Mühle ihre Flügel so lustig im Winde schwang. Auch
die 2. und 3. des Res. Btls., das Hptm. Müller führt, beißen
sich durch die versteckten, sich tapfer wehrenden M. G.=Nester hin=
durch, und bereits 7,50 Uhr ist der Höhenrücken des Mühlen=
berges erreicht. Die 3. und 4. Kp. des von Hptm. Karl Mayr
geführten aktiven Bataillons werden etwas nach links gedrängt,
doch die 3. ist die erste, die auf das Plateau der Louismühlen=
Höhe hinaufstürmt.

Inzwischen hat Hptm. Kühn sein 1. b. Jg. Btl. hinter dem
rechten Flügel gegen den Mühlenberg vorgeführt.

Droben aber auf der Höhe hat sich wütendes Feuergefecht
entsponnen. Die Feuerwalze ist weitergewandert, und dichte
Massen des Feindes stürmen heran, um die bayerischen Jäger
wieder den Hang hinunterzuwerfen. Sie aber lassen sich nicht
aus der Ruhe bringen, und ihr zielsicheres Feuer legt die Reihen
um, wie sie anbranden. Endlich verschwindet die gegnerische
Infanterie von der Bildfläche, an ihrer Stelle aber bestreicht
nicht endendes M. G.=Kreuzfeuer von Norden und Osten, vor
allem von einem Waldrand her, das Plateau, jedes weitere
Vorwärtskommen zunächst unterbindend. Es ist der gleiche
Gegner, der in seinen unangreifbaren Betonklötzen auch das
II./Leib auf die Stelle gebannt hat. Jäger=Patrouillen werden
vorgeschickt, Artillerieunterstützung wird angefordert, ein Halb=
Bataillon der 1. b. Jäger zur Verfügung gestellt; die Beton=
klötze sind nicht zu fassen. Während sich die Res. Jäger an=

schicken, bereits ihr Tagesziel, den Burgravehof zu erreichen, liegt der größte Teil des 2. b. Jg. Btls. und ein Halb=Bataillon der 1. Jäger immer noch vor den Betonklötzen am Hange fest. Da wird das Feuer schwächer und verstummt schließlich, so daß die Jäger wieder vorgehen können. Was war dort geschehen? Wir wenden uns jetzt wieder dem II./b. Inf. Leib=Rgts. zu. Seit 8,15 Uhr vormittags liegt es dicht vor der von dem II./franzößischen J. R. 416 gehaltenen Blockhauslinie. Lt. d. R. Maerz erhält den Auftrag, um den Großen Kemmel herumgreifend die Blockhäuser von Nordosten her anzupacken. Beim Erkunden einer Feuerstellung für seine letzten feuerbereiten M. W. fällt Lt. d. R. Kübler. Da setzt, ein paar Minuten nach 9 Uhr vormittags, ein gewaltiger feindlicher Angriff zur Befreiung der Eingeschlossenen ein. Ueber den Hang des Großen Kemmels, den vor einer Stunde die 10. Kp., ohne Widerstand zu finden, überschritten hat, stürzt es in dichten Scharen, Engländer und Franzosen, und füllt die dortigen leeren Gräben. Flankierendes Feuer prasselt in den engen Hohlweg, neue schwere Verluste hervorrufend. Im nächsten Augenblick muß der Feind auf die zusammengedrängte Masse der Deutschen losstürmen. Maschinengewehre vor! 12 schwere und leichte! Schon fliegen sie heran, auf engstem Raum aufeinandergedrängt! Und rasseln los auf 200—250 m Entfernung. Furchtbar ist die Wirkung. Ein paar Minuten, und schon fliehen kleine Trupps des Feindes waffenlos über den Kemmel zurück, größere laufen mit erhobenen Händen in die Schlucht hinab in Gefangenschaft. Es ist das englisch=französische Bataillon „Santos" gewesen, das aus dem Stollen unter dem Großen Kemmel heraus diesen Angriff versucht hat.

Die Leiber wenden sich wieder der Blockhauslinie zu, vermögen aber nicht, die 50 m offenes Gelände, die vom Erfolg trennen, zu überwinden. Links drüben im verdrahteten Buschwald krachen die Handgranaten der bayerischen Jäger. Es ist etwa 10,30 Uhr vormittags, als es dem Hptm. Frhr. v. Prankh mit Serg. Helliel, Gefr. Winkler und Leiber Rottmann der 6. glückt, vom linken Flügel des Bataillons aus in die Blockhaus=

linie einzudringen. Die paar Tapferen kämpfen unter dem beim
Handgranatenwerfen außerordentlich hindernden Drahtgeflecht
einen wütenden Nahkampf auf Schrittentfernung, nehmen das
erste, das zweite, das dritte Blockhaus und dringen dadurch bis
auf den Höhenkamm des Kleinen Kemels vor, sofort im Gra=
ben einsetzende französische Gegenstöße auf ein paar Meter Ent=
fernung abschlagend. Allein M. G.=Dauerfeuer vom Hinterhang
des Großen Kemmels und von dicht besetzten Häusern östlich
der Mühle unterbinden zunächst weiteres Vorstoßen. Die 6. Kp.
erhält Befehl, den Grabenkampf unablässig weiterzuführen, die
7., den Kemmelsattel entscheidend anzugreifen. Dort fällt ihr
Führer, einer der schneidigsten Offiziere des Regiments, Lt.
Frhr. v. Ow=Felldorf, durch einen Granatsplitter. Endlich,
kurz nach 11 Uhr, dringen die Züge der Lte. d. R. Mooseder
und Maerz von der anderen Seite her in die Blockhäuser ein,
nachdem sie, ebenso wie der Zug Stauch der 4., in dem zer=
hackten und zertrichterten Buschwald, wo Lt. d. R. Müller
gefallen ist, schwerste Einzelkämpfe gegen versteckte M. G.=
Nester und aus Stollen anstürmende Franzosen und Engländer
gekämpft haben. Nun aber beenden Leuchtpistolenschüsse und
Handgranatenwürfe der Züge Mooseder und Maerz den letzten
Widerstand des tapferen Feindes in den Blockhäusern. An
Gefangenen werden gezählt: ein französischer und ein englischer
Oberst, 38 weitere englische und französische Offiziere, an die
400 Mann. Auch der deutsche Frontsoldat weiß solche Tapfer=
keit an seinem Gegner zu würdigen.

Und nun zum rechten Regiment des Alpenkorps, dem Jg.=
Rgt. 2! Sein Tagesziel war die Höhe 87, über die es nicht hin=
ausgehen sollte. Mjr. Bronsart v. Schellendorf hatte seine bei=
den hannoverschen Bataillone in die Front gestellt, links das
Res. Jg. Btl. 10 im Anschluß an das Leib-Regiment, rechts
das aktive Jg. Btl. 10, das Fühlung mit dem J. R. 186 der
rechten Nachbardivision hatte. Während die aktiven Goslarer
Jäger über Lindenhoek hinweg vornehmlich den Höhenzug 87
—97 anzupacken hatten, war es Aufgabe der Reserve=Jäger,

den Ostabfall des Kemmelberges zu stürmen. Ihnen wenden
wir uns zuerst zu.

Hptm. Fischer, der die 3. und die Geb. M. G. Abt. an die
Regiments=Reserve gegeben hatte, führte ebenfalls Punkt
7 Uhr morgens sein Bataillon zum Sturm gegen den Feind.
Es war die 1. Kompanie, die ein Loch in die schachbrett=
artig aufgestellten M. G.=Nester des III./französischen J. R. 30
stieß, von echtem Jägergeist beflügelt, sie umfassend und er=
ledigend. Trefflich unterstützten die ausgezeichnet schießenden
Schützen der M. G. K. dieses Vorgehen aus überhöhenden Stel=
lungen. Die wie ein Keil in die tiefe Feindstellung getriebene
1. Kp. sah sich jedoch bald von rechts und links durch Flanken=
feuer stark belästigt, allein Hptm. Fischer sandte ihr rasch Hilfe,
indem er die 4. Kp. rechts eindrehen ließ; kurz vorher hatte Lt.
Arns auftragsgemäß seine 2. Kp. nach links geworfen und ihr
den Richtungspunkt „Kemmelturm!" gegeben. „Kemmelturm"
war nun die beflügelnde Losung für diese Jägerkompanie, als
handle es sich um ein Wettrennen, wer ihn zuerst erreiche, sie
oder das links anschließende Inf.=Leib=Rgt. Vor ihnen steigen
noch Rauchtürme der eigenen Feuerwalze auf, ihnen lästige
Verzögerung aufdrängend; doch die Reserve=Jäger der 2. Kp.
können sich dadurch nicht aufhalten lassen und brechen mit
bewundernswertem Schneid durch sie hindurch, nachdem die
Signalwerfer vergebens grüne Leuchtzeichen in die Luft gejagt
haben.

Das eigene Artilleriefeuer liegt jetzt hinter Lt. Arns und
den Seinen! Rechts eines brennenden Hauses wimmelt es an
einer Hecke von Franzosen; einige wohlgezielte Schüsse der
Jäger bringen sie in ein tolles Durcheinander und lassen sie
hinter eine Geländewelle verschwinden. Der Leutnant, der nur
noch zehn bis elf Gewehre um sich hat, steigt den Berghang hin=
auf, Richtung Kemmelturm. Es ist unheimlich ruhig um sie
geworden, nur ab und zu krepiert in der Nähe eine Granate.
Sie machen Halt. Was tun? Warten, bis Anschluß kommt,
oder es wagen, allein mit den paar Gewehren die Kemmel=
kuppe in Besitz zu nehmen? Sie scheint gar nicht besetzt zu sein?

Bereitschaftsgraben am Kemmelhang
Reserven — Vor!

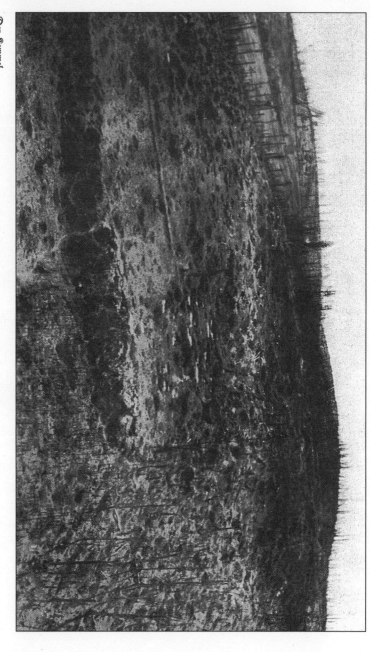

Los! Wer die Spitze hat, hat den Berg! So steigt er mit den
Seinen noch die 200 m hinauf und erreicht ungestört die Kuppe.
Ein Läufer eilt zurück mit der Meldung: „Kemmelturm von
2. Kp. besetzt, 8,10 Uhr vormittags." Verflucht, wieder leuchtet
unsere Artillerie hierher! Hält es für ausgeschlossen, daß schon
Deutsche auf der Spitze sind. An den Mauerresten des Turms
suchen die Jäger Schutz; auf die Leuchtkugeln hin kommen nur
noch mehr deutsche Granaten angereist! Da ruft plötzlich ein
Jäger: „Dort sind Franzosen!" Tatsächlich sieht man in den
Eingängen von Betonunterständen gleich rechts flache Stahlhelme. Im ersten Unterstand haben sie bereits alarmiert. Alle
Teufel, jetzt aber schnell handeln! Unser verdammtes Artilleriefeuer! Wir müssen durch! Der Leutnant entreißt einem Melder
die einzige Handgranate, springt auf den Unterstand, wirft sie
in den Eingang; ein Jäger schleudert eine andere durch eine
Schießöffnung; zweimaliger dumpfer Knall, die Besatzung ist
erledigt. Da quillt es aus den anderen Unterständen heraus,
Franzmänner um Franzmänner vom III./99; ohne Gewehre,
abgeschnallt, geben sie sich den paar Deutschen gefangen. Jäger
Driburg von der 1., der sich beim Angriff besonders hervor-
getan hat, wird von Arns beauftragt, die in Gruppen for-
mierten 150 Franzosen abzuführen; bald kommt er mit den
Worten zurück: „Die laufen schon allein!" Unsere Artillerie
hat einen Volltreffer in die Franzosenkolonne gesetzt, die
übrigen rennen in heller Flucht den Hang hinab in die rettende
deutsche Gefangenschaft. Jetzt trifft der Jägerleutnant mit der
9. Kp. der Leiber zusammen. Müßig wäre die Frage, welche
Truppe zuerst am Kemmelturm eingetroffen ist, denn es kann
sich immer nur um die Zeitspanne von ein paar Minuten handeln, und letzten Endes war es der gleiche kräftige Angriffsschwung von Bayern und Preußen, der sie zu gemeinsamer
Waffenbrüderschaft auf die Kuppe des Berges hinaufriß. Nun
geht es ans Säubern des Umgeländes. Die Unterstände sind
bald ausgeräumt bis auf einen gewaltigen Betonblock am Nordhang, zu dem eine Leiter hinaufführt. Die darin sitzenden Franzosen kommen aus dem Schacht trotz Aufforderung nicht her-

aus. Die Handgranaten sind verbraucht, da fassen die Jäger kurzen Entschluß und versperren den Franzmännern den Ausgang durch Hineinwerfen von Steinblöcken und Holzstämmen. Plötzlich erscheint auf einem schmalen Pfad eine feindliche M. G. Abteilung, sicher zur Verstärkung der Kemmel=Besatzung bestimmt. Noch haben die Ahnungslosen die Deutschen nicht bemerkt; da wird es plötzlich lebendig im Gebüsch und stürzt auf sie los. Die Stahlblauen werfen ihre M. G. weg und laufen wie die Wiesel zum größten Teil davon. Nun trifft auch das Bataillon ein, säubert das Gelände und ordnet in der Nähe eines englischen Barackenlagers etwa 10 Uhr vormittags seine Verbände, sich befehlsgemäß zur Abwehr gliedernd. Beim Vorgehen über ein ausgedehntes Wiesenplateau wird der prächtige Lt. Arns verwundet. Gegen 800 Gefangene, sechs 10 cm= Geschütze und zahlreiche M. G. sind die Beute.

Auch die aktiven Goslarer Jäger beseelte gleicher Angriffsschwung. In Hptm. Kirchheim hatten sie ja einen von echtem Jägergeist beseelten Führer. In seinem auf Höhe 87—97 zuführenden Angriffsstreifen lag ein Bauernhof, der Lindenhoek, zu einem besonders starken Stützpunkt ausgebaut, von der 5./französischen 30. J. R. besetzt. Mehrere Mörserbatterien haben bereits versucht, ihn sturmreif zu schießen, allein als die 1. Kp. unter Lt. d. R. Molt, die auch Flammenwerfer und Pioniere bei sich hatte, gegen ihn zum Sturm antrat, ratterten die M. G. los; bewundernswert war der Sturmgeist jener Jäger, denn kurz vorher hatten Kurzschüsse eigener Mörser noch in ihren Reihen gelegen. Auch die 2. Kp. arbeitete sich mit Teilen gegen den Stützpunkt vor; sie hatte in Lt. d. R. Bosse II bereits ihren zweiten Führer, da Lt. d. R. Jung während der Artillerievorbereitung schwer verwundet worden war. Schon liegen die Goslarer vor dem breiten, von feindlichen M. G. bestrichenen Drahtverhau, schon umklammern sie den Stützpunkt in der Flanke, im Rücken; da nehmen M. G. unter Rittm. d. R. Willmann die feindlichen unter ausgezeichnet sitzendes Feuer, bis sie schweigen, und Lindenhoek wird ohne größere Mühe und Verluste gestürmt. Auch Lt. d. R. Bosse II wird verwundet, so daß die 2. Kp. in Lt. d. R. Nöller, dem Ordonnanz=Offizier des Bataillons, ihren dritten Führer er= hält. Unaufhaltsam rollt nun der Angriff der Höhe 87—97 zu. Links sieht man Deutsche den Kemmelberg hinaufklettern, rechts schieben sich Deutsche auf Dorf Kemmel vor. Und vor dem Bataillon weicht der Feind oder gibt sich widerstandslos in Massen gefangen. Die Linien der Jäger springen bereits über den Höhenzug bei Kaite Kerkhof, während M. G.=Feuer zeit= weise vom Kemmel her über ihre Köpfe hinwegpfeift. Dort, halbrechts von ihnen, zeichnet sich die Höhe 87—97 ab, wo der Feind, es waren Teile des I./französischen J. R. 30, anscheinend wieder Fuß fassen will. Dort, auf der Rückfallkuppe, arbeiten auch jene M. G., die das bei Letteberg stehende III. Btl. des Inf.=Leib=Rgts. in der rechten Flanke belästigen. Schnell muß dieser Widerstand weggeräumt werden. Und schon schiebt sich Lt. Balk mit seiner 4. Kp. ganz nach Jägerart durch den Hohl= weg zwischen den Kemmelabfall und Höhe 97, schlängelt sich um sie herum und nimmt sie in überraschendem Anlauf. 50 Ge= fangene des I./französischen J. R. 30 und einige feuernde M. G., die von einem schleunigst herangeholten englischen M. G.= Kursus bedient werden, sind ihre Beute. Auch über diese Höhe wirft Hptm. Kirchheim sein Bataillon und benützt das vor dem Westabfall noch liegende eigene Artilleriefeuer, um die Ver= bände zu ordnen.

Für den gefallenen Lt. d. R. Nöller erhält die 2. Kp. in Vzfw. Himsted ihren vierten Führer. Batterie steht neben Batterie, verlassen von ihren Kanonieren, hinter dem Kemmel. Hptm. Kirchheim faßt, über das Tagesziel hinausgehend, den Entschluß, die Höhen zwischen Scherpenberg und de Kleit weg= zunehmen, von dieser Absicht die Nachbartruppenteile verstän= digend. Endlich wandert die deutsche Feuerwalze weiter, und ihr folgen die Jäger 10 und die Res.=Jäger 10 und das Inf.= Leib=Rgt. und die zwei Aschaffenburger Jäger=Bataillone.

Von der Kuppe des Kemmels aus beobachten wir diese Bewegungen. Vor uns fällt zuerst steil, dann sanfter der Nord= westhang des Berges in den grünen, mit braunen Feldern durch=

setzten Grund des Kemmelbaches ab, um jenseits davon zum Scherpenberg aufzusteigen. Rechts seines Osthanges liegen an einer Straßenkreuzung die paar Häuser von de Kleit; zwei wichtige Straßen schneiden sich dort; die von Loker über den Hinterhang des Scherpenberges nach Dikkebusch und die vom Dorf Kemmel nach Reninghelst führende. Vor dem Scherpenberg im Grunde liegt Brulooze, links davon Loker, dessen Hospiz wir deutlich erkennen können. Hinter Loker erhebt sich der Rote Berg. Von ihm läuft die Hügelkette über den Vidaigne-Berg zum Schwarzen Berg, dessen Umrisse für uns am westlichen Himmel verschwimmen.

Es ist wie ein Manöverbild, das wir von dieser Kuppe aus erblicken, wenn wir von den wenigen Erdfontänen absehen, die die Granaten des Feindes hochwerfen; anscheinend hat die englisch-französische Artillerie so schwere Verluste erlitten oder ist in der Umgruppierung begriffen, daß jetzt nur wenige Batterien feuern. Unsere Feuerwalze dagegen schiebt sich langsam über den Grund hinweg, fast zu langsam, wie es uns dünkt, denn die den Hang hinuntereilenden deutschen Bataillone folgen ihr immer dichter auf. Eben hörten wir noch die Gewehre der 3. M. G. K. der Leiber rattern, die den Goslarer Jägern den Sturm auf die Höhe 97 erleichtern, und schon schließen die beiden Jägerbataillone zum III./Leib auf bis an die Straße Deraet-Dorf Kemmel. Da richten sich aller Augen auf Deraet! Kommen dort nicht dichte Feindscharen angelaufen, zum Gegenangriff gegen den Kleinen Kemmel angesetzt? Fast im gleichen Augenblick sehen wir von unserer hohen Warte aus, wie der Kommandeur des III./Leib seine 9., 10. und 3. M. G. K. nach links wirft, wie die Leiber die dichten Haufen in wildem Sturmangriff von der Flanke her anfallen und wie die M. G. reiche Ernte halten. In überstürzter Hast flieht der todwund geschlagene Feind auf die Lager von Brulooze zu. Hinter ihm her das Btl. Graf Bothmer. Mit zwei englischen Kompanien rauft es sich noch am Burggravehof, dann verschwindet es in dem großen Barackenlager, es mit bayerischer Gründlichkeit säubernd. Von dem schwer erkämpften Sattel gleich links von uns steigen nun auch die Kompanien des II. Btls. Jnf.=Leib=Rgts. herab, ebenfalls auf Burgravehof und Brulooze, wo es sich hinter dem III. bereitstellt. Links vorwärtsgestaffelt rücken auch die beiden Aschaffenburger Jägerbataillone vor. Jnzwischen haben auch die Goslarer Jäger die Feldbahn erreicht, deren brauner Damm von Brulooze dem Laufe des Kemmelbaches folgt. Schwere feindliche Kaliber rauschen über uns hinweg, weit im Hinterland einschlagend, während vorne nur verein- zelte Granaten des Gegners platzen. Bedächtigen Schrittes ziehen Mauleselkolonnen an uns vorüber, Munition tragend. Unser Sperrfeuer liegt nicht weit jenseits des Bahndammes auf den Abfällen des Scherpenberges. Wir gewinnen immer mehr den Eindruck, daß gerade unser Feuer weitere Verfolgung behindert, denn vom Feinde sind nur einige Postierungen zu erkennen. Patrouillen der Goslarer Jäger, teilweise das eigene Feuer unterlaufend, klettern bereits den Hang zum Scherpen- berg hoch, noch aufflackernden Widerstand brechend, Gefangene und Vieh zusammentreibend. Jst der Scherpenberg in unserer Hand, dann ist die Schlacht entschieden, vielleicht glückt dann der endgültige Durchbruch zum Meere!

Der nach Brulooze flüchtende Feind scheint eine magische Anziehungskraft auf den Verfolger ausgeübt zu haben, denn dort ballen sich Kompanien und Bataillone zusammen, so daß eine wesentliche Linksverschiebung der Angreifer entstanden ist. Während weit gedehnt die beiden preußischen Bataillone des Jg. Rgts. 2 von der Gabelung der Feldbahn einige 100 m nord- östlich von Brulooze bis fast zur Straße Dorf Kemmel—de Kleit stehen, ihren rechten Flügel zurückbiegend, so daß diese Batail- lone die allgemeine Front nach Nordosten haben, hält das III./ Leib mit seinen vorderen Kompanien Brulooze und die Bahn westlich davon bis zu den Goslarern in allgemeiner Front nach Nordost; dahinter befinden sich das II./Leib und beim Burgrave- hof die zwei bayerischen Jäger=Bataillone. Wenden wir den Blick weiter nach links, so sehen wir Stahlhelme aufleuchten in einer Linie Hospiz von Loker bis Loker=Hof; es sind die Truppen der 4. b. J. D., die anscheinend dort noch in schwerem Kampf

liegt. Wir haben schon vorher bemerkt, daß Teile des III./Leib
— es waren die 9. und 10. Kp. — an der nach Loker führenden
Straße vorgestoßen, den dortigen Gegner zurückgedrückt und
mehrere Widerstandsnester vernichtet haben. Jedenfalls prägt
sich uns vom Kemmel aus die Front des Alpenkorps wie ein
Keil ein, an dessen Spitze das Inf.-Leib-Rgt. liegt.

Weit jenseits des Höhengeländes sehen wir unsere Flieger
über der Ebene ihre Kreise ziehen und immer wieder herab-
stoßen auf mit Kolonnen gefüllte Straßen und Dörfer. Sechzehn
Schlachtstaffeln haben vollkommen die Herrschaft in der Luft
an sich gerissen, und vier Feindflieger sind von 17 Jagdstaffeln
brennend in die Tiefe geschickt worden. Artillerieflieger
melden durch F.T. oder Abwurf die Zurückverlegung der
feindlichen Artillerie, und Infanterieflieger, kenntlich an ihren
langen Wimpeln, brausen über unsere vordersten Linien weg.
Alle Flugzeuge kehren abends heil zurück.

Das Tagesziel ist von allen Truppen erreicht, vielfach weit
überschritten. Was soll geschehen? Die eigene Artillerie legt
einen nahezu undurchdringlichen Feuergürtel um die erkämpfte
Stellung. Wir sahen bereits, daß kühne Patrouillen der
Goslarer Jäger auf den Hang des Scherpenberges, ja bis auf
den nach de Kleit hinziehenden Hang vorgestoßen waren; lange
überlegt Mjr. Graf Bothmer, ob er die weitere Verfolgung
aufnehmen soll, es wagen soll, mit seinem Bataillon allein die
Feuerglocke zu durchlaufen, aber vorerst schießt die eigene
Artillerie zu stark und macht das Nachstoßen unmöglich. Hätte
man gewußt, wie schwache Kräfte gegenüberstanden, hätte man
es bestimmt gewagt. Außerdem war die starke Anhäufung von
Kräften bei Brulooze hindernd für die Fortsetzung dieses Angriffs, wozu Exz. v. Eberhardt bereits 11,20 Uhr vormittags
die nötigen Anweisungen gegeben hatte. Er konnte, für das
Alpenkorps auf 6 Uhr nachmittags, für die 4. b. J. D. auf
6,45 Uhr nachmittags festgesetzt, aus den eben genannten
Gründen nicht durchgeführt werden, zu denen noch ein weiterer
wichtiger Umstand kam: die Artillerie des Alpenkorps hatte
wegen Verstopfung der Douve-Uebergänge auf den lehmigen

Straßen nicht rechtzeitig den Stellungswechsel auf den Kemmel vornehmen können.

Begleiten wir die I./R. F. A. R. 36, für die um die Mittagszeit Stellungswechsel an den Fuß des eroberten Berges angeordnet wird! Offiziere und Unteroffiziere suchen nach feuerarmen Räumen, nach Uebergängen über den Douvegrund. „Ich begebe mich zum Douve-Uebergang südlich den Molen zur Erkundung voraus; dorthin bitte ich die Herren baldigst nachzukommen. Auf Wiedersehen!" sagt Hptm. Behnke zu den Führern der 1., 4. und 9. Bttr. und reitet mit seinem Stabe vor. Die drei Batterieführer folgen bald, finden aber den Abt.Stab nicht an der vereinbarten Stelle. Reiter werden nach allen Richtungen ausgesandt. Da kommt ein Unteroffizier mit der Meldung: „Der Stab liegt dort oben. Alles tot!" Die Batterieführer eilen vor an den Südhang von den Molen. Wie ein kleiner, unzertrennlicher Stoßtrupp liegen sie beieinander: Hptm. Behnke, Lt. d. R. Neubauer, sein Adjutant, Lt. d. R. Schröter, sein Ord.Offz., von eines jeden Brust blinkt das E. K. I. Kl. Soldatenlos — ist es nicht auch Soldatenglück? Schnell muß der Stab neu gebildet werden; Oblt. d. R. Puder übernimmt ihn. Schon sind die Batterien im Anmarsch. Ein Volltreffer haut in die 9., ihr 15 Mann entreißend. Die Zeit drängt. Obwohl die Batterien das Menschenmögliche leisten, können sie erst abends in die neuen Stellungen gehen. Schwerste Kaliber empfangen sie; dort fällt einer der Besten, Lt. d. R. Glaubke, Führer der 3. Bttr. In der Nacht wird die 1. dem Inf.LeibRgt. zugeteilt als Stoßbatterie; sie soll auf der Kuppe des Kemmels auffahren! Dies gelingt ihr auch unter ihrem tatkräftigen Lt. d. R. Vollert unter unsagbaren Schwierigkeiten; der Hohlweg nach den Molen ist durch eine andere zusammengeschossene Batterie vollkommen verstopft; mit doppelter Bespannung werden die Geschütze einzeln in den Frühstunden des 26. hochgezogen; kein einziges Pferd bleibt unverwundet. Als erste deutsche Batterie ist die 1./R. F. A. R. 36 auf der Kuppe des berühmten Berges in Stellung gegangen; drei Tage hat sie dort in furchtbarem Feuer ausgehalten.

Auch Mjr. Schlickum vermochte Batterien seines F. A. R. 601 vorzubringen; es gelang der I. und II. Abt. unter Hptm. Hoeckner und Mjr. Wider, über Dranoeter ausbiegend, die Mulde südöstlich den Molen zu erreichen. Auch Lt. d. R. Schilling hatte seine 2./Fußa. Btl. 44 bis nahe an Dorf Kemmel vorziehen können.

Trotzdem war es nicht möglich, den großen Erfolg durch erneuten Angriff am 25. zu krönen, der nach menschlichem Ermessen zu einer schweren, vielleicht vernichtenden Niederlage des Gegners, möglicherweise zum Durchbruch geführt hätte.

Gegen Abend wurde die Front des Alpenkorps zur Abwehr gegliedert. In vorderer Linie verblieben Jg. Rgt. 2 und Inf.-Leib-Rgt., dessen I. Btl. am Nordwesthang des Kemmels sammelte, wo sich auch das 1. b. Jg. Rgt. bereitlegte. Das 1. b. Jg. Btl. dieses Regiments war an jenem Tage als Reserve unter seinem Hptm. Kühn dem rechten Teil der Regiments-Angriffsfront gefolgt, geschickt feindliches Artilleriefeuer vermeidend; es wurde hinter dem Großen Kemmel bereitgestellt. Das von Hptm. Bergeré geführte Res. Jg. Btl. 14 des Jg. Rgts. 2 stand an jenem Tage dem Alpenkorps zur Verfügung; es war selbständig dem fortschreitenden Angriff gefolgt, hatte 8,30 Uhr vormittags in feindlichem Sperrfeuer den Douve-Bach überschritten und war gegen Mittag, nicht unbeträchtliche Verluste im Artilleriefeuer erleidend, bis dicht südlich des Kemmelturms vorgerückt.

2600 Gefangene, 12 Geschütze, zahlreiche M. G. waren die Beute des Alpenkorps.

Wir hatten bei unserem Ausblick vom Kemmel am Nachmittage des 25. Stahlhelme in einer Linie aufleuchten sehen, die sich von Brulooze gegen Loker zog. Was hatte sich dort begeben, wo die 4. b. J. D. in anscheinend sehr hartem Kampfe lag? Ihr Führer war Gmj. Prinz Franz von Bayern, dem als 1. Generalstabs-Offizier Mjr. Leyh zur Seite stand. Dieser Division war es nicht wie dem Alpenkorps vergönnt gewesen, auch über die Kriegsschauplätze im Osten und Südosten ihre Fahnen zu tragen; schwere, verlustreiche Kämpfe hatten sie

stets an die Westfront gebannt. Nun winkten ihr plötzlich An=
griff, vielleicht Durchbruch und offene Feldschlacht.

Oberst Reber, der Kommandeur der 7. b. J. Br., nahm das
5. b. J. R. in die rechte, das b. R. J. R. 5 in die linke Hälfte
des Angriffsstreifens. Vor den Bayern fielen rechts die West=
hänge des Kleinen Kemmels in das Tälchen des Helle=Baches,
links davon thronte auf einer Kuppe das Kirchdorf Dranoeter;
wie eine Insel sollte das Dorf im Angriff ausgespart, von den
zwei vorderen Bataillonen der Res. 5=er rechts und links um=
gangen und erst von ihrem Reserve=Bataillon von links rück=
wärts her genommen werden. Gelang dies nicht, so mußte
Dranoeter sich als schwere Bedrohung für die linke Flanke des
Bamberger Regiments in der Folge auswirken. Das Gefühl,
dem Feind an die Gurgel zu springen und mit dabei zu sein,
um ihm diesen Kemmel, den man Jahre lang in greifbarer
Nähe gesehen hatte, zu entreißen, beherrschte Offizier und
Mann des von Obstlt. Fels geführten 5. b. J. R. Und so
schoben sich denn die Kompanien schon während der ersten
Viertelstunde des Vorbereitungsfeuers bis an die Bahn nach
Dranoeter heran. Wie von einem plötzlich einsetzenden Sturm=
wind hochgetrieben, stürzt die gesamte Infanterie aus ihrer
Bereitstellung vor, um das feindliche Sperrfeuer zu unter=
laufen und sich erst dann zu gliedern. Das Regiment Groß=
herzog Ernst Ludwig von Hessen überrennt einfach die erste
Feindlinie. Dann zischen M. G. aus flüchtig aufgeworfenen
Grabenstücken und Stützpunkten in die Reihen der Stürmer.
Einer nach dem andern wird von den Franken aus der Stellung
herausgerissen trotz heftigsten Widerstandes, den Franzosen des
II./J. R. 413 und englische Nachkommandos entgegensetzen.
Das III. Btl. schiebt sich am Westabfall des Kemmels hinauf,
vom Sturmgeist beflügelt, Tote, Verwundete hinter sich lassend.
Durch den Rauch und Qualm der Feuerwalze zischen wütende
Garben von feindlichen Maschinengewehren. Dort, bei den
Molen, sitzen sie anscheinend, bei jenem den Molen, das schon
so viel Blut gekostet hat! „Den Molen muß so schnell als mög=
lich genommen werden! Das weitere Vorstürmen auf den

Kemmelhang hängt davon ab! Die Reservekompanie muß durch den linken Flügel gezogen werden, dann links schwenken und nach rechts aufrollend den Molen nehmen!" So denkt blitzschnell Hptm. Geistbeck, der Führer des III. Btls., sich hoch aufrichtend, beobachtend, um den genauen Platz der feindlichen Maschinenwaffen zu erkennen. Da trifft ihn aus eben jenen Maschinenwaffen eines der zahllosen Spitzgeschosse durch die Halsschlagader. Angesichts der französischen Stellung, die sein Bataillon, von seinem Soldatengeist beflügelt, in den nächsten Minuten stürmen wird, weiht dieser prächtige Offizier, dieser charakterstarke Mann sein Leben dem Vaterlande. Dann aber stürmten sie den Molen . . . .

Beim II. Btl. des Mjrs. Zobel fanden die in vordere Linie vorgehenden Kompanien der Lte. d. R. Pickel und Schmauß, unterstützt durch den M. G.-Zug des Lts. d. R. Schödel, anfangs weniger Widerstand als das III. und erreichten bereits 8,30 Uhr vormittags die Straße den Molen—Dranoeter, allein die linke Flanke war offen, da die Res. 5-er nicht so rasch gegen das starke Dranoeter vorwärtskamen. Der Zug des Lts. Feinhals der Begleitbatterie, der 4./2. b. F. A. R., fährt schneidig auf und jagt seine Granaten in das Ziel. Das II. und das jetzt von Lt. d. R. Schmidt geführte III. Btl. kamen wieder vorwärts. Noch am Tagesziel, an der Eisenbahnklaue, leistete ein tapferer Bataillonsstab (Mjr. des Roziers des II./J. R. 413) heftigen Widerstand und wurde von der Reservekompanie in den Hellegrund hinabgeworfen. Die flott nachfolgenden schw. M. G. schossen den in Richtung Loker über die Talmulde zurückflutenden Feind zusammen. Zahlreiche Gefangene, um die sich die Kampftruppe nicht kümmern konnte, wurden zurückgeschickt.

Bereits um 11,30 Uhr vormittags konnte das II. Btl. die Meldung zurücksenden: „Ganzes Tagesziel erreicht!" Gleichlaufend mit der Bahn, an der um 12 Uhr mittags auch das III. Btl. eintraf, nahm es die Front nach Westen. Auch um Dranoeter schien das schwere Ringen beendet zu sein, denn die Stahlhelme des b. R. J. R. 5 tauchten links des Bamberger

Regiments auf. Aller Augen waren nach vorwärts gerichtet, wo nur noch einzelne M. G. der Franzosen ratterten, wo fast kein feindliches Geschütz mehr feuerte, während die eigene Artillerie immer noch eine Rauchwand um die genommenen Linien legte. „Wann kommt der Befehl zum weiteren Angriff, der gewiß weniger verlustreich sein wird als der des Vormittags?!"

Jetzt wollen wir vom Sturm des b. R. J. R. 5 auf Dranoeter berichten. Wie ein kleines Fort mit Schußfeld nach allen Seiten dräut das hochgebaute Dorf auf dem gewölbten Rücken. Von ihm aus kann der Kemmelsturm aufs wirksamste in der linken Flanke getroffen werden. Für den Angriff ist es wie eine Insel ausgespart worden; ein Ring von Granateinschlägen kränzt es ein; auch die Infanterie soll es nicht im Stirnangriff berennen, sondern durch Umfassung nehmen. Der Kommandeur des Pfälzer Regiments, Oberst von Haasy, beabsichtigt, mit dem III. Btl. unter Hptm. Haase Dranoeter von rechts, mit dem II. unter Hptm. d. R. Sonnet von links zu umfassen, während Hptm. Fortner sein I. Btl. in Reserve nachführen soll. Die Bataillone brechen vor. Das linke bleibt zunächst in dem überwältigenden M. G.=Feuer größtenteils im Douvegrund hängen, während das Btl. Haase gut vorwärts kommt. Wir machen den Angriff auf Dranoeter bei diesem Bataillon mit. Der Hauptmann hat seine 9. und 10. in vordere Linie genommen; die 11. folgt in zweiter Linie und ist zum Sturm auf Dranoeter bestimmt; die 12. ist Reserve. Mächtiges deutsches Feuer hat sich nun auf das Dorf vereinigt. Hptm. Haase, in vorderster Linie liegend, sieht die von Blitzen durchzuckte Rauchwolke über dem Dorfe lasten, sieht, wie feindliches Feuer, besonders aus der linken Flanke, das Btl. Sonnet in den Douvegrund bannt. Und dieses Bataillon soll westlich an Dranoeter vorbeistoßen und verblutet bereits auf jenen Wiesen? Der Hauptmann hält die Leuchtpistole in der Hand, schweren Entschluß erwägend: soll er den gelben Stern in die Höhe schießen, der der Artillerie und den Minenwerfern anzeigt, daß er Dranoeter stürmen will? So hatte es der Oberst in seinem

Angriffsbefehl festgelegt. Wird es die 11. Kp. schaffen? Einen Zug, es muß der von Lt. d. R. Heinz geführte sein, hat sie bereits nahe an den Nordausgang von Dranoeter vorgeschoben, und die Geschütze des Begleitzuges sind eben im Begriff, mit ihren Granaten die Häusergruppe rechts davon zu bedenken. Wenn der Angriff mißlingt, denn auf Mitwirkung Sonnets ist nicht mehr zu rechnen? Nein, er muß gelingen! Und der hochsteigende gelbe Stern, der über den schwarzen Qualm hinausschießt, kündet den Schwesterwaffen: „Btl. Haase wird Dranoeter stürmen!" Schon brechen die von der 11. vor; Lt. d. R. Heinz, sich noch näher gegen den Nordausgang des Dorfes heranschiebend, Lt. d. R. Krug, von Osten her gegen Dranoeter vorgehend, Oblt. d. R. Siemon, der Kompanieführer, von Süden her den Rest seiner Kompanie gegen das Dorf ansetzend. Hier wehrt sich verzweifelt ein französisches M. G.-Nest; der Oberleutnant führt selbst seine Feldgrauen vor, da streckt ihn eine Kugel in das Soldatengrab. „11. Kp. auf Kommando Lt. Heinz!" fliegt der Ruf durch die Schützenlinien, „Sturm auf Dranoeter!" Von drei Seiten rennen die Pfälzer die Hänge hoch, stoßen in das rauchende und qualmende Dorf hinein. Die 7. Kp. des französischen J. R. 413 wehrt sich in verzweifeltem Häuserkampf, wird schließlich überwunden. Ein Geschütz, Kartätschen verfeuernd, unterliegt der bayerischen Angriffswut. 2 Offiziere, 120 Gefangene mit zahlreichen M. G. schickt die Kp. Heinz zurück. Nun schnell hinaus aus Dranoeter, denn es ist strenger Befehl gegeben, sich hier nicht festzusetzen! Die 11. Kp. eilt über den Nordrand hinaus, wo Lt. d. R. Heinz auch den Befehl über die 10. übernimmt, deren Führer, Oblt. Fleißner, verwundet ist. Dort gräbt sich das Btl. Haase ein, an dessen linke Flanke sich nun auch allmählich, immer noch weit zurückhängend, das Btl. Sonnet heranarbeitet, dem Fldw. Lt. Fenrich der 3. Kp. durch schneidiges Eingreifen das Vorgehen über den Douvegrund erleichtert hat.

Das III. Btl. hat das Tagesziel erreicht. Wird es das Errungene auch halten können? Fast sieht es nicht so aus, denn immer noch steht weit seine linke Flanke offen, aus der es wütendes Feuer trifft; und da vorne, etwa 700 m entfernt, liegt ein mächtiger Stützpunkt des Feindes, der Lokerhof, mit trefflichem Ueberblick bis zur Straße Kemmel—Dranoeter, und aus ihm sprüht ein Feuerregen, der, gemeinsam mit dem Flankenfeuer, besonders der 11. und 10. Kp. schwere Wunden schlägt. Vor einen neuen, noch schwereren Entschluß ist Hptm. Haase gestellt. Er überlegt: „Hier bleiben kann ich nicht, das bedeutet Vernichtung. Zurück auf den Südhang der Höhe, die wir eben erstürmt haben, um Deckung vor dem Feuer zu finden? Also Rückzug? Nein! Dann bleibt nur eines: Sturm auf den Lokerhof! Gelingt er — und er muß gelingen, ebenso wie die Erstürmung dieses Dorfes —, dann entreißen wir den Franzosen einen äußerst wichtigen Stützpunkt. Also los!" Schon fliegt sein Befehl dazu durch die Reihen, begeistert von Offizier und Mann aufgenommen, denn für ihren tatkräftigen, aber wohl überlegenden Führer gehen sie durchs Feuer. Die unermüdlichen Begleitgeschütze der Batterie des Oblts. d. R. Wenglein sind zur Stelle, hauen ihre Granaten auf das Gehöft. Von Westen und Osten her schiebt sich der umfassende Bogen gegen den Hof. Infanterie= und M. G.=Geschosse hageln aus ihm und den anschließenden Hecken, vermögen aber den Willen der Angreifenden nicht zu brechen. Hptm. Haase ist mitten unter den Seinen, Lt. d. R. Heinz wieder in vorderster Linie; dort stürmt Lt. d. R. Friedel seinem Zuge der 9., hier Vzf. Hoffmann seinem Zuge der 11. vor. Einer schreit Hurra, die ganze Linie schreit Hurra, Bajonette blitzen, Kolben werden geschwungen, kurze Messer arbeiten; der sich heftig wehrende Lokerhof ist gegen 1,30 Uhr nachmittags in deutschem Besitz! 2 Aerzte, 70 Franzosen werden herausgeholt. Rasch wird Tiefengliederung hergestellt. Oberst v. Haasy, der an jenem Tag dreimal verschüttet wird, denn er ist auch heute, wie immer während des ganzen Feldzuges, mitten unter seinen Soldaten, hat rechtzeitig seine Reserven nachgezogen, so daß der Besitz von Dranoeter und Lokerhof auch gegen feindliche Gegenangriffe gesichert ist. Er wie Hptm. Haase wurden mit dem Mil. Max=Joseph=Orden ausgezeichnet.

Das 9. b. J. R. war am 25. April Reserve der 4. b. J. D. und folgte den stürmenden Regimentern.

Die 4. Bayern-Division hatte neben riesigem Material 1400 Gefangene eingebracht. Der große Erfolg war nicht zuletzt der ausgezeichneten Wirkung der dem Gmj. Kollmann unterstellten Artillerie zu danken.

Das X. R. K. hatte das ganze Massiv des Kemmels an sich gerissen, seine vordere Linie weit über den Berg hinaus vorgelegt und das Dorf Dranoeter auf seiner beherrschenden Höhe genommen. Kaiser Wilhelm überreichte dem Kommandierenden General, Exz. v. Eberhardt, das Eichenlaub zum Pour le mérite. Oberst Ritter v. Epp wurde mit dem Pour le mérite ausgezeichnet.

Die dritte Division, die in enger Verbindung mit dem Sturm auf den Berg am 25. angriff, war die 56. unter Gmj. v. Wichmann (1. Gen.-Stabs-Offz. Mjr. Brandt). Ihr, die am linken Flügel des XVIII. R. K. focht, war die Aufgabe geworden, den Kemmel- und Vyverbach zu gewinnen. In ihrem Gefechtsstreifen lagen drei starke feindliche Stützpunkte; Vroilandhoek auf einem Höhenrücken, das Dorf Kemmel mit seinem großen Park und vor allem die Höhe 44 unmittelbar vor dem zu erreichenden Tagesziel. Die Division war eine Viertelstunde vor dem Alpenkorps, also um 6,45 Uhr vormittags, zum Sturm anzutreten, um die Höhe von Vroilandhoek, von der aus der Feind den Angriff des Alpenkorps hätte flankieren können, vorerst wegzunehmen. Für die Durchführung dieses Sturmes standen dem Kommandeur der 112. J. Br., Oberst Fabarius, seine drei Brigade-Regimenter und das J. R. 450 der 233. J. D. zur Verfügung. Während er mit dem J. R. 88 rechts und dem J. R. 186 links in der Front anfaßte, stellte er das J. R. 450 hinter dem rechten Flügel des Alpenkorps bereit mit dem Auftrage, sobald der Höhenkamm erreicht sei, nach rechts einzuschwenken und Dorf Kemmel von Westen her zu nehmen. Das in Reserve gehaltene J. R. 118 hatte hinter dem rechten Angriffs-Regiment zu folgen.

J. R. 186 hatte vornehmlich das Dorf Kemmel im Verein mit dem J. R. 450 zu nehmen, deſſen Beſitz von beſonderer Wichtigkeit war, weil in ihm drei feindliche Stellungsſyſteme wie in einem Knoten zuſammenliefen. Dichter Nebel lag über dem Gelände. Die vorderſte feindliche Stellung wurde im Hand= umdrehen genommen. Die noch lebenden Franzoſen und Eng= länder ergaben ſich nach kurzem Widerſtand. In einem Sieges= zug ohnegleichen gingen die Heſſen unter Obſtlt. Frhr. v. Roten= han vor, und raſch wurde die Straße Lindenhoek—Sauvegarde= linde überſchritten. Ihr Sturmgeiſt war derart, daß Mjr. v. Nikiſch Roſenegk ſein in Reſerve folgendes II. Btl. kaum zu= rückhalten konnte, um es nicht auf das I. aufprallen zu laſſen. Zu langſam ging den Stürmenden die Walze des Artillerie= feuers voran. Auch I./118 rückte ſcharf auf die vorderen Wellen auf, und von links her drängten ſich Teile des J. R. 450 ein.

Mjr. Kaulbach, Kommandeur des J. R. 450, ſtand mit ſeinem Regiment in drei Wellen zum Angriff bereit. Bei jedem Bataillon befand ſich ein Geſchütz der Begleitbatterie. Rittm. v. Loebbecke ſchwenkte mit ſeinem II. Btl. rechts gegen das Dorf Kemmel ein. Auch bei dieſem Regiment war der Drang nach vorwärts ſo ſtark, daß ſich das III. Btl. unter Hptm. a. D. Schondorff bald rechts neben das II. ſetzte und mit ſeinem Schweſterbataillon und den 186=ern wetteiferte, das Dorf Kemmel zu erreichen. Die Btle. Schondorff und v. Loebbecke trugen glänzend den Sturm gegen die Südweſtſeite des Dorfes heran, während die Btle. III und I der 186=er unter Hptm. d. R. Klinnert und Hptm. Rhein gegen den Ponkerhof, den Südoſt= teil des Dorfes und den Schloßpark vorbrachen. Noch lag das eigene Artilleriefeuer auf dem Dorfe, da ſandte Hptm. a. D. Schondorff den Offz. Stellv. Schmidt (gef. 26. 4.) mit einem Zug der 9. in das eigentliche Dorf Kemmel; kurz entſchloſſen warf ſich Schmidt mit ſeiner kleinen Schar in das Dorf, grüne Leuchtkugeln hochſchießend, um das Vorverlegen des Feuers zu veranlaſſen. Die Sturmwellen der 450=er folgten und drangen in die Ortſchaft ein, den ſich an einigen Stellen hart= näckig verteidigenden Gegner niederringend.

Inzwischen hatten die 186-er auch den Südostrand von Kemmel erreicht und erledigten den Widerstand einiger M.G.= Nester; so nahm der Führer der 3. M. G. K., Lt. d. R. Volk, allein vorspringend mit vorgehaltener Pistole ein mit 2 M. G. bewehrtes Nest. Die aus den Unterständen und Schlupfwinkeln aufgestöberte Besatzung eilte in Rudeln in die Gefangenschaft. Musketier Schäfer (9.) nahm durch entschlossenes Handeln einen Offizier und 30 Engländer gefangen.

Auch das II. Btl. der 450-er beteiligte sich an dem Dorf= kampfe und besetzte links des III. den Nordrand, ebenso, wie wir später hören werden, das I./J. R. 118.

In den nördlich des Dorfes gelegenen Gehöften rauften sich um diese Zeit die 186-er mit englischer Infanterie herum, die jedoch das Vordringen auf der ganzen Linie nicht länger auf= halten konnte. Obstlt. Frhr. v. Rotenhan begab sich mit seinem Regimentsstab nach dem Ponkershof. Mjr. v. Nikisch=Rosenegk drängte mit seinem II. Btl. durch das Dorf hindurch und setzte sich rechts neben dem III. und I. in erste Linie, eine Lücke zum rechten Nachbarn, dem J. R. 88, schließend. Und nun ergriff besonders das II. Btl. ein nicht zu hemmender Drang nach vor= wärts, um das Tagesziel zu erreichen. Die 8. Kp. ging vom Nordrand des Dorfes vor und erreichte zusammen mit der 5. und der ihnen folgenden 2. M. G. K. und den M. W. bereits 9,10 Uhr vormittags die Gegend des Kleinen Kemmelbaches, des rechten Nebenflusses des Großen Kemmelbaches. Da die 7. und 6. nach links abgekommen waren, standen die beiden Kompanien ohne Anschluß weit vorne; die 8. eroberte auf ihrem Vormarsch zwei mit 12 Pferden bespannte englische Protzen, am Kemmelbach eine englische Batterie zu sieben Ge= schützen, die 5. ebendort eine Batterie von fünf Geschützen. Die übrigen Teile des Regiments, dessen III. und I. Btl. weit nach links abgekommen waren, erreichten 10 Minuten später den Kleinen Kemmelbach. Inzwischen aber hatten die 5. und 8. bereits den Großen Kemmelbach, das Angriffsziel des Tages, überschritten und schoben sich auf die Höhe nördlich davon vor,

Flammenwerferangriff

Lindenhoek
Französischer Posten

wo 9,40 Uhr vormittags von der 8. ein im Nebel tieffliegender Flieger abgeschossen wurde.

Nach Eroberung des Dorfes Kemmel hatte sich das J. R. 450 befehlsgemäß dort als Reserve des XVIII. R. K. bereitgestellt.

Das III./186, unter dessen Befehl die zu weit nach links abgekommene 7. Kp. des Lts. d. R. Hayn getreten war, besetzte die Höhe 55 südöstlich des großen Kemmelbaches, dort vier Geschütze kampflos nehmend. Abgesehen von den schon erwähnten Geschützen waren den 186=ern noch 14 zum Teil feuernde Geschütze in die Hände gefallen.

Nach Erreichung des Tageszieles gruben sich die Bataillone 186 an der Bahnlinie nordöstlich des Großen Kemmels ein, wobei die stark vermischten Verbände nur bedingt geordnet werden konnten. Die rechte Flanke des II. Btls. lag vollkommen offen, da die 88=er nicht so rasch vorwärts gekommen waren; als sich aus dem Walde östlich der Straße Kemmel—Millkruissen feindliche Kräfte entwickelten, nahm der Kommandeur des II. Btls. seine Kompanien auf die Höhe südöstlich des Großen Kemmelbachs zurück.

Wir verfolgen nun den Angriff des rechten Flügelregiments der 56. J. D., des J. R. 88. Im Gegensatz zu den anderen Angriffsregimentern lag auf den Mainzer=Hanauern gleich von Anfang an sehr starkes Artillerie= und Gasfeuer, so daß die Täler im eigenen Hinterlande in Gassümpfe verwandelt wurden. Trotzdem wurde die Bereitstellung des Regiments durch Obstlt. Rogge glatt durchgeführt. Die 1./F. A. R. 112 wurde durch das äußerst heftige Feuer vollständig zusammengeschossen, so daß sie für den Angriff ausfiel.

6,45 Uhr vormittags brachen I. und III. Btl., dem das II. dichtauf folgte, fast gleichzeitig in die vorderen feindlichen Linien ein. In M. G.=Nestern, die von unserm Vernichtungsfeuer nicht gefaßt waren, leistete das II./französische 22. J. R. hartnäckigsten Widerstand. Trotzdem warfen sich die Kompanien mit rücksichtslosem Schneid auf den Feind, und in erbitterten verlustreichen Nahkämpfen wurde gegen 7 Uhr vormittags die erste feindliche Linie genommen. In dem Gelände,

in dem dichter, durch Gas und Pulverdampf verstärkter Nebel
lag, war ein Zurechtfinden fast nur mit dem Kompaß möglich.
Doch ohne Aufenthalt mußte der Angriff fortgesetzt werden, um
den Feind nicht erneut Fuß fassen zu lassen. In der zweiten
Stellung flammte sein Widerstand wieder auf. Zahlreiche im
Gelände verstreute M. G.-Nester mußten genommen werden.
Die Verluste zwangen das III. Btl., fast alle Kräfte in der Front
einzusetzen. Während das II. Btl. hinter dem flüchtenden Feind
die zweite Stellung erreichte, traf der rechte Flügel des I. unter
Mjr. Schwartz auf besonders heftigen Widerstand und mußte
sich zudem, da die anschließende 19. R. D. weit zurückhing, stark
rechts staffeln. Allein alle diese Schwierigkeiten minderten den
Drang der Mainzer nach vorwärts nicht. In eine Lücke zwischen
die beiden Sturmbataillone schob Hptm. Lindwurm Teile seines
II. Btls. Hoch stieg nun die Woge dieses wilden Ringens.

Wütendes M. G.-Feuer schlägt der 5. Kp. aus einem starken Stützpunkt im Wäldchen von Lagache entgegen, durch
Schlamm und über Granattrichter reißt Lt. d. R. Kohtz zwei
M. W. vor — ein paar Schüsse, und 70 Engländer kommen mit
erhobenen Händen aus dem Stützpunkt gelaufen.

Die dritte Feindstellung auf der Höhe längs der Straße
Kemmel—Groote Vierstraat ist mit den kleinen, grellen Stich-
flammen zahlreicher M. G. gesäumt, trotzdem erreichen die
unentwegt vorstürmenden Bataillone den Haeringsbach. Vzf.
Gonska, der letzte noch unverwundete Zugführer der 3. M. G.
K., wirft 6 M. G. in eine Lücke am rechten Flügel des Bataillons, ein vorzügliches Feuer eröffnend. Kaum fällt mehr ein
Artillerieschuß von Feindseite in die Bataillone, nur schwere
und mittlere Kaliber schlagen ins Hinterland und in die
Gegend des Regiments-Gefechtsstandes. Vorwärts, vorwärts,
um dies auszunutzen! Ein wütender Kampf von M. G. gegen
M. G. entwickelt sich, denn auch die der 2. M. G. K. sind in
überhöhende Stellungen gegangen und werfen ihre Geschoß-
bündel auf die feindlichen an Straße Kemmel—Vierstraat und
südöstlich davon. Unter diesem Feuerschirm schiebt sich das
Bataillon nahe an diese Höhenstellung heran. In den stark aus-

gebauten Stützpunkt Goethals, von 10./französischen 22. J. R.
besetzt, und in die Häuser an der Straße nach Desmet, wo Engländer sitzen, krachen Minen; hinter dem verziehenden Rauch
der Einschläge blitzen die Bajonette der Infanteristen, und
unter Hurra werden diese Stellungen gestürmt. Waffenlose
Haufen des Gegners fluten herüber, waffentragende flüchten.
9,35 Uhr vormittags hat das ganze Regiment Rogge die Straße
Kemmel—Vierstraat überschritten, große Munitionsstapel in
den verlassenen Batteriestellungen erbeutend. Vom französischen
22. J. R., dessen I. Btl. im Dorf Kemmel überrannt wurde,
kamen nur 2 Offiziere und 135 Mann zurück. Wie ein Festungs-
glacis fällt hier der Hang nach Norden ab, um drüben ebenso
zur Höhe 44 aufzusteigen. Ein paar Hecken, Büsche und Gehöfte, sonst nichts. Die Schützenwellen benützen sie, um die
nächsten 100 m einigermaßen gedeckt vorzuspringen, dann aber
liegen sie wie auf einem glatt gespannten Tuch, das keine Falte
zeigt. Und auf diese Schützenlinien, von denen jeder einzelne
Mann zu sehen ist, stürzt sich mit fanatischer Gier das Feuer
zahlreicher M. G., die auf Höhe 44 eingenistet sind. Kugel-
regen ergießt sich aus platzenden Schrapnells, der Gegner scheint
sich wieder gefaßt zu haben. Und da und dort kartätschen stehen-
gebliebene Geschütze aus nächster Entfernung in die Schützenlinien. Diese werfen sich noch einmal um etwa 100 m vor, doch
ihre Absicht, die Höhe 44 zu überrennen, ist undurchführbar.
„Los auf das Geschütz vor uns!" schreit Lt. d. R. Scholz Leuten
seiner 3. Kp. zu, und schon springen sie hoch, der Leutnant und
der Offz. Stellv. Levandowski und seine Musketiere, machen
die sich heftig wehrende Bedienung nieder und erbeuten das
Geschütz. Vier weitere Geschütze werden vom III. und II.
gestürmt. Offz. Stellv. Schreiber führt Mannschaften der 7. vor
und erobert englische 10,5 cm-Haubitzen. Aus überhöhender
Stellung nehmen zwar M. G. die zahlreichen, schwer auszu-
machenden Nester des Feindes in dem ausgebauten Grabensystem auf Höhe 44 aufs Korn, allein um 10,30 Uhr vormittags
läuft sich der Angriff der Mainzer und Hanauer endgültig fest.
Auch den rechtzeitig eingetroffenen M. W. fehlt es an

Munition. Noch einmal versucht ein Tapferer, Lt. Ueberle, mit seiner 2. Kp. ein in der Nähe liegendes, besonders störendes M. G.=Nest zu stürmen; er fällt, der Angriff gelingt nicht. Die Verbände sind stark durcheinander geraten, die Offizierausfälle außerordentlich hoch.

Während vor der Front des X. R. K. unser Artilleriefeuer das weitere Vorwärtsstoßen der Infanterie hindert, hat hier die Artillerie seit 10 Uhr vormittags das Feuer ganz eingestellt; auch unsere Fliegergeschwader sind verschwunden, feindliche dagegen tauchen auf und greifen die Truppe mit M. G. und Bomben an, wobei ein englischer Infanterieflieger durch die 5. Kp. heruntergeschossen wird. Bei alledem ist an weiteren Angriff nicht zu denken, wenn auch der Brigade=Adjutant den Befehl dazu bringt. Durch Abhängen der rechten Nachbar= division ist das Regiment zu weit nach Osten gekommen, so daß noch eine Lücke zu den 186=ern klafft, die, wie wir wissen, weiter vorne stehen. Die Lage hat sich hier sehr schwierig gestaltet, das Feuer der M. G. von Höhe 44, dem sich immer mehr anschwellendes Artilleriefeuer zugesellt, schlägt besonders dem III. Btl. schwere Wunden, so daß Teile des II. eingesetzt werden müssen. Sehnlichst wünscht man den Abend herbei, endlich kommt er, und nun kann man einigermaßen die Ver= bände ordnen, Munition und Nahkampfmittel vorschaffen und durch die braven Trägertrupps den Kompanien warmen Kaffee zuführen. Trotz hervorragender Tapferkeit hatte das Regiment seinen Angriff nicht durch Wegnahme der Höhe 44 krönen können.

Als die vordere Linie um 6,45 Uhr vormittags in die erste feindliche Stellung eingebrochen war, führte Mjr. v. Weyrauch sein Wormser Regiment 118 sofort hinter den 186=ern nach, so daß es ihm glückte, das kurz darauf einsetzende Sperrfeuer fast ganz zu unterlaufen. Infolge des dichten, kaum Sicht auf 50 m gestattenden Nebels war eine einheitliche Gefechtsführung äußerst schwierig.

Hptm. Lüters hatte Mühe, den Angriffsgeist seines I. Btls., das am liebsten in vorderster Linie gefochten hätte, zu zügeln.

In dem dichten Nebel stieß es bald auf die 186-er. Als deren I. und II. Btl. sich zum Sturm auf Schloß Kemmel anschickten, ließ sich auch die 3./118 unter Lt. d. R. Wohlfart mitreißen, gegen das Schloß anzugreifen. Dadurch entstand eine Lücke links des Schlosses, aus der starkes M. G.- und Infanterie-feuer herüberschlug. Gegen diesen Feind führte Hptm. Lüters die 4. (Lt. Kurt Müller), die Leib- (Lt. d. R. Adolf Mayer), die 2. (Lt. d. R. Unterhorst) und zwei Züge der von Lt. Rönnberg geführten 1. M. G. K. vor. Ohne einen Schuß stürmten die Kompanien des I./J. R. Prinz Carl, kümmerten sich nicht um da und dort feuernde M. G. des Feindes, verzichteten auf die Hilfe der Minenwerfer, die nicht nachgekommen waren, da ihre Bespannung tot war, führten einen kurzen, aber wilden Nah-kampf gegen aus Deckungen und Unterständen feuernde Fran-zosen und schickten 5 Offiziere und etwa 30 Gefangene nach rückwärts. Dann setzte um den Höhenrücken westlich Kemmel harter Kampf ein, der zunächst von beiden Seiten mit der Maschinenwaffe geführt wurde, bis unserer Infanterie die Geduld riß; sie stürzt vor, und schon weicht der größte Teil des Feindes, während der sich wehrende im Nahkampf beseitigt wird. Mit bayerischen Leibern wechselt man einen flüchtigen Soldatengruß.

„Dem Feinde nach!“ ist die selbstverständliche Losung. Immer noch dieser scheußliche Nebel! Durch ein großes Lager, das sich nach dem Kleinen Kemmelbach hinunterzieht, geht es steil abwärts über die tiefen Hänge, die nach dem Bach führen, durch stark zerschossene Holz- und Wellblechbaracken. Hptm. Lüters weiß, daß er nach links aus dem Gefechtsstreifen seiner Division hinausgekommen ist, doch welcher Führer wird um einer auf der Karte eingezeichneten blauen Linie willen solchen Angriffsgeist seiner Truppe zügeln? Ueber einen schnell über-windbaren Sumpfstreifen kommen sie, steigen leicht bergan, steigen wieder leicht bergab, dann ein Bach, dahinter die Bahn. „Wir haben den Kleinen Kemmelbach überschritten; sehen Sie, Scheuerpflug“, wendet sich der Hauptmann an seinen Adju-tanten, „hier der Bach und da die Bahnlinie. Jetzt müssen wir

die Verbände ordnen!" Beide haben sich geirrt, merken es erst
später; sie stehen nicht am Kleinen, sondern bereits am Großen
Kemmelbach. Das Halbbtl. Lüters liegt am Bahndamm, auf
den bald schweres feindliches Artilleriefeuer einsetzt. Aus
einem Lager an der Straße de Kleit—Brulooze kommt nur
schwaches M. G.=Feuer. „Dorthin vor!" ist Hptm. Lüters
Entschluß. Sechs leichte Feldhaubitzen fallen in die Hand seiner
Truppe; die Rohre sind noch heiß, die Verschlüsse liegen nur
ein paar Meter von den Geschützen, fliehende Kanoniere ver=
schwinden. Auch dieses Lager wird durchschritten; Lt. Unter=
horst nimmt mit seiner 2. und einem Zug der 4. drei Feld=
kanonen. Das schwache feindliche Infanteriefeuer ermuntert
zum Vorgehen bis an feindliche Gräben etwa 300 m nordwest=
lich Straße de Kleit—Brulooze, wo man sich 12,30 Uhr nach=
mittags festsetzt.

Der sich lichtende Nebel gestattet weitere Umschau. „Dort,
hinter uns, liegt das I./186", sagt der Hauptmann zu seinem
Adjutanten. „Und links rückwärts anscheinend der rechte
Flügel des Alpenkorps!" fügt Lt.Scheuerpflug hinzu, „er macht
am Bach Halt und schiebt nur eine Feldwache vor!" „Gehen
Sie einmal zurück, Korte, klären Sie die Lage und bitten um
Unterstützung!" Nach einer Weile kommt der Ordonnanz=Offz.
zurück und meldet: „Die Truppe am Bach ist das Jg. Btl. 10;
es glaubt aber nicht, über die befohlene Linie hinausgehen zu
dürfen. Der Führer des I./186 hat jedoch Unterstützung zu=
gesagt." Das Halbbtl. Lüters verstärkt die gut erhaltenen
Gräben, und vorgeschickte Patrouillen erhalten aus de Kleit
schwaches Feuer.

Als aber die zugesagte Unterstützung nicht eintraf, übergab
Hptm. Lüters den Befehl über das Halbbataillon dem Lt. d. R.
Unterhorst mit der Weisung, nur stärkstem Druck zu weichen,
und begab sich mit seinem Stabe zu den Truppen am Kemmel=
bach, um durch persönliche Rücksprache die Lage zu klären. Hier
traf er die Führer des Jg. Btls. 10 und des I./186. Beide
glaubten, nicht die befohlene Linie überschreiten zu dürfen, zu=
mal der rechte Flügel der Division anscheinend auf starken

Widerstand gestoßen war. Hptm. Lüters schloß sich dieser Ansicht an, ließ die eroberten Geschütze bis zur Bahn zurückschaffen und zog das Halbbtl. Unterhorst bis etwa 500 m nordwestl. Dorf Kemmel zurück, wo auch zwei Züge der 1. M. G. K. und 9. und 12./118 eintrafen. Der Rest des I. Btls. konnte zunächst nicht aus der vorderen Linie des III./186, bei dem sie gekämpft hatten, herausgenommen werden.

Hptm. v. Cappeln führte sein II. hinter den beiden anderen Bataillonen nach. Auch er war in dem mit Pulverdampf vermischten Nebel auf völlig selbständige Gefechtsführung angewiesen. Bald sah er sich in vorderster Linie, da die 88-er stark nach rechts aus ihrem Gefechtsstreifen herausgekommen waren. Den Angriff des Regiments flankierte Lt. d. R. Racke wirksam, indem er mit seiner 5. Kp. entscheidend in das Gefecht beim Gehöft Parrain eingriff und später in der Gegend des Goethals-Wäldchens ihrem linken Flügel Luft machte, zahlreiche Gefangene und M. G. erbeutete. Er drang von Norden in das Wäldchen ein, zwang den Stützpunkt zur Uebergabe und konnte erneut an 250 Gefangene mit vielen Maschinenwaffen zurückschicken. Aus eigenem Entschluß stieß Lt. d. R. Voß mit zwei Zügen seiner 6. in Richtung gegen Höhe 44 vor, ohne Anschluß nach rechts und links. Da taucht im Nebel ein Zug heftig feuernder Feldkanonen auf; sofort nimmt ein leichtes M. G. die Geschütze unter Flankenfeuer, die übrigen Leute arbeiten sich heran, stürzen unter Hurra 9,45 Uhr vorm. vor und erobern sie und ihre Bedienung. Dann drang Lt. Voß weiter gegen die Höhe vor, kam aber in M. G.- und direktes Artilleriefeuer, so daß er langsam auf den Südhang zurückging, um Anschluß zu gewinnen. Auch die 8. Kp. war nach Säuberung des Goethals-Wäldchens bis in Gegend der Vroawedyk-Ferme vorgestoßen, wo sie ihren Kompanieführer, Lt. d. R. Lahr, durch Kopfschuß verlor. Um 3 Uhr nachm. war das feindliche Grabensystem bei Vroawedyk erreicht, alle Kompanien lagen in vorderster Linie. Während nach links Anschluß an III./118 bestand, hing der rechte Flügel infolge einer Lücke zu den 88-ern in der Luft; hier wurde später das I./450 eingeschoben.

Auch das III. Btl. der Wormſer riß der Angriffsgeiſt ſehr bald in die vordere Linie. So machten die 9. und 12. unter den Ltn. d. R. Schröder (Joh.) und Hoock den Angriff bei III./186 mit. Der Reſt des Btls. erreichte gegen 11 Uhr vorm. das Grabenſyſtem ſüdl. Vroawedyk. Hptm. Fitting entſandte, als der Nebel ſich etwas gelichtet hatte, eine Offizier=Patrouille unter dem bewährten Lt. d. R. Kraus gegen Höhe 44. Sie er= kannte, daß ſich dort bereits kleine engliſche Abteilungen vor= arbeiteten. Lt. Kraus faßt die zunächſt befindlichen Leute des Bataillons=Stabs — Burſchen, Melder, Telefoniſten — zu= ſammen, drückt, entſchloſſen vorgehend, die Engländer um einige 100 m zurück, ſo daß die ſchnell herangeholte 10. und 3. M. G. K. eine geeignete Stellung gegen die Höhe 44 beſetzen und die hier freie Flanke ſichern können. Da rafft ſich der Engländer zu einem Gegenſtoß auf, der die rechte Flanke des III. Btls. treffen ſoll. Er wird in ſchwerem Ringen, bei dem die 10. Kp. ſtarke Ver= luſte erleidet und ihren Führer, Lt. d. R. Mellis, hingeben muß, abgewieſen. Nachdem eine zuſammenhängende Linie hergeſtellt war, dauerte der Feuerkampf gegen Höhe 44 bis zur Dunkel= heit an.

Die Begleitbatterie, die 2./F. A. R. 112, konnte nur nach Ueberwindung großer Schwierigkeiten eingreifen. Der vor= derſte Zug unter Lt. Prengel ging nordweſtl. Dorf Kemmel in Stellung und beſchoß feindliche M. G., während der Zug Günzel aus einer Stellung nordöſtl. des Dorfes gegen die Straßenkreuze bei de Kleit und Hallebaſt wirkte. Später wurde die Batterie ſüdlich des Dorfes zurückgezogen; hier kam Zug Prengel in feindliches Artilleriefeuer und wurde zuſammen= geſchoſſen; Zug Günzel gelangte gut in die neue Stellung, der Führer fiel jedoch durch Zufallstreffer.

Gegen die bereits erwähnte große Lücke zwiſchen dem II./118 und dem linken Flügel der 88=er ſtieß der Engländer in den Abendſtunden immer wieder vor, wurde jedoch ſtets abgewieſen. Hier wurde abends das I./450 eingeſchoben.

Während das II. und III. Btl. weſtlich Dorf Kemmel lagen, traf den Führer des II., Rittm. v. Loebbecke, dieſen hervorragen=

den Offizier, der Todesschuß. In der achten Abendstunde
wurden die beiden Bataillone näher hinter das einen Angriff
befürchtende J. R. 186 gezogen, dem schließlich das III. unter=
stellt wurde. Hptm. a. D. Schondorff stellte es westlich der
Straße Kemmel—De Kleit bereit. Hier traf auch das M. W.=
Btl. 56 ein. Mj. Kaulbach mußte 9,50 Uhr nachmittags auch
sein letztes Bataillon, das II., abgeben. Es rückte nach dem
Goethals=Wald zur Verfügung der 88=er. Die Verluste des
J. R. 450 waren sehr stark, sie beliefen sich auf 50 Tote, da=
runter 3 Offiziere, 206 Verwundete, darunter 6 Offiziere, und
17 Vermißte.

Die 56. J. D. konnte als großen Erfolg des Tages die Weg=
nahme der Höhestellungen von Vroilandhoek und Goethals und
des Dorfes Kemmel sowie Erreichen der Linie südl. Basseye
— südl. Vroawedyk — Südufer des großen Kemmelbaches
buchen; daneben hatte sie außer reicher Beute etwa 1600 Ge=
fangene gemacht; ihrem rechten Flügel war es nicht mehr mög=
lich, die Höhe 44 zu nehmen und dadurch den Vyverbach zu er=
reichen; die Gründe hierfür lagen in dem starken feindlichen
Widerstand, der unbeabsichtigt großen Breitenausdehnung der
drei Regimenter, der Vermischung der Verbände, dem nach=
mittags auflebenden feindlichen Artilleriefeuer und in den Ver=
lusten der Truppe besonders an Unterführern. Mehreren Batte=
rien gelang es, durch das zerstampfte Trichterfeld der Infante=
rie zu folgen; selbst schwere Batterien, wie die des IV./Fuße.
R. 18 unter Hptm. d. L. Graßmann, standen abends in Gegend
Vroilandhoek — eine besonders anerkennenswerte Leistung!

Gegen Groote Vierstraat und St. Eloi.

Es war eine jener unvergleichlichen Nächte, die Luft erfüllt
mit Frühlingswärme und Kampfatem, erfüllt mit Leben und
Sterben. Die Kanoniere saßen im Halbschlaf oder Traum auf
den Geschützen, die über die weißlich schimmernde Straße
ratterten; endlose, stumm marschierende Infanteriekolonnen,
lange Reihen von Munitionswagen, fauchende Lastautos, alles

strebte in jenen Nächten dem Schlachtfeld zu. Gespensterhaft leuchteten die Trümmer von Werwick, Komen und Waasten, die an den Kanonieren des R. F. A. R. 19 vorüberglitten. Sie kennen die Losung: „Angriff!" Wer von ihnen wird zurück= kommen? Sie denken an Wolfenbüttel oder an ihr nieder= sächsisches Dorf — dann fallen sie wieder in Halbschlaf auf ratternden Geschützen. Zwei Tage später stehen sie mitten in der Schlacht . . .

Wie eine zerrinnende Woge schlug der Wirbel des An= griffs rechts vom Berge bis an den Ypern=Lys=Kanal. Nur vorüberhuschende Schattenbilder können wir aus jenem schweren Ringen festhalten.

Neben den Hessen, den Erstürmern des Dorfes Kemmel, warfen sich die Niedersachsen der 19. R. D. des Gmj. Meister (Ia Hptm. Erato) über die gefürchteten Bunker am Wijtschater Wald gegen Groote Vierstraat.

In dem vom zurückrinnenden deutschen Gas gesättigten Nebel, der allenthalben über der Ebene lastet, verschwinden die Schützenketten des R. J. R. 78. Handgranatenschläge künden dem Oberst v. Joeden, daß seine Bataillone mit wütend feuern= den M. G.=Nestern raufen; Minen und Granaten der Begleit= batterie krachen dazwischen; Gefangene in flachen Stahl= helmen, 150—200, tauchen aus dem Nebel auf, aus ihren trotzigen Mienen flammt noch die Wut des letzten Kampfes; Kunde kommt, daß der prächtige Vzf. Römhild des Btls. Mjr. Moldenhauer eine noch mit Kartätschen feuernde Batterie gestürmt hat, daß aber auch die von den Hessen nicht genommene Höhe 44 mit nahezu geschlossenen M. G.=Feuergarben den linken Rgts.=Flügel auf die Stelle bannt. Nahe vor dem Vyverbach wühlen sich die Btle. v. Saldern und Moldenhauer in den feuchten Boden.

Mit der schweren Wucht des Niedersachsen wirft sich das R. J. R. 73 in das zischende, brodelnde Bunkerfeld. Verlust= meldungen jagen sich, auch der Name des Hptm. d. L. Pinker= nelle, der das I. Btl. geführt hat, steht auf einer Meldekarte. In die gasgeschwängerte Schlucht des rechten Quellarmes des

Witschatebaches stürzen sich die Schützenwellen der Btle. Hptm.
d. R. Kellinghusen und Rittm. d. R. Vietor; Maschinen=
gewehre fauchen sich in direkten Feuerbündeln an, da eilt Obstlt.
Marggraf vor, um das III. Btl. zum Sturm zu reißen: lautlos
sinkt er um — eines der zahllosen M. G.=Geschosse hat den
Weg zu seinem Herzen gefunden. Der Kampf in Nebel und
Pulverqualm rast weiter; um die M. G.=Nester im Eckwald
greifen schließlich die Maschinenwaffen des Lts. d. R. Gennies
wie ein feuriger Arm herum, so daß Kellinghusens Infanterie
den zersplitterten Wald zu stürmen vermag. Vietors Bataillon
entreißt dem Engländer Groote Vierstraat — todmüde, tod=
wund kann die ausgebrannte Truppe nicht mehr an weiteres
Vorgehen denken. Die Geschütze des Lts. d. R. Oeding der
4./R. F. A. R. 19 sind bis Groote Vierstraat über 3 km auf=
gewühlten Boden nachgesprungen, und seine Granaten zer=
schlagen die letzten feuernden M. G.=Nester.

Mjr. v. Kummer mußte mit den Btln. seines R. J. R. 92
da und dort den Angriff von rückwärts nähren und abends
Lücken ausfüllen. Feindliches Artilleriefeuer schlug auch diesem
Regiment schwere Wunden.

Die vom Gmj. v. Roeder geführte 3. G. J. D. (Ia Hptm.
v. Schwerin) bildete den Rückhalt am Witschater Rücken.

Gegen die ehemaligen deutschen Betonklötze im einstigen
Hessen= und Bayernwald hatte die 13. R. D. unter Gmj.
v. Oertzen (Ia Hptm. Varnbüler) anzurennen.

Vor dem R. J. R. 39 stehen die Engländer an ihren M. G.,
die Shagpfeife im Mund. Doch die Granaten, die Hptm.
Schlichter aus den Feldkanonen seiner 5./R. F. A. 13 in das
„Rote Haus" und in die Bunker im Bayernwald jagt, des
Hptms. Britt vorbrechendes III. Btl. und die Flammenwerfer
belehren sie eines anderen. Auch Hptm. Garve reißt aus den
tief gestaffelten M. G.=Nestern im Hessenwald eines um das
andere. Der Weg des Rgts. Schniewindt ist allerdings mit
Blut gezeichnet, doch Scharen von Gefangenen strömen zurück,
Hessen= und Bayernwald sind in der Hand der Düsseldorfer.
In tollkühnem Ansturm nimmt Offz. St. Fislake einen großen

Bunker, in dessen Eingang ein englischer Rgts.-Kdr. und drei weitere Offiziere erscheinen. Auch der Eckwald fällt den erneut Angreifenden zu, und 4 Uhr nachmittags blitzt das Leuchtfeuer auf: „Ziellinie erreicht!"

„St. Eloi!" heißt das Kampfwort für des Obstlts. Krome R. J. R. 13. Riesentrichter weiß man dort. Mit überwältigendem Schwung werfen sich die Bataillone der Hauptleute Görtz und Friesland auf den Feind, der so erstaunt ist, daß nach 4 Minuten bereits 50 Tommys in die Gefangenschaft eilen. Schon vermeint man, die Hand nach dem beherrschenden St. Eloi ausstrecken zu können, da wird der linke Rgts.-Flügel stark durch übermächtiges M. G.-Feuer gebremst. Es ist ein wilder, blutiger Kampf, den dort die Westfalen, prächtig unterstützt von dem Begleitgeschütz des Lts. Busch, führen müssen; mit verbissenen Gesichtern legen die letzten zähen Briten die Waffen nieder. Und nun zum Sturm auf St. Eloi im Verein mit den Res. 393ern des Obstlts. v. Hertell! Auch dieses Regiment hat sich von der berühmten Dammstraße her nur unter schweren Opfern vorkämpfen können, die Bunker hatten kostbares Blut gefordert, auch Hptm. d. R. Schaeffer, der tapfere Führer des II. Btls., zählte zu denen, die nicht mehr wiederkehren. Dann aber wird „St. Eloi" zum Sturmwort auch für das III. Btl. der Sachsen-Altenburger unter Mjr. v. Günther, der in schnellem Anlauf die zwei östlichen Trichter nimmt. In den schon nächtlichen Himmel stoßen die Staub- und Qualmwolken, die die Granaten des R. f. A. R. 13 aus den Häusertrümmern von St. Eloi hochjagen; der Kdr. der Feldhaubitzabt., Mjr. Hennig, ist selbst in vorderster Linie. Obstlt. Krome eilt, des rasenden Feuers nicht achtend, in der ersten Schützenwelle von Mann zu Mann. Der prächtige Lt. Busch steht an seinem Geschütz, das in direktem Schuß eine feindliche M. G.-Stellung bearbeitet, da löscht ein Herzschuß sein Leben aus. Dann aber stürmt das Westfalenbtl. des Hptm. Görtz den festungsartigen Hang hinauf, von Trichter zu Trichter springend, phantastisch beleuchtet vom Feuerschein platzender Granaten, deutschen Sturmgeist in der Brust. Und siehe, die Maschinenwaffen des

Feindes schweigen, als hätte eine unsichtbare Macht die Hände gelähmt, die an ihren Hebeln ruhen! Khakibraune Gestalten stürzen durch die Nacht, lärmend, schreiend, und in ihrem Rücken sitzt die Panik. Von Angst sind ihre Gesichter verzerrt, in ihren Ohren dröhnt noch das deutsche Artilleriefeuer, aus ihren Augen flackert noch das Erstaunen über solche Tollkühnheit des Gegners, und in wilden Rudeln sucht sich der überlebende Rest zu retten, von heulenden M. G. verfolgt.

So ward St. Eloi unser!

Befehle zur Fortsetzung des Angriffs am morgigen Vormittag eilten durch alle Drähte der 4. Armee; fieberhaft arbeiteten Generalstabs= und Frontoffiziere, um am 26. in der neunten Stunde von neuem losbrechen zu können und das heutige Zurückweichen des Feindes, der ja schwerste blutige Verluste erlitten hatte, in vollkommene Auflösung zu gestalten. Oder sollte er inzwischen starke Kräfte herangeworfen haben, um seine jetzigen Stellungen zu halten? Wir werden hören, welche Ueberraschungen der 26. April bringen sollte.

Werfen wir noch einen kurzen Blick hinter die feindliche Szene! Der nur von geringem Erfolg begleitete Angriff der frz. 28. J. D. am Abend des 24. bei Lindenhoek hatte sich insofern ungünstig ausgewirkt, als in Unkenntnis über den Verlauf der vorderen Linie die französisch=englische Artillerie nur ein ganz unsicheres Sperrfeuer abgeben konnte, das von den deutschen Truppen unterlaufen wurde.

Schon während des Angriffs meldeten deutsche Flieger rege Tätigkeit auf den Bahnlinien von Dünkirchen nach Furnes und Bergues — es war die dort nachmittags ausladende frz. 27. J. D. — und von Norden nach Süden marschierende Kolonnen in Richtung Westouter — es war die dem II. K. K. zur Verfügung gestellte frz. 39. J. D., während sich englische Reserven von Poperinghe gegen Dikkebusch zu bewegten —. Die deutsche 4. Armee fing ein drahtloses Telegramm auf, das der englische Generalstab um 10 Uhr vormittags an seine Divisionen gegeben hatte: „Franzosen teilten mit: Kemmel genommen. Neue Widerstandslinie: Scherpenberg — la Clytte. Linie in Höhe Vierstraat—la Clytte halten bis zum Gegenangriff."

General Plumer zog bereits am Vormittag Teile seiner Reserven, wenn sie auch erst kürzlich in schweren Kampf gestanden hatten, näher hinter die Front seiner 9. J. D. (siehe Karte). Die französischen Divisionen Robillots waren nicht minder geschwächt als die englischen, so zählte die frz. 28. J. D. am Abend des 25. nur noch 17 Offze., 1560 Mann. Die frz. 28. J. D. verfügte nur noch über zwei sehr zusammengeschmolzene Bataillone auf dem Scherpenberg und bei Millekruissen. Diesem sandte Robillot 10 Uhr vormittags die frz. 3. K. D. (abgesessene Reiter in Stärke von zwei Bataillonen, eine Radf.-Abt. und M. G. auf Kraftwagen) unter General Forqueray als Verstärkung zu, während er dem andern Bataillon befahl, die Linie de Kleit—Scherpenberg bis zum Eintreffen der frz. 39. J. D. zu halten. Diese konnte allerdings erst in den Abendstunden zur Stelle sein. Der frz. 6. K. D. befahl General de Mitry, nach Boeschepe vorzurücken.

Wenn auch nachmittags die deutsche Front hauptsächlich nurmehr auf dem nördl. Flügel Raum gewann, so war doch die Lage für die Ententetruppen noch in hohem Maße beängstigend, vor allem am Scherpenberg. Am Kemmelmassiv hätten die französischen Truppen ernsteren Widerstand nicht mehr leisten können; gegen Mittag standen in der Front Millekruissen—Krabbenhof bei Loker nur zwei schwache, sehr mitgenommene Bataillone des frz. 99. J. R., notdürftig verstärkt durch die oben erwähnten Kräfte der frz. 3. K. D.: das war alles! Hätte man dies an jenem 25. April gewußt, man hätte trotz aller weiter oben geschilderten Schwierigkeiten auf deutscher Seite nicht gezögert, den Angriff tatkräftig fortzusetzen. Der Besitz der Linie de Kleit—Scherpenberg wäre für uns von ausschlaggebender Bedeutung gewesen, denn wir hätten das ganze Höhengelände bis zum Katzenberg aufrollen können; an einem dünnen Faden hatte für uns der Enderfolg gehangen.

General de Mitry zog abends die letzten Reserven heran,

die frz. 2. K. D. nach Westouter, die 6. (ohne 1. Brig.) nach Boeschepe.

Am Nachmittag trug sich General Plumer mit dem Gedanken eines größeren Gegenangriffes zur Wiedereroberung des Kemmelmassivs durch die frz. 39. und die englische 25. J. D. Er konnte aber an diesem Abend nicht mehr durchgeführt werden, da die Truppen zu spät eintrafen und das Gelände unter schwerem deutschen Feuer lag. Wohl aber brach er am nächsten Morgen los.

Gegenangriff!

In einem Unterstand westlich Wulvergem liegt der Stab der 112. J. B. Oberst Fabarius, sein Adjutant und die übrigen Offiziere des Stabes haben die ganze Nacht hindurch gearbeitet. Angriffsbefehl für 9 Uhr morgens ist hinausgegangen. „Wird das Artilleriefeuer nicht stärker?" — „Ja, anscheinend auf unserm Abschnitt!" — „Vielleicht Einleitung zu Gegenangriff?" — „Möglich!" Der Adjutant überblickt noch einmal die Karte: am rechten Flügel die 88er, denen die verdammte Höhe 44 gestern so schwere Opfer gekostet hat; ihnen ist II./450 unterstellt; dann folgt in der Front I./450, dem sich links die Wormser anschließen, und am linken Flügel stehen hinter dem großen Kemmlebach die 186=er, an Straße Kemmel—de Kleit das III./450. Das Artilleriefeuer wird immer wütender. Kaum eine Meldung kommt von vorne. Furchtbar, diese Ungewißheit! Ein Verwundeter von den 186=ern schwankt herein. Er ist ganz verstört, man bringt nicht viel aus ihm heraus, nur, daß vorne das Regiment von einem schweren Angriff betroffen ist, daß Teile zurückgehen . . . . Endlich ein Meldeläufer. „Vom J. R. 186!" keucht er. Der Adjutant reißt den Umschlag auf, liest vor: „6 Uhr 50 vorm. Feind zwischen 186 und 118 durchgebrochen. Eigene Truppen teilweise im Zurückgehen. Reserven alle eingesetzt. Unterstützung dringend erforderlich, falls Lage nicht sehr kritisch werden soll. — Frhr. v. Rotenhan." — „Also doch geglückter

feindlicher Gegenangriff!" — „Meldung an Division weiter=
geben, gleichzeitig von ihr Erlaubnis bitten, daß wir im Not=
fall Teile der Regimenter 448 und 449 einsetzen dürfen. Zu
den beiden Regts.=Kdrn. sofort ein Offizier des Stabes, um sich
über die Lage zu orientieren. . . . . !"

Wir eilen in Gedanken an die Front, zunächst zum rechten
Regiment, zu den 88ern. Ihr linker Flügel steht bereits in
hartem Kampf. Alle Leuchtkugeln hat man umsonst verschossen;
die Artillerie hat sie im dichten Nebel nicht sehen können,
schießt kein Sperrfeuer. Dann wirft sich ein Btl. des 9. Nork=
shire=Rgts. auf den Flügel, reißt einige Gefangene an sich,
überflutet die Minenwerfer und kommt etwa 200 m vor. Das
nur 200 Mann starke, heute von Hptm. Lemke geführte II./450
wird in den Strudel hineingerissen und zersprengt. Doch Hptm.
Lindwurm, der kaltblütige Kdr. des II./88, hat die Gefahr recht=
zeitig erkannt, läßt den bedrohten Flügel nach Süden umbiegen
und durch die 5. und 6. Kp. verlängern, ein außerordentlich
wirkungsvolles Feuer aus der Flanke eröffnend. Den Minen=
werfern gelingt es, sich samt ihren Werfern wieder zu befreien.
Andere Teile des II. Btls. brechen mit der 9. zum Gegenstoß
vor, treiben ihn durch das englische Lager, es mit Toten füllend,
zurück, nehmen ihm Gefangene und leichte M. G. ab und
gewinnen fast die ganze alte Linie wieder. Man atmet auf:
Angriff abgeschlagen! Aber wie steht es weiter links drüben
bei dem I. Btl. der 450er, bei den 118ern und bei den 186ern?
Denn dort scheint sich das Feuer immer tiefer hineinzufressen,
es klingt schon stark aus Richtung des Dorfes Kemmel. . . . .

Gegen des Mjrs. v. Latorff I./450 gischtet die wütende Woge
aus dem Nebel heraus. Doch die Gewehre und M. G. rattern,
und die Front schleudert die wild Anstürmenden, denen der
Alkohol aus den Augen flammt, zurück. Nur rechts, bei den
88ern, ist ein Keil hineingefahren und sitzt nun im Rücken der
2. Kp. des Lts. Stephenson. Schon suchen die Engländer die 2.
von hinten zu fassen; Musketiere fallen, Offz.=Stellv. Bröse
fällt; doch der Leutnant und ein paar Leute, darunter der tollkühne
Reservist Leinhos, schießen stehend freihändig auf die im Nebel

Absprung aus dem be=
schossenen Fesselballon

Schottisches Regiment
auf dem Marsch zum
Kemmel

Der englische Oberbefehls=
haber Sir Douglas Haig
und der Führer der Portu=
gisischen Armee

Der deutsche Kaiser mit
den Armeeführern Kron=
prinz Rupprecht
und Gen. Sixt v. Arnim

wie Schemen wirkenden Engländer, und ihre Schnappschüsse
sitzen so ausgezeichnet, daß schließlich die Tommys das Spiel
verloren geben und in Stärke von 1 Offizier, 25 Mann die
Waffen wegwerfen. Auch hier ist die Gefahr gehemmt. Und
immer noch dieses Geknatter aus Richtung des Dorfes
Kemmel?!

Wir rücken den Zeiger der Uhr um eine Stunde zurück, besuchen
in Gedanken die in Reserve liegende 2. Kp. der 118er. Wir
kennen ihn schon, den prächtigen Kompanieführer, den Lt. d. R.
Unterhorst, den wir gestern am weitsten vorne vor de Kleit
haben liegen sehen. Und jener dort ist Lt. d. R. Burkholz, der
von Posten zu Posten geht. Immer toller wird das Granatfeuer da vorne, die Lichtblitze zucken durch die weiße Watte des
Nebels, Sprengstücke fliegen herüber, immer näher, schon
schlagen ganze Lagen hinter der 2. ein. Das bedeutet Angriff!
Alles gefechtsbereit! Mann an Mann stehen sie im Graben.
Da wird einer der Besten verwundet, der Offz.-Stellv. Hrch.
Müller, als einziger Inhaber des Goldenen Mil.-Verd.-Kreuzes.
„Seitengewehr pflanzt auf!" kommandiert Lt. Unterhorst. Jetzt
stürmen sie da vorne, uns unsichtbar! Es ist wie ein Kampf
gegen Geister. Querschläger surren um unsere Ohren. M. G.
hämmern, Handgranaten bersten, Gewehrschüsse... Der Kampf
ist wohl entschieden? Furchtbare Ungewißheit... Da! schwache
Schatten, von rechts nach links schwebend... Glas hoch! Unmöglich zu erkennen, ob Freund oder Feind! Unsere Augen
bohren sich in das Nebelmeer: Engländer! Stehen wie gelähmt,
als sie unsere Phalanx erblicken; reißen aus, verschwinden im
Nebel. Aber Engländer sind es doch gewesen! Was hat sich
vorne ereignet?

Zwei Angriffe haben die 118er bereits abgewettert, einen
um 4,30 Uhr vormittags von der Höhe 44 herunter gegen die
5. und 7. Kp. und einen um 5,45 vormittags gegen das III. Btl.
Da wirft sich 6,30 Uhr vormittags englische Infanterie auf das
mit 186-ern vermischte I. Btl. Vor dem Kemmelbach bricht der
Feind in die Knie. Allein im rechten Teil glückt es ihm,
durchzustoßen bis zur Straße Kemmel—de Kleit. Die zwei

Züge der 1. M. G. K. wehren sich verzweifelt, Zug Stock, bei dem sich auch der Kompanieführer, Lt. Rönnberg, befindet, wird überwältigt, der Leutnant fällt. Auch auf die 3. Kp. hat sich der Angriff mit ganzer Wucht geworfen und die schwache Besatzung bis über die Straße Kemmel—de Kleit zurück= gedrängt; im Nahkampf wird einer der Tapfersten, Lt. d. R. Weber, sich bis zum letzten Atemzuge wehrend, zusammen= geschossen. Dann brechen die Engländer vor — es sind die Gleichen, die wir auf die 2. Kp. haben losmarschieren sehen. Da aber ist es Lt. d. R. Unterhorst, der mit kühnem Entschluß die Lage des Tages rettet; er zieht seine Kompanie ein Stück zurück, um den Anlauf zum Gegenstoß zu gewinnen. Nur ver= einzelt sind Engländer im Nebel zu sehen, doch umso schärfer ist ihr wütendes M. G.=Feuer zu spüren. Allein die Deutschen erkämpfen sich Meter für Meter den Boden, Tote und Ver= wundete hinter sich lassend. Nur eiserner Siegeswille vermag solches zu vollbringen; sie stürmen die feindlichen M. G. Der Engländer weicht, Lt. Unterhorst jagt mit seinen Leuten hinter ihnen her. Lt. Unterhorst erreicht wieder die eigene Linie, Lt. Unterhorst — — — Wo ist er? Im Nebel nicht zu sehen! Doch er führt uns! Den Engländern nach! Wir hören seine helle Kommandostimme — —! Nein, er ist nicht mehr da, eine M. G.=Kugel hat ihn weggerafft schon vor einer Viertelstunde, aber sein Geist führt uns!

Auch andere Kompanien haben sich im Nebel auf den ein= gebrochenen Feind geworfen: die von ihrem bewährten Führer, Lt. d. R. Wohlfahrt, wieder zusammengeraffte 3., zwei Züge der Leibkp., die 10., 11. und ein Zug der 9. Kp. der 450er und vor allem die 11. der Wormser unter Lt. d. R. Walinski, der den Stoß mehrere 100 m vorträgt und bei Vroawedyk 2 Ge= schütze, 3 M. G. und 50 Gefangene an sich reißt.

Und wie steht es links bei den 186ern? Auch hier schwillt in den ersten Morgenstunden das Artilleriefeuer zu einer Hef= tigkeit an, daß an einem französisch=englischen Gegenangriff nicht mehr zu zweifeln ist. Unsere Artillerie schweigt. Die schwachen Kompanien des II. Btls. müssen nach heftiger

Gegenwehr, von rechts und links rückwärts umfaßt, zurück, Teile besonders der weit vorgeschobenen 5. Kp., werden abgeschnitten, im Nahkampf fällt der Kompanieführer, Lt. d. R. Senßfelder. Ein Minenwerferzug hinter der Front wird von den Engländern, die man bei der Dunkelheit und bei dem Nebel erst auf 10 Metern an ihren Rufen als Feinde erkennt, überrascht; der Führer, Lt. d. R. Pfeffer, Uoffz. Blenau und Musk. Brandenburg feuern, was die Pistolen hergeben; die Engländer antworten mit Schnellfeuergewehren — mehrmals werden sie zurückgeworfen — der Minenwerferzug muß weichen, da die letzte Pistolenpatrone verschossen ist — allen gelingt es, zu entkommen, nur einer fällt verwundet in englische Gefangenschaft, der 19jährige Melder Kreis, der sich gestern so hervorragend bewährt hat. Dann greifen die Kompanien des III./450 den eingedrungenen Feind an, der schon bis an den Nordrand des Dorfes Kemmel vorgedrungen ist, schleudern ihn über den kleinen Kemmelbach zurück, ihm schwerste Verluste zufügend. — Das III./186 trotzte dem feindlichen Angriff und bog mit der 11. Kp. seinen Flügel zurück; das I. wehrte ihn im Handgranatenkampf und M. G.=Feuer ohne weiteres ab und behielt eine Anzahl Feinde als Gefangene. Die 7. Kp. der 186er hatte sich im Verbande des Alpenkorps an der Abwehr beteiligt.

In den verwirrenden Nahkampf hatten auch die Stoßbatterien der 4. und 5. des Thorner F. A. R. 81 unter ihren Ltn. Menne und Nitschke schneidig und erfolgreich eingegriffen.

Das auf dem linken Flügel der 19. R. D. stehende R. J. R. 78 war noch von dem Gegenangriff betroffen worden, den es unter schweren Verlusten abzuweisen vermochte.

Die Goslarer Jäger am rechten Flügel des Alpen=Korps sind nicht wenig erstaunt, als sie frz. Kompanien aus dem Nebel heranmarschieren sehen, glauben im ersten Augenblick, der Gegner wolle eine Lücke ausfüllen, dann aber entsinnen sie sich ihrer Gewehre und M. G., ein Höllenfeuer bricht los, die dichten Haufen sinken zurück in den Morgennebel, Gefangene und eine reiche Zahl an Maschinengewehren den Jägern überlassend.

Die von Inf.-Leib-Rgt. hören den Gefechtslärm zur Rech=
ten, werden aber nicht mehr angegriffen, wohl aber hauen
schwere Granaten in das II. Btl. am Burgravehof, dessen die
ganze Nacht lodernde Feuerfackel eben in sich zusammensinkt.
Beängstigend dicht wird der Nebel, aus dem feiner Regen zu
rieseln beginnt. Man hat kein rechtes Vertrauen zu dem heuti=
gen Angriff, man weiß nicht, wohin die Artillerie schießen soll;
die Art. Verb. Offze. sind nicht da. . .

Wenn auch der französisch=englische Gegenstoß zu keinem
sichtbaren Erfolg geführt hatte, so war er insofern nicht ohne
Wirkung geblieben, als die Deutschen auf der davon betroffenen
Front ihren Angriff nicht fortsetzten.

Nur auf seinem rechten Flügel vermochte das Korps Sieger
einige Erfolge zu buchen. Dort nahmen die 165er und 393er,
sich gegenseitig vorzüglich unterstützend, die Große und Kleine
Bastion beiderseits des Ypernkanals; am Abend des nächsten
Tages überrumpelte Lt. d. R. Prochotta des J. R. 393 mit einer
Handvoll Leute Schloß Lankhof, während sich nachmittags das
III./R. J. R. 57 in blutigem Ringen Voormezeele erkämpft hatte.

Ringen um Loker.

Das war das Tragische und schließlich auch den Keim des
Mißlingens in sich bergende an dieser Offensive in Flandern:
war ein feindlicher Stützpunkt unter schweren Opfern erkämpft,
schon tauchte ein neuer, noch stärkerer vor den Angreifern auf.

Dranoeter war unser — dafür versperrte uns Loker mit
seinem vorgeschobenen Hospiz den Weg zum Roten Berg. Ein
furchtbares, zuletzt in Blut erstickendes Ringen der 4. Bayern=
Division setzte am Morgen des 26. April gegen dieses Loker ein.
Die Res. 5er sollen den Ort, die aktiven 5er unmittelbar rechts
davon angreifen. Warum steht das Dorf vor der Rauchwand
unseres Artilleriefeuers? Irrtümliche Meldungen der Infan=
terie sind daran schuld. Es ist nicht mehr zu ändern, man muß
stürmen.

Die Bataillone des Lts. d. R. Schmidt und des Mjrs. Frhr.
v. Thüngen vermögen sich kaum gegen das aus dem Hospiz, den
Hecken und Gärten herüberpfeifende M.G.-Feuer vorzuarbeiten.
Als Obstlt. Fels sieht, daß die Pfälzer sich Loker nähern, schiebt
er zwischen die beiden Regimenter sein Btl. Mjr. Zobel ein,
das an Hospiz und Loker vorbei den Angriff vorreißen soll.
Schon springen zwei Kompanien dieses Bataillons in den
Hellebachgrund hinab, allein ein Hagel von Inf.- und M. G.-
Geschossen prasselt in die Schützen, aus den Hecken am Hospiz
kommend. Dieses Trappistenkloster, ein fester Häuserblock mit
weitgedehnten Wirtschaftsgebäuden und einem Friedhof liegt
wie ein Klotz im Angriffsfeld des Bataillons. Ihn zuerst anzupacken, ist der richtige Entschluß des Majors.

Da galoppiert Lt. Feinhals mit seinen Geschützen der 4./2.
b. F. A. R. wie gerufen an. Abprotzen an dem Gehöft! Hui!
Hui! die ersten Granaten schlagen in das Hospiz! Kaum hat
sich der wirbelnde Staub verzogen, als eine Franzosenkompanie
mit erhobenen Händen aus dem Hospiz herausquillt. Jetzt
muß es unser sein! Doch umso wütender orgeln die M. G., mit
bewundernswerter Gewandtheit in den Straßenhecken immer
wieder ihre Plätze wechselnd. Und Granaten um Granaten
rauschen heran, hauen in die eben vorjagenden Munitionswagen der Batterie, sie todwund schlagend. Nur Schritt um
Schritt vermag sich das II. Btl. gegen das Hospiz vorzuschieben.
Die Sonne ist bereits in den Nachmittag hinübergeglitten. Nur
noch 100 m trennen uns von dem feuerspeienden Steinklotz.
Uoffz. Ullrich reißt seinen Stoßtrupp der 7. Kp. hoch und rollt
die Besatzung eines Schützengrabens von der Flanke her mit
Handgranaten auf — noch eine letzte Kraftanstrengung, dann
muß das Hospiz unser sein — da ereignet sich Unerwartetes.
Aus Richtung vom Roten Berg wälzt es sich herab in dichten
Schwärmen, in sich schiebenden Wellen, stürmt links von Loker
vorbei, stürzt sich wie ein Hornissenschwarm auf das b. R. J.
R. 5: Franzosen! Die Pfälzer werden zurückgedrückt. Der
Lokerhof verloren! Auch beim II. Btl. des aktiven Rgts. hört
man Rufe: „Zurück! Die Franzosen kommen!" Heftiges Flan-

kenfeuer peitscht von links her in die Reihen. Furchtbare
Minuten! Auf des Messers Schneide steht es: Panik oder Fest=
halten?! Das Beispiel der Offiziere beruhigt die Leute: die
Linie der 5er hält stand. Links von ihnen wogt der Kampf hin
und her. Und da links rückwärts neue Bewegung, neue Massen:
Deutsche! Den Hang von Den Molen stürmen sie herunter in
Richtung auf den Lokerhof, wo die Linien hin und herwogen,
werfen sich in die Brandung, schieben sich und die vom R. J. R. 5
vor, und die feldgraue Linie schleudert die stahlblaue zurück.
Wer sind sie, die Hilfe in letzter Minute gebracht haben? Dort
oben, am Südhang von Den Molen, hat das II. Btl. des 9. b.
J. R. gestanden; es hat in Mjr. Schmidtler *) einen Offizier
von eiserner Willenskraft, der in solcher Lage nicht erst vor=
bereitendes Artilleriefeuer abwartet, sondern sein Bataillon un=
gesäumt zum Gegenangriff vorführt. Voraus die 8. unter Lt.
Behr und die 7. unter Lt. d. R. Weiß, links gestaffelt Lt.
Schuler mit seiner 5., als Reserve hinter der Mitte folgend die
6. des Lts. d. R. Wirth. Augenblicklich heulen von der Höhe
die M. G. des Lts. d. R. Parr los, einen Feuerschirm über die
Vorstürmenden breitend. Dann stürzt sich das Würzburger Btl.
in den Strudel, sein wuchtiger, mit echt bayerischer Kraft ge=
führter Stoß reißt das Res.=Rgt. wieder vor und wirft den
Franzosen abends erneut aus dem Lokerhof. 60 Gegner werden
gefangen, 4 M. G. erbeutet.

Gleich schwer hatte das Artilleriefeuer auf der Höhe westlich
Dranoeter gelegen, wo sich seit heute morgen das II./R. J. R. 94
(rechter Flügel der 22. R. D.) befand. Der feindliche Gegenan=
griff am Nachmittag gegen den rechten Flügel konnte durch
M. G.=Feuer abgewehrt werden. Oblt. v. Westernhagen begab
sich in die vorderste Linie, wartete in den Abendstunden einen
günstigen Augenblick ab, ließ Seitengewehr aufpflanzen und
zum Sturm antreten. In einem Anlauf wurde die ganze Höhe
gesäubert.

---

*) Mjr. Schmidtler (5. b. J. R.) erhielt als Kdr. des 1. b. J. R. am 21.
Oktober 1918 das Ritterkreuz des k. b. Mil. Max=Joseph=Ordens und den
Pour le mérite.

So endete dieser schwere Tag doch noch mit einem Ausgleich der Lage zu unserem Gunsten, dem sich noch ein weiterer
Erfolg beim 5. b. J. R. zugesellte. Das II. Btl. lag immer noch
unmittelbar vor dem Hospiz von Loker. Als gegen 9 Uhr die
Dunkelheit rasch zunahm und das Feuer der feindlichen M. G.
nachließ, führte Mjr. Zobel aus eigenem Antrieb seinen Btls.-
Stab als letzte Reserve in die Schützenlinie vor und riß durch
seinen Zuruf: „Vorwärts!" das Bataillon zum Sturm auf das
Hospiz. Wie ein Mann erhob es sich und stürmte in einem Anlauf das Hospiz. Es riß 80 zum Teil verwundete Gefangene
an sich und erbeutete einige M. G.; der größere Teil der Franzosen verschwand nordwärts in der Dunkelheit. Nach Ordnen
der Verbände fanden die nach Loker entsandten Offizier-
patrouillen unter den Ltn. Schemm und Reichert den Ort vom
Gegner geräumt vor, der dann später vom b. R. J. R. 5 besetzt
wurde; am Morgen des 28. zogen sich jedoch unsere bis zum
Nordwestrand von Loker vorgeschobenen Posten, heftiger Beschießung ausweichend, bis zum Südrand des Dorfes zurück.
Sonst waren der 27. und 28. April in jener Gegend ruhig verlaufen, allein jeder fühlte: Es war die Ruhe vor dem Sturm!

Der Angriff erstickt.

Der 29. April 1918 sollte nach Absicht der oberen Kommandobehörden jener Tag werden, der das gewaltige Ringen
seit dem 9. und 10. durch die Wegnahme des ganzen Hügel-
geländes krönen würde.

Ausführliche Korps-, Brigade- und Artilleriebefehle gingen
den Truppen zu. Mit Befremden las man aus ihnen heraus,
daß gegenüber dem 25. die aufzuwendende Munition ungleich
geringer sei. Nur mit kurzen Unterbrechungen hatte in den letzten Tagen die französisch-englische Artillerie vor allem das
Gelände um den Kemmelberg bearbeitet, so daß die artilleristische Ueberlegenheit des Gegners ganz unverkennbar geworden
war; an eingesetzter Munition, offenbar auch an Geschützzahl
war er längst der Stärkere. Die eigene Artillerie hatte sich an

den beiden letzten Tagen auf Einschießen mit wenigen Schüssen beschränkt und einige Sperrfeuerproben in kurzen Wellen abgegeben. Die Landschaft vorwärts des Kemmels bis Brulooze hatte ihr Aussehen vollkommen verändert, die vielfachen Geländebedeckungen begannen sich in ein Trichterfeld zu verwandeln und darin zu versinken. Drahtverbindungen konnten kaum angelegt, noch viel weniger erhalten werden, so daß die Befehlsübermittlung auf größte Schwierigkeiten stieß und vor allem die Beobachter auf dem Kemmel kaum mit ihren Batterien Verbindung halten konnten. Man hatte fast den Eindruck, als ob der Feind einen großen Angriff vorbereite. Aehnlich waren die Verhältnisse auf der Front des XVIII. R. K., gegen die gleichfalls schweres Artilleriefeuer bis weit ins Hintergelände hinein tobte.

Was hatte sich in der Zwischenzeit beim Gegner abgespielt? Als Marschall Haig am 26. mittags erfahren hatte, daß der mit soviel Hoffnung auf entscheidenden Erfolg ausgeführte französisch-englische Gegenangriff letzten Endes nicht geglückt war, sondern nur zu einer Festigung der Front geführt hatte, hätte er beinahe seinen Entschluß, die Widerstandslinie in die Front Poperinghe—Roter Berg zurückzuverlegen, verwirklicht, wenn nicht in letzter Minute Foch entschieden Einspruch dagegen eingelegt hätte. Dieser stellte dem General de Mitry die frz. 31. J. D. zur Verfügung, die am Morgen bei Cassel ausgeladen wurde. Er war lediglich damit einverstanden, daß der Ypernbogen um ein Stück zurückgenommen wurde, was auch am 27. morgens geschah. Die Deutschen rückten gegen diesen merklich zusammengeschrumpften Bogen nach. Während de Mitry das Hügelgelände durch Anlage von vier Stellungen hintereinander zu einer neuen Festung ausbaute und seine sich immer mehr verstärkende Artillerie den Kemmel und seine Umgebung in ein Trichterfeld im Stile von Verdun verwandelte, trafen sich am 27. April in Abbeville Clemenceau, General Foch, Marschall Haig und General Wilson; Haig sprach erneut für Ablösung seiner beiden englischen Korps durch französische Truppen, allein Foch gestand dies erst zu, wenn der drohende neue An=

griff der Deutschen abgewiesen sei. Bereits am Nachmittag setzte er die gleichen Grundsätze den Generalen Plumer und de Mitry in Blendecques und Esquelbecq auseinander und sicherte den Antransport der frz. 32. J. D. zu. Das letzte Ringen um die Palme des Sieges stand in Flandern bevor. Am 29. April erfolgte der deutsche Angriff.

Von 4—6 Uhr vormittags warfen auf der ganzen Front unsere Geschütze Gasgranate um Gasgranate auf die erkannten feindlichen Batteriestellungen, deren Feuer immer mehr dämpfend. Der Tag schien trübe und regnerisch zu werden, aufkommender Westwind trieb die schweren Gaswolken gegen unsere Stellungen. Dann schlug der Donner des deutschen Vorbereitungsfeuers auf, weit die Stimmen der feindlichen Geschütze übertönend. Dumpfes Krachen der Mörser, helle Peitschenhiebe der Langrohre, kläffendes Gebell der Feldkanonen, zorniges Brummen der Haubitzen, tiefer Doppelschlag der Eisenbahngeschütze: Gurgeln, Rauschen, Pfeifen, urgewaltiges Schauspiel. Deutsche Schlachtstaffeln stürzten sich in Schwärmen auf den Feind, Aufklärungsflugzeuge flogen weit in das gegnerische Hinterland.

Punkt 6,40 Uhr vormittags erhob sich die deutsche Infanterie auf der ganzen langen Front vom Dikkebusch=See bis Dranoeter. Wird ihr der große Sieg beschieden sein, der vielleicht diesen furchtbaren, qualvollen Krieg mit einem Schlag beendet? Diese Hoffnung lebte in allen, die mit dem Gewehr in der Hand über den Grabenrand sprangen, die Granate um Granate in das glühende Rohr schoben, die ihre Minenwerfer abschossen, die ihr Maschinengewehr Feuergarben schleudern ließen, die bei den oberen und obersten Stäben den Fernsprecher in der Hand hielten, die auf Patronen= und Munitionswagen saßen, die im stählernen Vogel über die Feindstellungen hinglitten; sie alle waren dieses Krieges müde, hatten aber noch so viel Pflicht und Ehre im Leib, um ihr Leben in die Schanze zu schlagen nicht um des persönlichen Ruhmes oder tierischer Mordlust, nein, um ihres Vaterlandes Leben willen. Und so stürzten sie sich in den Kampf.

Doch der Sieg blieb ihnen versagt.

Das feindliche Artilleriefeuer schlug mit ungeheurer Wucht in die Reihen der Stürmenden aus Stellungen, von deren Vorhandensein man bisher keine Ahnung gehabt hatte; bei der schlechten Sicht der letzten Tage war es dem Gegner gelungen, seine Artillerie umzugruppieren und sie wesentlich zu verstärken. Auch seine Infanterie und M. G. hatte er mehr in die Tiefe gegliedert, denn fast auf der ganzen Front peitschte den Stürmenden rasendes Feuer der Kleinwaffen entgegen.

Nur unbedeutenden Geländegewinn konnten die Divisionen des Korps Sieger gegen die außerordentlich stark bewehrten, von einem dichten Feuerriegel geschützten Feindstellungen erreichen. Die 13. R. D. kämpfte sich gegen Kruisstraathoek vor, ohne es nehmen zu können, die 3. G. J. D. rang vergebens um den von M. G. starrenden Seewald, die 233. J. D. erschöpfte sich bis zum Weißbluten im Bestürmen der Höhe 44, die sie in einem mehr als 12stündigen Kampf nicht bezwingen konnte.

Auf Engländer und Franzosen, Kopf an Kopf hinter einem Kleinbahndamm, prallten die R. Jäger 14. Sie und die R. Jäger 10 faßte geradezu vernichtendes Feuer vom Scherpenberg und von der rechten Flanke, dazu ergoß sich über sie ein ununterbrochener Regen von Granaten. Nach einigen 100 m Gelände waren die Jäger wie an den Boden genagelt, während die Verlustziffer wahnsinnig in die Höhe schnellte. Doch treu hielten sie in dieser Hölle aus. Von 36 Geschützen hatte das F. A. R. 31 (Mjr. Firgau) abends noch 3 feuerbereit!

Das Inf.-Leib-Rgt. wirft sich in die aussichtslose Schlacht. Vor dem I. Btl., das jetzt Oblt. d. R. Herr führt, steigt ein kahler Acker zuerst sanft an, um dann steil zum Nyrebach abzufallen. Durch eine Hölle französischen M. G.-Feuers reißt Oblt. d. R. Broel seine 4. Kp., jagt aus dem blockhausartig ausgebauten Keller eines Gehöftes 50 Franzosen, die in die Gefangenschaft flüchten, und stürmt noch 300 m gegen den Scherpenberg vor. Dann aber ist die Kompanie, deren sämtliche Offze. außer Gefecht gesetzt sind und die nur noch 20 Mann zählt, am Ende ihrer Kräfte, hält aber doch unter Vzw. Stauch ihre von allen Seiten überschüttete Stellung bis zum Abend. Die 3. unter Lt. d. R. Notthafft hat sich in beispielloser Schneid über den Nvrebach= grund bis an eine Häusergruppe am Fuße des Scherpenbergs vorgearbeitet, allein es ist nur noch ein kleines Häuflein, das sich dort feindlicher Gegenangriffe erwehrt, da alle Offiziere mit Ausnahme von Lt. d. R. Hagn ausgefallen sind. Gleiches Schicksal erleidet die 2. Kp. (Lt. d. R. Melz), bei der überhaupt nur noch ein einziger Unteroffizier vorhanden ist. Auch die von Oblt. Frhr. v. Perfall nachgeführte 1. Kp. wird von M. G.= und Artilleriefeuer ausgebrannt. All das ist das Werk einer Stunde! Oblt. d. R. Herr nimmt deshalb abends in richtiger Erkenntnis der Lage seine Kpn. wieder an den Bahndamm zu= rück.

9., 10. und 12. Kp. stürmen durch das Barackenlager um Brulooze, wobei Lt. d. R. Forstner fällt, bleiben aber auf dem ganz offenen, vom Scherpenberg abfallenden Wiesenhang unter wahnsinnigem Feindfeuer, in das sich zu allem Ueberfluß Kurz= schüsse einer eigenen schweren Batterie mischen, liegen. Ver= gebens sucht der Adjutant, Lt. Graf Dürckheim, die anschließen= den Gruppen vorzureißen. Man versteht nicht, daß auf den Hängen des Scherpenbergs kaum eigenes Artilleriefeuer liegt. Etwa 100 m vor der 9. Kp. bringen Franzosen ein neues M. G. in Stellung. Oblt. d. R. Ruckteschell zeigt den Nächstliegenden das Ziel, feuert stehend freihändig selbst dorthin. Da trifft ihn die tödliche Kugel, mit einem Sprung auf den Feind zu bricht er, einer der heldenmütigsten Offiziere des Regiments, zusam= men, ein paar Minuten später Lt. Bernhard Frhr. v. Pechmann. Auch der tapfere M. G.=Führer, Lt. d. R. Mitterer, erhält einen Brustschuß und wird von dem unermüdlichen Krankenträger Endrich zurückgebracht. Immer noch kämpfen sich die Kompa= nien durch das grausame Feuer längs des Weges nach de Nieuwe Lenie Kapelle vor, Tote und Verwundete hinter sich lassend, an der Spitze Mjr. Graf Bothmer, selbst Gruppen der 12. Kp. vorführend, aber nur schwer gelingt es der 9. und 12. und der inzwischen eingesetzten 11., etwas Boden zu gewinnen. Ein paar Hecken werden genommen, ein Gehöft wird besetzt,

300 m ist man weiter gekommen; es ist noch nicht 8 Uhr vor=
mittags, und in wütendem Feuerkampf auf nächste Entfernung
muß der vorgetriebene Keil die blutig erfochtene Stellung nach
drei Seiten behaupten.

Auf die Wellblechbaracken von Brulooze schlägt klappernd
das französische M. G.=Feuer. Das II./L. eilt auf der Haupt=
straße nach vorne. Am Straßenkreuz rattern schon die M. G.
der 2. M. G.=K. Hptm. Frhr. von Prankh erkennt die schwere
Lage der 11. und 12. Kp. Die Lte. d. R. März und Bret=
schneider, die Führer der 5. und 6., brechen verwundet zusam=
men. Doch Hilfe muß denen da vorne gebracht werden. Lt. d. R.
Dunker, Führer der 8., dem die halbe 6. unterstellt wird,
erkennt, daß die Mulde des Hellebachs vom Scherpenberg
nicht ganz einzusehen ist: also vorwärts durch diese Mulde!
Obwohl von Loker und vom Krabbenhof her beschossen, ge=
winnen sie rasch Boden; Granaten im direkten Schuß schlagen
ein — französische Kampfflieger stoßen bis auf 50 m herab,
lassen ihre M. G. spielen: die Gruppe Dunker stößt weiter vor,
stürzt sich auf Grabenstücke vor de Nieuwe Lenie Kapelle — an
die 100 Franzosen laufen waffenlos auf Brulooze zu — end=
lich sind die 11. und 12. durch diesen beispiellos kühnen Vorstoß
Dunkers merklich entlastet. Brulooze und das Gelände dahinter
ist in eine immer mehr anschwellende Rauchwand gehüllt; ein
Eisenbahngeschütz nimmt sich das Straßenkreuz von Brulooze
zum Ziel, ungeheures Sperrfeuer tobt hinter Brulooze. Der
gemeinsame Verbandplatz des II. und III. Btls. ist plötzlich ver=
schwunden, verschüttet von Erdmassen, vom letzten Arzt im
Rgt., Ass.=Arzt Schöttl, dem schwer verwundeten Lt. Bernhard
frhr. v. Pechmann und etwa 20 Schwerverwundeten und
Krankenträgern finden später Pioniere keine Spur mehr.

Immer wütender wird das vorzüglich geleitete feindliche
Artilleriefeuer; Engländer sind zu erkennen, die über die
Scherpenberghänge herab in die französischen Linien einschwär=
men. Bedeutet dies Gegenangriff? Das II. Btl. setzt den letz=
ten Infanteristen am Straßenkreuz in Brulooze ein.

Da vorne aber stürmt die Gruppe Dunker wieder ein Stück vorwärts und steht — es ist gegen 11 Uhr vormittags — auf dem Sattel zwischen Scherpenberg und Rotem Berg. Kaum 30 Mann hat er mehr und ein meist unbrauchbares l. M. G., und dennoch wirft er sich auf die Franzosen: ein Teil gibt sich gefangen, der andere flieht hinter den Scherpenberg. 500 m ist er schon über die 11. und 12. hinausgestoßen. Da tauchen in der linken Flanke einige Stahlhelme auf. „Wer seid ihr?" — „II./5!" ruft einer zurück; aber es sind nur wenige Leute des Bamberger Rgts., wie Dunker festzustellen vermag, die so weit vorgekommen sind. Da kommt der Gegenangriff! In hellen Scharen stürzen sie sich auf dieses Häuflein todmatter Menschen. Doch die Bayern geben das Spiel nicht verloren, schießen bis zur letzten Patrone, reißen französische Gewehre an sich: und der Gegner flutet mit blutigen Köpfen zurück. Sie haben ge= kämpft wie jene Streiter an den Thermopylen. . . . . . Dann setzt gut geleitetes eigenes Artilleriefeuer ein und dämpft die Angriffslust des Gegners. Ein Verwundeter kommt 1 Uhr nachmittags vom Sattel herunter und meldet: „Lt. Dunker liegt dort oben, hat noch 25 Mann; der Herr Leutnant glaubt an einen Erfolg, wenn gleich Verstärkungen nachkommen!" Die Kommandeure III. und II. Btls. vereinbaren daraufhin, noch einmal anzugreifen, und schicken Meldung an den auf dem Kemmel in schwerstem Artilleriefeuer liegenden Rgts.=Kdr. Mit zusammengerafften Kräften treten die beiden Führer an, doch der Angriff erstickt in einem über alles Maß gehenden M. G.= feuer. Zudem hat noch ein französischer Gegenangriff die 4. b. J. D. schwer getroffen. Abends entschließen sich die beiden Kommandeure, unter Neueinteilung ihrer Gefechtsabschnitte zur Verteidigung überzugehen.

Beim I. Btl. hielt sich Lt. d. R. Hagen mit 12—15 Mann in einem Gehöft an der Straße nach de Kleit in ver= zweifeltem Kampf; von Zimmer zu Zimmer wurde gekämpft, indem man Handgranaten durch die Ofenrohre und unter die Türen schob. Der schwer verwundete Führer der 2. Kp., Lt. d. R. Melz, lag an einer Hausmauer, umgeben von einer ganzen

Anzahl gefallener und verwundeter Leiber. In unübersicht=
lichem Heckengelände kämpften die Reste der 4., während die
ebenfalls schwer mitgenommene 1. Kp. auf dem Acker am Nyre=
bach lag. Der Artilleriebegleitzug war zusammengeschossen, be=
vor er in Tätigkeit treten konnte.

Endlich ging dieser für das Inf.=Leib=Rgt. so blutige Tag
zur Neige; mit 800 Mann war das Rgt. zum Sturm angetreten,
fast die Hälfte lag tot oder verwundet auf dem Angriffsfeld.
Obwohl sich das Inf.=Leib=Rgt. zusammen mit Teilen des
5. b. J. R. am tiefsten als Keil in die feindlichen Linien ein=
gebohrt hatte, mußte man doch zu der bitteren Erkenntnis
kommen, daß auch am Scherpenberg der Angriff erstickt war.

Und wie stand es bei der 4. b. J. D.?

Am rechten Flügel führte Obstlt. Fels sein 5. b. J. R. in
die Schlacht. Sehr bald erkannte man, daß das Gasschießen
unserer Artillerie die feindlichen Batterien nicht gefaßt und
die Feuerwalze hinter der vorderen feindlichen Linie ein=
gesetzt hatte. Es war deshalb nicht zu verwundern, daß die vor=
brechenden Sturmwellen sofort mit Inf.= und M. G.=Geschossen
überschüttet wurden. Trotz anschwellenden Artilleriefeuers
arbeiteten sich schneidige Stoßtrupps vor, um den Gegner ent=
lang der Straße nach Loker aufzurollen. Gegen 7,30 Uhr vor=
mittags hatte man den Eindruck, als sei der Feind erschüttert,
denn Franzosen eilten plötzlich in das Lager zurück, warfen die
Waffen weg und ergaben sich den Stoßtrupps. Gleichzeitig
drangen Teile des links anschließenden 9. b. J. R. in Loker ein.
Flott stürmte das 5. b. J. R. vor, erreichte den Krabbenhof und
säuberte ihn vom Feinde. Einer aber stürmte allen voraus:
Lt. d. R. Dauch mit nur 14 Mann der 1. Kp. Ein M. G.=Nest
nach dem andern überwand er durch Umfassung; unter ge=
wandter Ausnützung des Geländes kam er mit nur 4 Mann
einer französischen Abteilung in der Nähe der Straßenspinne
bei Krone=Whs. in den Rücken. Schneidig zufassend gelang es
dieser kleinen kühnen Schar, den Feind zu überrumpeln und
eine volle Kompanie in Stärke von 4 Offzn. und 219 Mann

gefangen zu nehmen. Lt. d. R. Dauch wurde hierfür zum Ritter des Mil. Max=Joseph=Ordens ernannt.

Es ist 9 Uhr 30 vormittags. Wir eilen zum linken Nach= barn, dem 9. b. J. R., das, von Oberst Jaud geführt, sich nur unter den größten Schwierigkeiten mit seinem I. und III. Btl. gegen den Südrand von Loker und das Gelände südwestlich da= von hatte vorarbeiten können. Die 2. Kp. warf sich in die Ort= schaft selbst, drang bis in die Höhe der Kirche vor, geriet aber dann in schweres M. G.=Feuer, in dem auch Lt. König den Schlachtentod fand. Das I. Btl. unter Hptm. d. R. Stein= heimer hatte wenigstens etwas Gelände nach vorwärts ge= wonnen, während dem II. Btl. unter Hptm. d. R. Moser derart überwältigendes Feuer entgegenschlug, daß es so gut wie auf die Stelle gebannt war. Ein feindlicher Gegenstoß um 8,30 Uhr vormittags drückte die 2. und 3. Kp. bis an den Südrand des Lagers südl. Loker zurück.

Da warfen sich um 9,30 Uhr vorm. hinter einer Riesen= wand zusammengefaßten Artilleriefeuers von den Hängen des Roten Berges her vorstürmende dichte Wellen des Feindes auf die Schützen des 5. und 9. b. J. R. Sich tapfer verteidigend, mußte das I. Btl. der Würzburger bis in die Höhe des III. Btls. zurückweichen; das I. und Teile des II. Btls. der Bamberger schwenkten rasch nach Westen ab, so daß es ihnen gelang, den äußerst gefährlichen Vorstoß des Feindes zu parieren und zum Stehen zu bringen. Mjr. Zobel, der Kdr. des in Reserve gehal= tenen II. Btls., erkannte sofort, daß dadurch eine andere Gefahr eingetreten war: durch dieses Abschwenken klaffte zwischen dem 5. b. J. R. und dem Inf.=Leib=Rgt. eine gähnende Lücke auf; im nächsten Augenblick konnte sich der Gegner dort ein= schieben und das ganze 5. b. J. R. aufrollen. Es ist keine Zeit, Befehle abzuwarten — und Mjr. Zobel ist der Mann, der im rechten Augenblick selbständig zu handeln weiß. Schon wirft er unter starker Staffelung seiner M. G. nach links sein Btl. in die Lücke. Die Kompanien unterlaufen, wenn auch mit Ver= lusten, das wütende Sperrfeuer am Lager westl. Brulooze, reißen unterwegs Teile des III./5 vor und kämpfen sich bis an

den Hohlweg De Nieuwe Lenie Kap.—Krone-Whs. heran,
der Gruppe Dunker des Inf.-Leib-Rgts. heiß ersehnten Flanken-
schutz bringend. Kommt jetzt Verstärkung, so kann ohne Zweifel
der Angriff über den Sattel hinüber vorgetragen werden — —
doch keine Verstärkung kommt, im Gegenteil: ein neuer feindlicher Gegenstoß von außerordentlicher Stärke gegen die an das
Btl. Zobel links anschließenden Teile. Er preßt 1,30 Uhr nachmittags das III. und I. Btl. bis hinter die Straße Brulooze—
Loker zurück. Das Btl. Zobel wehrt sich seiner Haut vor allem
durch die links gestaffelten M. G., hat seine 6. Kp. und einen
M. G.-Zug auf einen Hilferuf des I. Btls. an den Krabbenhof
entsandt; jetzt aber liegt es zusammen mit der Abt. Dunker mit
vollkommen ungeschützter linker Flanke am weitesten vorne vor
dem mit M. G. gespickten Scherpenberg. An eine Fortsetzung
des Angriffes ist natürlich unter solchen Umständen nicht zu
denken. „Vielleicht kommen nachmittags oder abends doch noch
frische Kräfte, dann ist der Rote Berg unser!" denkt Mjr.
Zobel, der sich in der vordersten Schützenlinie befindet. Sein
Bataillon gräbt sich ein, gewillt, nicht einen Schritt des blutig
erkämpften Bodens herzugeben, bewußt, daß er das Sprungbrett zum endgültigen Durchstoß bildet. Doch der Abend kommt
und die Nacht; aber keine Hilfe naht.

Hinter der Bayerndivision stand das J. R. 370 der 10. E. D.
und folgte dem Angriff; im Kugelfang liegend, erlitt es schwere
Verluste. Auf die irrtümliche Nachricht von der Einnahme des
Scherpenbergs sollte sich das I. Btl. bei Krone-Whs. bereitstellen, was zu seiner Vernichtung geführt hätte. Das II. wurde
abends bis in Höhe des Hospizes vorgeschoben, wo ihm das
schwere Artilleriefeuer seinen Führer, Hptm. von Pfannenberg,
entriß; an seine Stelle trat Lt. Alpes. Beim Vorrücken in die
vordere Linie traf das I. Btl. auf französische Vorposten: Offz.-
Stellv. Stoppel eröffnete blitzschnell mit seinen M. G. das
Feuer, größeres Unheil verhütend. Der nächtlichen Verwirrung
in den Befehlsverhältnissen ist es wohl auch zuzuschreiben, daß
sich Lt. Alpes bereitfinden mußte, das I./5. b. J. R. abzulösen.
Als er mit seinen Kompanien am 30. 4. morgens vorging,

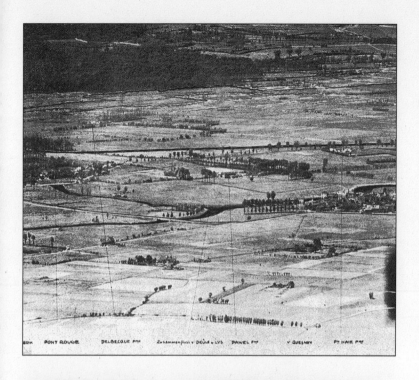

PONT ROUGE   DELBECQUE Fme   Zusammenfluss v DEULE u LYS   PAWEL Fme   v QUESNOY   Pte HAIE Fme

Blick auf den Ploegsteerter Wald
Kampf im Ploegsteerter Wald

Der Tod kann auch die Trommel rühren
Du wirst sie bald im Herzen spüren
Er trommelt lang, er trommelt laut,
Er trommelt auf einer Totenhaut
Flandern in Not
Durch Flandern rettet der Tod

(Altes Volkslied)

stieß er auf starken Feind und hatte Verluste. Während der überstürzten Ablösung war das Hospiz vom Gegner besetzt worden. Doch der junge, entschlußkräftige Offizier setzt noch in den Frühstunden nach Artillerievorbereitung seine 5. Kp. gegen das Hospiz an, die es in schneidigem Angriff wieder erstürmt.

Bei Morgengrauen hatte das Inf.=Leib=Rgt. die nun allein vorne stehende Gruppe Dunker zurückgenommen — das Btl. Zobel schloß sich an —, so daß die Gefechtsgruppe Bothmer im Dreiviertelkreis um Brulooze stand in Erwartung französischer Gegenangriffe. Diese kamen auch, wurden aber auf der ganzen Front des Alpenkorps und der 4. b. J. D. zurückgeschlagen.

Die links anschließende 22. R. D. berannte die Höhenkuppe von Koutkot, kämpfte sich auch ein Stück den Hang hinauf, konnte sie aber mit ihren ausgebrannten Regimentern und ihren zerschossenen Batterien nicht mehr an sich reißen. Der menschlichen Kraft sind eben Grenzen gesteckt. Neben vielen Opfern wurde dem R. J. R. 71 sein prächtiger Mjr. Volkmann entrissen.

Die Fliegerwaffe hatte an diesem schweren Tage ihre ganze Kraft eingesetzt. Morgens konnten sich die Flugzeuge noch in 2 000 m Höhe halten, dann drückten sie Dunst und Wolken immer tiefer herab, sie immer mehr der außerordentlich starken Erdabwehr entgegenzwingend. Allein von den 48 Flugzeugen der zwei dem X. R. K. zugeteilten Schlachtgeschwader waren bis Mittag 17 durch Beschuß von der Erde aus mehr oder weniger gefechtsunfähig. Trotzdem griffen sämtliche Schlachtgeschwader bis zum späten Abend feindliche Gräben, Batterienester und Unterkünfte mit M. G., Wurfminen, Bomben und Handgranaten an. Unsere Artillerieflieger meldeten über 100 Batterien, die Infanterieflieger den Verlauf der vorderen Linien, soweit sich ihnen die Infanterie zu erkennen gab. Aufklärer stießen weit ins feindliche Hintergelände, den Schleier von den gegenerischen Truppenverschiebungen wegziehend.

Die graustigen Ereignisse des 29. April sind an uns vorübergeglitten. Es war eine letzte, mit Fug und Recht heroisch zu nennende Anstrengung der deutschen Fronttruppen, um nach=

zuholen, was der an sich große Erfolg des 25. April nicht mehr
gebracht hatte: den Versuch, die französisch-englische Front zu
durchbrechen und die beherrschende Hügelkette in Besitz zu
nehmen. Es war aber eine Anstrengung, die über die Kraft
ging. Rechtzeitig vorgeführte Reserven hätten am 25. einen Erfolg von nicht abzusehender Tragweite erringen können —
dies dürfte außer Zweifel sein —, am 29., an dem wenigstens
an den Brennpunkten der Schlacht die gleichen Divisionen wie
am 25. angriffen nach einer Artillerievorbereitung, die nicht
annähernd an die Stärke jener vor vier Tagen heranreichte,
war dies kaum mehr zu erhoffen, zumal der Gegner Zeit gehabt
hatte, genügend starke Reserven heranzuziehen. Die oberen
Kommandobehörden befahlen allerdings die Fortsetzung des
Angriffs auch am 29. Sie konnten bei der Schwierigkeit der
Verbindungen nach rückwärts den tatsächlichen Zustand der
Fronttruppen nicht wissen; die Schilderung mag gezeigt haben,
daß es ein Ding der Unmöglichkeit war, mit derart zusammen-
geschossenen Truppen, wie z. B. mit dem Inf.-Leib-Rgt., den
Scherpenberg oder den Roten Berg zu nehmen. Der Angriff
war und blieb erstickt.

Der letzte Akt.

Das große Sterben.

Wieder teilt sich der Vorhang. Wir haben den Umschwung der Tragödie um jenen flandrischen Berg erlebt, sind im Geiste mit unseren Tapferen vorgestürmt über Trichterfeld, Acker, Sumpf und Wiese, die feuerspeienden Riegel zahlloser Maschinengewehre durchbrechend, haben mit dem Alpenkorps und der 4. Bayerndivision die Hänge des Kemmel erklommen und sind mit ihnen hinabgeeilt bis an den Fuß des Scherpenberges und des Roten Berges, des Endsieges sicher wie jene vor 13 Jahren; da wandte uns beim zweiten Anlauf das Schlachtenglück den Rücken. Hier, in Flandern, ist unsere Offensive festgelaufen, ist tot, ist nie mehr zu beleben. Eines ist uns allerdings verblieben: der Besitz des großen Berges, des Auges von Flandern, dessen Sehkraft wir dem Gegner genommen haben, wenn sie auch für uns nicht von gleichem Vorteil ist wie für ihn, denn die Kette der allerdings etwas niedrigeren Hügel vor uns versperrt uns am westlichen Horizont den Blick in die

Ebene. Werden wir dieses Besitzes froh sein? Werden wir den Berg überhaupt halten können? Wird nicht der Gegner alles daransetzen, um sich das für ihn so außerordentlich wichtige Auge Flanderns wieder zu erstreiten? Seine Gegenangriffe haben wir zwar am 30. April mit unseren ausgebrannten Divisionen noch abgeschlagen — werden wir ihnen weiter standhalten können? Werden wir nicht selbst Verbesserungen unserer Stellungen vornehmen müssen? Was wird der Gegner tun? Er dachte nicht daran, den Berg in blutigem Gegenangriff wieder an sich zu reißen, begnügte sich mit dem Besitz der Hügelkette, aber seine Gedanken gingen um zwei Jahre zurück: er erinnerte sich an — Verdun! Wozu sollte er Menschen opfern, wenn seine zahllosen Maschinen ihm diese Blutopfer abnahmen? War nicht Verdun ein Schulbeispiel, wie man einen Gegner, für den der Erfolg an einem seidenen Faden gehangen hatte, zermürbt, zerfleischt, zerschlägt, um ihm dann leichten Kaufes seinen ganzen Gewinn wieder abzunehmen? Wieder teilt sich der Vorhang. Es hebt der letzte Akt des Kampfes um den Kemmel an, und dieser letzte Akt stempelt ihn erst zur Tragödie. Es ist: Das große Sterben um jenen Berg.

Wir verfolgen von jetzt ab nicht mehr die Ereignisse von Tag zu Tag, denn bis in den Vorsommer hinein könnten wir nur von einem nahezu unaufhörlichen, furchtbaren Trommelfeuer berichten, das in jenen Gegenden über die deutschen Linien niederging, entsetzliche Verluste fordernd, leiblich und seelisch unsere dort liegenden Fronttruppen zermürbend. Immer und immer wieder wühlte die stählerne Riesenmaschine das Feld um und um, Granattrichter reißend, Granattrichter verschüttend, Leben zerschlagend, wo sie es fand, Gräben und Unterstände vernichtend, die menschliche Hand nachts unter Todesgefahr gebaut, Straßen und Wege entlangbrausend, mit feurigen Armen nach ab- und anmarschierenden Truppen, nach ab- und anfahrenden Kolonnen greifend, Tage- und Nächtelang den Berg in Wolken von Rauch und Qualm, in giftige Gasschwaden hüllend, den letzten Strauch aus dem Boden hebend, den letzten Baum zersplitternd, so daß der Berg schließlich mit

nacktem Haupt und nackten Flanken in die neblige Luft stieg,
nur noch ungeheuerlicher als unheimlicher Riese wirkend. In
den Nächten zum 2. und 3. Mai wurde endlich die 4. b. J. D.,
die etwa 125 Offze. und 3 200 Mann auf der Wahlstatt hatte
liegen laſſen, durch die 121. J. D. erſetzt.

In einen Hexenkeſſel mußte Gmj. Breßler (1. Gen.=
Stabsoffz. Hptm. v. Wiedner) ſeine Regimenter führen, um die
im Abſchnitt der 4. b. J. D. ſtehenden Truppen abzulöſen. Das
ganze Gelände des Kemmels zitterte unter der Wucht der ſich
nahezu unausgeſetzt folgenden Einſchläge, auf einen unmittel=
bar bevorſtehenden Großangriff hindeutend. Bereits am 3. Mai
hatten die Franzoſen einen dritten Stirnangriff gegen das
Alpenkorps verſucht, waren jedoch in letzter Minute unter für
ſie ſehr beträchtlichen Verluſten zurückgeworfen worden; aller=
dings hatten an dieſem Tage die Leiber noch einmal ſchwer
geblutet, ſo war mit andern auch der öfters erwähnte Führer
der 10. Kp., Lt. d. R. Großblotekamp, tödlich verwundet worden
und erlag ſeiner Verletzung viele Monate nachher. Am nächſten
Tage verſuchte der Gegner einen Hieb in die Weiche unſerer
Kemmelſtellung zu führen, gegen die linke Flanke, wobei er auf
die Regimenter der 121. J. D. traf. Auf der 2200 m langen
Front zwiſchen Brulooze und Douvebach ſtanden an jenem Tage
in vorderſter Linie von rechts nach links die Regimenter Reſ. 56
(Mjr. v. Löbbecke), Reſ. 7 (Mjr. Müller) und 60 (Obſtlt.
Denicke). Nach äußerſter Feuerſteigerung warfen ſich dichte
Wellen von Franzoſen zwiſchen 5 und 5,30 Uhr vormittags auf
den ganzen Diviſionsabſchnitt. Doch diesmal ſtanden dort
friſche Truppen. Das Feuer des II./Reſ. 56 unter Hptm. Wim=
menberg legte die Wellen um, wie ſie kamen, ſo daß ſie nicht in
die deutſchen Stellungen zu ſpringen vermochten. Der Haupt=
ſtoß richtete ſich gegen das in der Mitte ſtehende I./Reſ. 7 unter
Hptm. Gall und wurde mit einer derartigen Wucht geführt, daß
Teile des Gegners am linken Flügel einbrachen, wo ihn jedoch
ſofort M. G. faßten und Unteroffiziere und Mannſchaften in
zähem Nahkampf in ſeine Ausgangsſtellung zurückwarfen. Er
mußte uns etwa 100 Gefangene und einige M. G. überlaſſen.

Gegen das Weißenburger Rgt. 60 konnte sich der Feind bis auf 50 m vorarbeiten, dann aber standen die Unsrigen zum Gegen= stoß mit blanker Waffe auf. Wer von den Franzosen nicht im Handgranatenkampf fällt, wird gefangen genommen; die rück= wärtigen Wellen des Feindes fluten zurück. „Gegner durch= gebrochen!" heißt es plötzlich. Tatsächlich sitzen Franzosen in einem Gehöft da hinten und schießen mit 2 M. G. Doch noch ehe sie sich ihres Erfolges erfreuen können, greift sie Lt. Reiber mit einem Zuge der 8. Kp. an und macht sie nach kurzem Kampf unschädlich. Auch dieses Regiment führte etwa 100 Franzosen mit M. G. in die Gefangenschaft ab.

Wesentlichen Anteil an der glücklichen Abwehr dieses Sturmes hatte das F. A. R. 214 unter Mjr. Augstein, der die Nahkampfgruppe befehligte, sowie die III./F. A. R. 2 unter Hptm. Geibel.

Am 6. Mai wurde endlich das Alpenkorps abgelöst. Das Inf.=Leib=Rgt., das 55 Offze. und 1490 Uoffze. und Leiber ver= loren hatte, mußte in ein Bataillon zusammengefaßt werden. Das 1. b. Jg.=Rgt. hatte eine Einbuße von etwa 25 Offzn. und 1 000 Mann, annähernd ebensoviel das Jg.=R. 2 erlitten. „Das sind Zahlen und Ortsnamen," schreibt das Inf.=Leib=Rgt. in seiner Regimentsgeschichte, „das ist die sachliche und trockene Beschreibung, wie ein Regiment stirbt und sein bestes Blut es unsterblich macht. In diesen Frühjahrstagen des Jahres 1918, in denen sich das Kriegsglück zur Entscheidung wendet, haben wir noch einmal den Sieg gegen eine gewaltige Uebermacht er= zwungen. Daß auch dieser letzte Sieg nicht zum Erfolg wurde: an denen, die über den Kemmel gestürmt sind, hat es nicht gefehlt. 2 000 sind angetreten zum Angriff — 400 haben die eroberten Stellungen gehalten. Und in den gleichen Tagen haben sie daheim den Zusammenbruch geprobt — haben den Generalstreik ausgerufen, die ‚Unentbehrlichen'."

An der Nachtigallhöhe — dem großen Feuerwirbel schon entrückt — rasteten die Goslarer Jäger. Es war ein armseliger Wald. Zerfetzt Bäume und Sträucher von den Granaten, die

jahrelang auf sie herabgegangen waren. Aber es war doch
Vegetation! Dort vorne gab es kein grünes Blatt, kein leben=
des Getier mehr: alles vom Eisenhagel der Granaten zer=
schlagen oder vom Gastod erstickt. Hier grünt es aus den zer=
setzten Stämmen heraus, Leben, das immer wieder aufersteht!
Horch! Ist es nicht eine Nachtigall, eine einzige Nachtigall,
deren weiches Lied zum jungen Tageslicht emporsteigt? Alles
wird still, wagt sich nicht zu bewegen, lauscht. Gedanken gehen
zu jenem, dessen allmächtiger Atem aus dem „Stirb!" das
„Werde!" zaubert. Und im dünnen Nebelstreif ziehen jene als
Schatten vorüber, die ihnen der Dämon Kemmel für immer
genommen hat. Außerordentlich schwer sind die Verluste, auch
Hemstedt ist unter den Toten, liegt im zerquetschten Unterstand.
Wer ist von Offizieren noch da? Nur Lt. d. R. Molt, Lt.
Kreidel und Hinze unverletzt, alle anderen tot oder verwundet.
Auch der Kommandeur trägt eine Wunde davon; er hat sie er=
halten, als eine schwere Granate den Unterstand durchschlagen
hat. 76 Oberjäger und Jäger liegen da vorne, 227 sind ver=
wundet. Schweigend marschiert das Bataillon weiter, kein
froher Sang klingt aus der Kolonne.

Draußen an der Front, von jenen „Unentbehrlichen" damals
unterschätzt, heutzutage belächelt, verhöhnt, mit einem Achsel=
zucken über solchen Idealismus des Wahnsinns, des Sterbens
auf dem „Felde der Unehre" abgetan, draußen an der Front
standen unsere Feldgrauen unentwegt in der furchtbaren Bran=
dung der weiterrollenden Artillerieschlacht. Gewiß waren sie
alle des Krieges müde, sehnten den Frieden herbei, aber das ist
der Unterschied: die an der Front ersehnten den Frieden aus
ideellen Gründen, weil sie ein starkes, freies deutsches Volk sein
wollten, würdig der schweren Opfer, die es gebracht; die aber
in der Heimat, die an unterirdischen Drähten zogen, ersehnten
den Frieden des Materialismus, begründet auf der trügerischen
Hoffnung auf internationale Gleichheit, Menschenwürde und
Brüderlichkeit; eines aber stellten sie nicht in Rechnung: den
Patriotismus der feindlichen Völker und den durch lügnerische
Kriegspropaganda großgezüchteten Haß gegen Deutschland.

Wie hätten sie auch daran denken sollen, da sich ihre Gedanken auf internationalen Kreisen bewegten?

So rollte denn die große Schlacht um den Kemmel weiter. Es klingt fast wie ein Wunder, wenn uns die Kriegstagebücher in ihrer herben, harten, eintönigen Sprache erzählen, daß die Deutschen aus diesem Feuer heraus da und dort zu örtlichen Angriffen ausgeholt haben und tief in die Feindstellungen vorgestoßen seien.

Man schrieb den 8. Mai. Es ging um den schon genannten Höhenrücken 44—47 vor dem Vyverbach, und Badener waren es und Rheinländer, die gegen ihn anstürmten. Die 52. R. D. unter Gen.-Lt. z. D. Waldorf (Ia Hptm. v. Heydebreck) wagte den Sturm, den andere Truppen bisher nicht hatten durchführen können. Da Teile der Angriffstruppen am linken Flügel die feindliche Artilleriefeuer-Zone nicht hatten überwinden können, sprangen Kompanien des von Mjr. Lauteschläger geführten bad. J. R. 112 ein und erstürmten zusammen mit Res. 238ern die blutgetränkte Höhe 44. In der Mitte erreichten Teile der bad. Res. 239er des Obstlt. Kaether (später Ritter des Pour le mérite) sogar den Vyverbach, vorwärtsgerissen durch das Hornsignal des Sergt. Herbst. Obstlt. Salzenberg mußte sich mit seinem R. J. R. 240 durch außerordentlich zäh kämpfende Engländer bis zu seinem Ziele hindurchbeißen. 450 Gefangene blieben in den Händen der Stürmenden. Doch dann kommt die Rache. Ein wahrer Feuerorkan, wie man ihn nur vor Verdun erlebt hat, pflügt die Höhe 44 in wenigen Stunden zu einem wüsten Trümmerfeld um. Kaum sichtbar klettern über die schwarz-gelb-braune Qualmwolke zitternde Leuchtkugeln. Schon jagen die Batterien des F. A. R. 30, das heute Hptm. d. L. Baer führt, ihre Sperrfeuergranaten hinaus. Stehend freihändig schießen die Badener in die vorstürmenden Menschenmauern. Die Gewehrläufe sind heiß, die Kühler der M. G. dampfen. Fünfmal rennt der dicht geballte Feind an, bis er gebrochen zurücksinkt. Erst gegen die Mitternachtsstunde hat sich die Schlacht ausgetobt. . .

Schon in den Morgenstunden dieses Tages war der Feind auf die bad. Rgtr. 113 und 142 (Oberst Kuhlmann und Mjr. Schulze) und auf die 166er aufgeprallt, die ihm einen heißen Empfang bereitet und über 200 Gefangene abgenommen hatten.

Doch die Höhe 44 ging in den nächsten Tagen von Hand zu Hand, von Freund und Feind furchtbare Blutopfer fordernd. Allen, die dort gekämpft haben, mag die dumpfe Melodie des Volksliedes in den Ohren dröhnen:

„Wenn er den ersten Wirbel geschlagen,
Wird's dir das Blut zum Herzen tragen,
Er trommelt lang, er trommelt laut,
Er trommelt auf einer Totenhaut,
Flandern in Not,
Durch Flandern reitet der Tod,
Durch Flandern reitet der Tod."

Er ritt auf den Tausenden und aber Tausenden zischender Bogen, die die Granaten aller Kaliber durch den Himmel zogen, mochte die Sonne an ihm stehen oder der Mond; er ritt auf den pfeifenden Fächern der Maschinengewehrgarben, auf den Spitzgeschossen der Scharfschützen, auf den durch die Luft schaukelnden Ungeheuern von Minen, auf den wirbelnden Handgranaten; und er saß in den stählernen Vögeln, und seinen Fingern entfielen krachende Bomben.

Stockdunkel ist die Nacht, nicht die Hand vor den Augen zu sehen. Mit rasender Geschwindigkeit gleitet das einsame Flug=
zeug durch die Finsternis, als könnte es nie von seinem Wege abirren. Ab und zu huscht der Lichtkegel der Taschenlaterne über die Karte, die Lt. Schwieder in der Hand hält. Er gibt dem Flugzeugführer, Vzf. Möller, ab und zu ein Zeichen. Durch die dicke, nasse Wolkendecke saust die Maschine. Die Augen des Leutnants versuchen, die Dunkelheit zu durchbohren. Das Flug=
zeug stößt aus der Wolkenwand herab gegen eine schnurgerade Linie von matten, weißen Lichtscheibchen zu. Jetzt hat er sie, die Bahn Hazebrouck—St. Omer, die er angreifen soll! Flughöhe 100 m. „Dort ist ein Bahnhof!" schreit der Fliegerschütze Uoffz.

Seidel. Ja, dort drängen sich bunte Lichtchen, rote und graue, eng zusammen. Das Ziel! Plötzlich wie weggewischt! Scharfe Strahlen blenden das Auge, mit Tageshelle das Flugzeug übergießend und es wie einen weißen Falter an die pechschwarze Himmelsdecke heftend. Scheinwerfer, Scheinwerfer! 10, nein 15, nein, 20 grelle Lichtbündel lassen die Maschine nicht mehr aus ihren gierigen Augen. M. G.=Garben zischen, Sprengstücke sirren. Die verfluchte Flugsperre östlich St. Omer—Hazebrouck, in der wir mitten drinnen sitzen! Seidels M. G. rattert, ein Phosphorstrich fährt wie ein Blitz auf einen Scheinwerfer: er erlischt — dann auf den nächsten: er erlischt. Möller schlägt rasende Kurven. Der Leutnant schmeißt Wurfbomben — 5 — 10 — 15: die Augen von zwei Scheinwerfern erblinden! Jetzt über den Bahnhof! Die noch leuchtenden Metallspiegel hat Verwirrung erfaßt, ihre Kegel huschen nervös hin und her. Bahnhof Renescure! 10 Zentner Minen krachen hinab. Das Flugzeug schießt weg. Der Leutnant wendet sich nach rückwärts — 30 Sekunden — 60 Sekunden — 90 Sekunden: da flammt ein Fächer von Lichtbündeln dort hinten auf, und der Donner der Explosion übertönt den Lärm des Propellers. Letzte, matte Lichtsektoren schneiden sich hin= und hertastend in den Nachthimmel — längst hat die schwarze Finsternis das Flugzeug der Bogohl 6 verschluckt. Eine halbe Stunde nach Mitternacht ist es wieder im Heimathafen . . . .

Pfingsten, das liebliche Fest, war gekommen. Statt Frühlingsluft und Friedensglück sollte es den Kemmelkämpfern neue Opfer, neue Prüfungen bringen. Denn eben jene Tage der Feier wählte sich der Franzose aus, um zu einem gewaltigen Anlauf gegen den Berg selbst auszuholen. Das Feuer, das den Kemmel und sein Umgelände schon seit Wochen kahl geschlagen hatte, wuchs in den ersten Morgenstunden des 20. Mai zum denkbar stärksten Trommelfeuer auf die ganze Front des X. R. K. An diesem Tage lagen auf dem rechten Flügel die 8. J. D. unter Gmj. Hamann (Ia Hptm. Vielhaber), in der Mitte als Nachfolgerin des Alpenkorps die vielerprobte 31. und auf dem linken Flügel die 121. J. D.

Golden stieg die Sonne im klaren Osten auf, doch der Berg war verdunkelt von der ununterbrochen um ihn hochqualmenden schwarz=braun=rötlichen Wolke, über der Fliegergeschwader wie Mückenschwärme aufblitzten. Wer von ferne diesen Vulkanausbruch sah, mußte es für unmöglich halten, daß dort noch ein Mensch, ein Tier, eine Pflanze atmeten. Ganz deutlich abgegrenzt war der Halbkreis der flammenden Wolke, der sich um den Berg schwang, den Verlauf der vorderen deutschen Stellungen abzeichnend, während der Kemmel selbst unter den Einschlägen schwerster Langgranaten erzitterte. Dann schob sich jenes halbkreisförmige Band von Feuerbällen langsam zusammen, kletterte langsam den Berg hinauf, und ihr folgten die Stürmenden, Alpenjäger, Frankreichs beste Truppen. — „Schießen die Unsrigen? Hört ihr Gewehrfeuer, Maschinengewehrfeuer!" Lächerliche Frage! Dieses gewaltige, ununterbrochene Brausen frißt jedes andere Geräusch. Nur rote Leuchtkugeln zittern, eine neben der andern.

Rechtzeitig haut unser Abwehrfeuer, von Oberst Golling geleitet, in den Feind vor der thür. 8. J. D., so daß er dort nur teilweise zu kurzem Anlauf aufsteht; das Feuer des anhaltischen I./J. R. 93 und des thür. Nr. 72 zwingt ihn schnell in die Knie. Zur 32. J. B., deren Kommandeur am Ploegsteertwald unweit des Gefechtsstandes seiner 31. J. D. sitzt, fliegt nach langem, vergeblichem Harren 8,40 Uhr vormittags der Funkspruch: „K. T. K. 7,20 Uhr: Feind in vordere Linie eingedrungen. J. R. 174." Und 9.15 Uhr blinkt der Artilleriebeobachter vom Kemmel: „Franzosen eingedrungen Richtung Burgravehof, Deraet, Letteberg, Franzosen an Eisenbahn bei Deraet." Man trifft Abwehrmaßnahmen, telephoniert mit der Artillerie, ordnet Sperrfeuer an, zieht Teile des J. R. 166 näher an den Berg. Schrecklich ist die Ungewißheit. Doch selbst die Regimentskommandeure, ja die Bataillonskommandeure vorne wissen nicht viel mehr. Wo ist unsere Linie? Lebt noch jemand, wehrt sich noch jemand? Wo ist der Feind? In dem dichten Dunst und Rauch ist nichts, nichts zu sehen. Kein Mensch denkt daran, daß heute Pfingstmontag ist . . . .

Und die da vorne? Das furchtbare Feuer hat ihre Reihen aufgefressen bis auf ein paar Ueberlebende, hat sie vernichtet, die vor einigen Wochen mit jubelndem Hurra die Zuckerfabrik und die Töpferei und die Hexenschanze dort hinten an der Lys gestürmt haben. Und über die paar sich noch Wehrenden eilt der Schnürschuh der Alpenjäger hinweg. Wohin die Bereitschafts=kompanien werfen? Der K. T. K. des III./174 hält mit ihnen wenigstens die Unterstände fest und schiebt abends zur Siche=rung der Flanke eine Kompanie in die Gegend nordwestlich Letteberg. —

Fast ebenso schlimm steht es beim links anschließenden Bataillon, dem II. der Saarbrückener 70er. Dem Hptm. d. R. Müller ist es unmöglich, sich über die Gefechtslage zu unter=richten; zusammengepreßt mit 25 Mann sitzt er in einer eng=lischen Wellblechbaracke. Die eigene Artillerie schießt nicht, und so muß er annehmen, der Angriff sei abgeschlagen. Nach vorne ist jeder Meldeverkehr unmöglich. Und in der vordersten Linie? Wir vermögen nur Schatten zu verfolgen, die in den Rauch=wolken hin= und hergleiten. Die Naht zwischen 174 und 70 ist aufgesprungen und der Franzose ergießt sich durch das Loch wie ein Sturzbach, die 11./70 von rechts und rückwärts aufrollend. Da wehrt sich noch einer, ein Uoffz. Dr. Thon, bei Kriegs=beginn Stabsapotheker in Metz, der freiwillig in die Front ge=eilt ist und nun einen M. W.=Zug führt; Franzosen ringsum — allein hockt er in seinem Erdloch, auf Gegenstoß hoffend; eine Handgranate fliegt herein, er schleudert sie zurück, doch sie explodiert, verwundet ihn, Gewehrkugeln schlagen durch das Wellblech, verwunden ihn — er schießt mit dem Revolver, wird schließlich, elffach verwundet, gefangen. Der Führer der 11. schlägt sich mit ein paar Mann durch, muß sich mit den Resten der 10. zurückziehen. Die 9. und 12. unter den Ltn. d. R. Schnippering und Semler wehren sich tapfer ihrer Haut, bildet doch besonders die 12. die rechte Hälfte des weit vorspringen=den Bogens um Brulooze. Sie halten die bis auf 20 m heran=kommenden Alpenjäger in Schach; doch das Unheil naht ihnen von links, und als der Franzose ihnen in den Rücken gekommen

ist, werden die letzten Reste in die Zange genommen und aus=
gehoben. Wohl hatte das II./70, das Kemmel=Bataillon, die
vorgesehene Stellung von Kaite Kerkhof bis 500 m östlich
Deraet besetzt, allein die Gefahr drohte von Nordwesten aus
Richtung Brulooze, wo westlich dieses Ortes das Stellungsbtl.
des R. J. R. 56 durchbrochen war. Hptm. d. R. Bott lag mit
seinem I. Btl. in Bereitschaft am Kleinen Kemmel. Versprengte
meldeten ihm, die vordere Stellung sei genommen, allein er
konnte keine Veränderung da vorne erkennen. Inzwischen war
Obstlt. Siehr mit seinem Rgts.=Stabe wieder auf dem Kemmel
eingetroffen. Der Ord.=Offz. des Regiments überbrachte Hptm.
Bott kurz nach Mittag den Befehl, sofort sein Bataillon zum
Gegenstoß anzusetzen. Der Hauptmann machte auf das nutzlose
Opfer aufmerksam, das damit gebracht würde. „Der sofortige
Angriff ist durch die Division ausdrücklich befohlen!" — „Na,
denn in Gottes Namen!" Hptm. Bott setzte seine kampfkräftig=
sten Kompanien, die 2. und 4., in vorderer Linie ein. Doch
die 4. befand sich in dem berüchtigten i=Stollen, dessen einziger
Ausgang dauernd unter stärkstem Artilleriefeuer lag. Mehreren
Meldern war es unmöglich, dorthin zu kommen: einem Tapfe=
ren, dem Gefr. Kretschmer, gelang es doch. Um 3 Uhr nach=
mittags brach der Gegenstoß des Bataillons los. Das Artillerie=
feuer hatte inzwischen nachgelassen; in praller Sonne lag der
kahle Hang gegen Deraet zu da. Schneidig gehen die beiden
Kompanien den Hang hinab, kaum von feindlichem Infanterie=
feuer belästigt. Da aber bricht wie ein Platzregen Artillerie=
feuer auf sie herab. Der Hauptmann muß es von oben sehen,
ohne helfen zu können, sieht nur Fetzen fliegen, und nach
10 Minuten sind die zwei Kompanien auseinandergeschlagen.
Kleine Trüppchen sammeln sich in Löchern, dringen in die
M. G.=Stellungen bei Deraet ein: doch der Gegenstoß ist, wie
vorauszusehen, vereitelt. Denn eine nicht zu durchbrechende
Feuerwand türmt sich zwischen den vordersten und den beiden
hintersten Kompanien am Kemmelhang. Erst mit Einbruch der
Dunkelheit kann die 3. die M. G.=Stellung bei Deraet besetzen.
Was ist inzwischen aus den Resten der zwei vorderen Kom=

panien geworden? Lt. Lind, Führer der 2., erreicht mit einigen Leuten nachts die Gegend des K.T.K., dem Führer der 4., Lt. Schlageter, gelingt es, sich mit dem Rest im Burgravehof festzusetzen. Vzf. Maréchall stößt mit nur noch 5 Mann auf ein Franzosennest. Rasch entschlossen ruft er dem Offizier, der etwa 20 Mann führt, in französischer Sprache zu: „Ergebt Euch, Ihr seid umzingelt, von allen Seiten kommen Verstär=kungen!" Doch die Franzosen fordern ihrerseits Maréchall auf, die Waffen zu strecken, dieser schießt einen Franzosen nieder, springt zu seinen Leuten zurück und beendet das Feuergefecht siegreich. Der Zipfel von Brulooze, den man bisher aus „Prestigegründen" gehalten hatte, wurde nicht mehr besetzt.

Das in seiner Kampfkraft außerordentlich geschwächte II./R. 56 mußte durch das I. ersetzt werden.

Ueber die vorgeschobene Stellung des R. J. R. 7 am Hospiz von Coker rollte die unwiderstehliche Angriffswoge der Alpen=jäger hinweg, dann aber hielt Mjr. Müller mit seinem Rgt. in einer neuen Linie, in der der wichtige Cokerhof lag; vor allem schossen die Batterien des F. A. R. 241 die heranstürmenden dichten Haufen des Gegners zusammen, dessen Ziel nach Ge=fangenenaussagen Wegnahme des Kemmels gewesen war.

Am Abend wurde zur Stärkung der Front der 31. J. D. das J. R. 106 der sächs. 58. J. D. (Kommandeur Gen.=Lt. Graf Vitzthum von Eckstädt, Ia Hptm. v. Pawel=Rommingen) heran=gezogen. In ungeklärte Lage führte Oberst Bock v. Wülfingen sein Regiment „König Georg" vor. In stark erschöpftem Zu=stande durcheilten die Kompanien des II. Btls. unter Mjr. v. Krauß das feindliche Artilleriefeuer. Während der Btls.=Führer die 7. Kp. bei Höhe 97 zurückbehielt, sollten die andern vorwärts des Kemmels ablösen. Als sie an der befohlenen Linie ankommen, finden sie diese — im Besitze der Franzosen. Wildes Feuer rast ihnen entgegen. Doch die Kompanien stürzen sich sofort auf den Feind. Lt. Papperitz, der mit seiner 5. zuerst die Hölle des Artilleriefeuers durchstößt, wirft, sämtliche Handgranaten verbrauchend, zweimaligen Ansturm der Fran=zosen zurück und behauptet sich in heftigem M. G.=Feuer. Ihm unterstellen sich 8. und 6. und ein M. G.=Zug des Lts. d. R. Köhler. In drei Wellen stoßen sie in die nächtliche Ungewiß= heit vor, und es gelingt ihnen, das gefährliche klaffende Loch zu schließen.

Noch am nächsten und übernächsten Tage brandeten An= griffswellen gegen den Kemmel, vermochten aber unseren nun wieder gefestigten Stellungen nichts mehr anzuhaben. Das Auge Flanderns blieb in deutschem Besitz.

Am 27. Mai stießen die Deutschen zu einem Ablenkungs= angriff vor, da an jenem Tage unsere große Offensive am Chemin des Dames losbrach.

Während das Korps Sieger vergebens die Höhe 44 in seine Gewalt zu bringen suchte, war das X. R. K. bestrebt, Brulooze wieder in seine Linien einzubeziehen. Der Angriff war rechts der Straße Kemmelberg—Brulooze den Sachsen der 58., links den Bayern der 16. J. D. übertragen.

Mit nur geringen Verlusten konnte Obstlt. Sachse mit seinem R. J. R. 103 die Linie auf die Höhenwelle zwischen dem Kleinen und Großen Kemmelbach vortragen und sie gegen Gegenangriffe behaupten.

Das sächs. J. R. 106, das in jener Pfingstnacht die ge= fährliche Lücke geschlossen hatte, war durch 6=tägigen Einsatz derart erschöpft, daß es — was Oberst Bock v. Wülfingen vor= ausgesehen hatte — diesmal seinen Auftrag unmöglich erfüllen konnte. Wohl stürmten sie tapfer an, schickten auch 100 Ge= fangene aus der französischen Hauptwiderstandslinie zurück, wehrten auch mehrere feindliche Gegenstöße ab, allein als der Abend kam, war die Truppe, bei der nur noch ein einziger gefechtsfähiger Offizier war und der die Patronen ausgegan= gen waren, völlig durcheinandergekommen. Der Oberst erbat die morgens versprochene Ablösung.

An höherer Stelle hielt man die Nachrichten von vorne für stark übertrieben, glaubte an keinen feindlichen Gegenangriff und befahl die Ablösung erst für die kommende Nacht. Es sollten nach Einbruch der Dunkelheit lediglich die 9. und 12./107 zur Verstärkung der vorderen Linie eingesetzt werden.

Als diese aber im Dunkel der Nacht vorne ankamen, hielten die 106-er sie fast überall für die versprochene Ablösung und gingen in großer Zahl zurück. Da ergießt sich um 11,30 Uhr abends ein Regen von Granaten über die vordere Linie. Die Hölle scheint gegen sie losgelassen zu sein. Was Oberst Bock v. Wülfingen vorausgesehen hat, tritt ein: der Feind greift an! Einen Hagel von Handgranaten schleudert er vor sich her. Dann bricht er etwa in der Mitte der gewonnenen Stellung ein und beginnt, sie aufzurollen. Verwirrung springt in Panik über. Wieder einmal ist der Kemmel aufs Äußerste bedroht. Nur der Tatkraft der wenigen Offiziere und braver Unteroffiziere und Mannschaften ist es zu danken, daß die zurückflutenden Leute kurz vor oder in der alten Stellung zum Halten gebracht werden, von wo aus M. G.-Feuer die Franzosen hindert, weiter vor- und durchzustoßen. Teilweise haben sie sogar unsere Ausgangsstellung überschritten. Es ist unerläßliches Gebot, sie wieder wenigstens in ihre alte Hauptwiderstandslinie zurückzuwerfen. Wer aber will dies tun? Hptm. d. R. Leskien ist es, der das Wagnis unternimmt und sein III. Btl. und die ihm zur Verfügung gestellte 3. und 4. Kp./107 unter Lt. d. R. Cosack und Oblt. Rühling am 28., 1 Uhr morgens, zum Gegenstoß aufruft. Tatsächlich gelingt es ihm, den Feind überall wieder in seine alte Linie zurückzuwerfen — eine prächtige Leistung von Führern und Mannschaften, die zum größten Teil die entnervenden Kämpfe des Vortages hinter sich hatten.

Links neben den Sachsen hatte Gmj. Ritter von Möhl mit seiner 16. b. J. D. gegen Brulooze und das Gelände beiderseits des Ortes vorzustoßen. Ihm war die Oberleitung des Angriffs beider Divisionen übertragen worden; Oberst Schöttl, Kdr. der 9. b. J. B., hatte das Unternehmen gegen Brulooze durchzuführen.

Das b. R. J. R. 21, das heute Hptm. Friedrichs führte, hatte mit seinem II. Batl. unter Rittm. d. Tr. Weingart die Bahnlinie südöstl. Brulooze zu gewinnen. Teile kamen sogar darüber hinaus vor, dann aber prasselte außerordentlich hef=

tiges Inf.- und M. G.-Feuer auf die Kompanien nieder. Die Verluste häuften sich bald in erschreckendem Maße, so daß die drei rechten Kompanien einzeln zurückgenommen werden muß= ten, während sich die 7. etwa 150 m weiter vorne behaupten konnte.

Obstlt. Prenner stand in der Divisionsmitte mit dem I. Btl. seines 14. b. J. R. zum Vorbrechen gegen de Brulooze und das Gelände südwestlich davon bereit. Hpt. d. L. Brügmann setzte die 2., 3. und 4. Kp. in vorderster Linie, die 1. in zweiter an. Längst waren die Vogelstimmen verklungen, die es gewagt hatten, auf jenen Feldern des Todes den lebenspendenden Morgen zu begrüßen, längst rauschten in flachen und hohen Bögen gurgelnd Granaten auf den Feind; an den Boden gepreßt harrten die Nürnberger der schicksalshaften Angriffs= minute, und als der Zeiger 4,50 Uhr morgens wies, sprangen sie wie ein Mann auf. Es war ein kurzer, aber nervenauf= peitschender Kampf, den die Deutschen mit ihren überraschten Gegnern führten: was nicht ausriß oder sich nicht ergab, sah die Sonne des heutigen Tages nicht mehr. 350 m Gelände waren gewonnen. Wird den 14-ern dieser Anfangserfolg eben= so wie den anderen Sturmregimentern wieder entrissen werden? Schon setzt der Franzose zum Gegenangriff gegen die am rech= ten Flügel fechtende 2. Kp. an, doch vor dem kaltblütig gelei= teten und abgegebenen Feuer zieht er mit blutigen Köpfen ab. In der 1. von Oblt. Dunzinger geführten Kompanie sitzt präch= tiger Geist; Uoffz. Andreae, seines Auftrages gedenkend, stößt mit 8 Mann, obwohl verwundet, bis an die Häusergruppe de Brulooze vor. Gefr. Roth und Inf. Netter harren an dem weit vorgeschobenen Platz bis 7 Uhr abends aus und kehren dann erst zurück. Oblt. d. R. Kernstock hat mit seiner 3. Kp. die Höhe 78 an sich gerissen, Lt. d. R. Rascher mit seiner 2. sich am Bahndamm eingeschanzt. Wacker hatten die M. G. unter Oblt. Meuthen mitgewirkt. Als General Möhl persönlich auf der Rgts.-Gef.-Stelle erschien, konnte ihm Obstlt. Prenner von dem Erfolge melden, den die Söhne der alten Noris errungen hatten. Tatsächlich war das 14. b. J. R. das einzige der Regi=

menter von vier Divisionen, das an jenem 27. Mai nicht nur sein Ziel erreicht, sondern auch behauptet hatte.

Nur Anfangserfolge konnte das Regensburger 11. b. J. R. unter Mjr. Rösch erreichen und wurde durch zu kurz gehende eigene Granaten einer flankierenden Batterie gezwungen, in die Ausgangsstellungen zurückzugehen.

Stoßtrupps der Sturm-Bataillone 4 und 17 mit Flammenwerfern hatten die Infanterie gut unterstützt, jedoch schwere Verluste erlitten.

Es war am 29. Mai nachm., als ein deutsches Flugzeug allein über Werwik und Roulers gegen den Wind flog und sich südl. Dixmude in 2000 m Höhe in das englische Gebiet hineintreiben ließ. Es war der bayer. Lt. d. R. Röth, Führer der b. Jagdstaffel 16, der es wieder einmal auf die gegnerischen Fesselballons abgesehen hatte. Zehn dieser aufgequollenen Quallen hingen in großen Zwischenräumen hinter der flandrischen Front. Rückenwind trägt das Flugzeug gegen Südwesten. Von der Erde aus kläfft wütendes M. G.-Feuer, kann aber den Albatros nicht fassen, da er ununterbrochen kurvend Höhe und Richtung wechselt. Zwischen Dixmude und Poperinghe schweben drei dieser gelben Kugeln. Aus der ersten springt ein schwarzer Punkt, ein Fallschirm öffnet sich, schon folgt ihm die lodernde Hülle. In wagrechtem Flug mit 1400 Touren rast der Albatros bis zum Rammen nahe an den nächsten und den übernächsten, schießt knapp darüber hinweg: brennend stürzen die beiden in die Tiefe. Los auf die zwei gelben Kugeln zwischen Poperinghe und Hazebrouck! Schrapnellwölkchen spritzen auf wie weiße Watte. Ein Fallschirm schaukelt hinab, dort noch einer. Wie eine Sonne, sich mit riesiger Schnelligkeit vergrößernd, fliegt das gelbe Ding heran: ein Druck auf das rechte M. G., ein Phosphorstrahl spritzt hinein, nach ein paar Sekunden flammt die Sonne auf, versinkt, läßt einen schwarzen Rauchschleier wehen. Gleiches Schicksal wird der bei Hazebrouck. Nordöstlich von Hazebrouck stehen noch zwei hoch, nähern sich aber bereits dem Boden, die Stahltrosse holt sie herein. Ein Franzose, anscheinend ein Spad, kommt! Gegenkurve! Hinter ihn! Er drückt sich geängstigt nach rechts. Dort, von Bailleul her, drei Engländer in rasendem Flug! Des Deutschen Werk ist jedoch vollbracht, fünf von den zehnen abgeschossen, sämtliche Ballone verschwunden, also Kehrt! Auf äußerste Geschwindigkeit drückend, kurvt er sich über Merville zu unseren Linien zurück. Es war sein 11.—15. Luftsieg. Im ganzen schoß er in 28 Luftsiegen 20 Fesselballone und 8 Flugzeuge ab.

Dann brannte die Flamme der Schlacht um den Kemmel merklich herab. Auf beiden Seiten griff man zum Spaten, um sich das errungene und behauptete Gelände zu sichern. Die Pioniere, die bisher vielfach die Infanterie im Angriff durch Sprengkommandos und während der Offensive durch Verbesserung und Bau von Wegen und Straßen unterstützt hatten, traten nun wieder in ihre eigentlichen Rechte. Immer mehr wurde der Kemmel zu einer großen Bergfestung ausgebaut, denn an seinem Besitze hing für die Deutschen auf viele Kilometer nach rechts und links die Behauptung des Geländes ab. Hier erwarb sich besonderes Verdienst Lt. Bölsche mit seiner 8./Pi.-Btls. 28, der mit seinen fleißigen Leuten oft unter starker Beschießung Unterstand an Unterstand auf dem Kemmel und dem Letteberg reihte und die Anlage mit einem Gürtel von Drahthindernissen umgab; Mjr. Gottschalk und er können die Baumeister jener Bergfestung genannt werden.

Durch verschiedene kleinere, aber tatkräftig durchgeführte Unternehmungen hielten wir in den ersten Junitagen den Gegner in Atem, um ihn vor allem daran zu hindern, stärkere Kräfte abzuziehen. Es waren Sachsen- und Bayern-Kompanien, die in die feindlichen Stellungen einbrachen.

Diesmal war es das I. Btl. des sächs. R. J. R. 103, das in früher Morgenstunde des 4. Juni nach einem Artilleriefeuerschlag von nur 3 Minuten sich auf den Feind stürzte, um den Großen Kemmelbach zu erreichen und nach Sprengung der gegnerischen Anlagen zurückzukehren. Trupps der Pi.-Kp. 404 waren zugeteilt. Lt. d. R. Mohn brach durch das Astverhau hindurch in die französischen Gräben ein und holte einige Gefangene heraus, Lt. d. R. Peucker und Vzf. Preußker der 3. säuberten ein sich heftig wehrendes Widerstandsnest.

Am nächsten Abend warf sich das III. Btl. des 14. b. J. R. auf den Gegner, um eine Stellungsverbesserung vor dem Hospiz Loker bis zur Straße Dranoeter—Loker zu erzielen. „Sommernacht" hieß das Unternehmen, das Obstlt. Prenner, trefflich unterstützt von seinem Adjutanten, Lt. Fürst, vorbereitet hatte. Sommernacht hatte sich auf das vielumkämpfe Schlachtfeld gesenkt, als die Sonne hinter dem Roten Berg hinabgesunken war. Ab und zu hallte ein Gewehrschuß durch die Dunkelheit, ertönte weit in der Ferne ein Granateinschlag, dann wieder Stille. Trügerische Stille, denn hinter Batterien, Minenwerfern und Maschinengewehren lauerten schon die Kanoniere und Schützen und mit ihnen der Tod. 10,47 Uhr abds. dröhnte ein Haubitzschuß der Leitbatterie auf, das Zeichen für das Vorbereitungsfeuer von 3 Minuten Dauer gebend. 16 leichte Minenwerfer der b. M. W.=Kp. 16 schleuderten ihre Geschosse in den Granatenregen, den der bayr. Artillerie=Kdr. 16, Gmj. Treutlein=Mördes, auf die gegnerischen Infanterie= und Batteriestellungen gelenkt hatte. Dann stürzten die Kompanien des Bataillons Hptm. d. R. Rutz raschen Laufes vor. Hochsteigende weiße Leuchtkugeln kündeten zwei Minuten später, daß das Ziel an mehreren Stellen erreicht sei. Lt. d. R. Neff warf am rechten Flügel seine 12. Kp. in den Feind, die befohlene Linie größtenteils in Besitz nehmend; sein Vzf. Beer drang sogar vorübergehend bis zu den ersten Häusern des Hospizes vor; nur vor der Kompaniemitte war ein starkes Franzosennest geblieben, das sich hartnäckig sogar durch Gegenstöße wehrte. Die 9. in der Mitte drang trotz flankierenden M. G.=Feuers in die zäh verteidigte erste Feindlinie ein; Uoffz. Eberlein, die Führung eines Zuges übernehmend, rollte nach rechts einen Graben auf und reichte der 12. Kp. wieder die Hand. In denkbar schärfstes M. G.=Feuer geriet die linke Kompanie, die 10., da hier der Gegner in keiner Weise niedergekämpft war. Beherzte Stoßtrupps, angefeuert durch den schneidig vorgehenden Serg. Haubner, drangen in und selbst über die erste Feindlinie hinaus und machten einen Offizier und 13 Mann zu Gefangenen. Aus Mangel an Handgranaten mußte aber schließlich das arg zusammengeschmolzene Häuflein wieder in die Ausgangsstellung zurück. — Ein schöner Erfolg wurde dagegen im Abschnitt der 12. Kp. erzielt. Nach Eintreffen der 4. Kp. unter Lt. d. R. Fickel setzten beide Führer ihre Stoßtrupps von rechts und links her auf das Franzosennest an, und unaufhaltsam schloß sich, dieses fest umklammernd, die Zange. Mit welcher Erbitterung dort gekämpft wurde, beweist, daß der französische Kapitän mit 20 seiner Leute den Tod fand; 2 Offiziere, 46 Mann streckten die Waffen. Der Heeresbericht vom 7. 6. erwähnte diesen Erfolg.

Am 6. Juni wurden die Kampftruppen durch die 2. Kp. (Lt. d. R. Rascher) verstärkt. Abends, fast noch bei Tageslicht, holte Uoffz. Reif (11.) mit drei tapferen Frontkameraden den 30 m vor einem M. G. liegenden Vzf. Enslin unter außerordentlicher Gefahr herein; er erhielt für diese mutige Tat die silberne Tapferkeitsmedaille. Nun folgten schwere Stunden für die Deutschen. Die Horchposten der in der Mitte liegenden 9. Kp., deren neuer Führer, Lt. d. R. Burkhardt, auch bereits verwundet war, vernahmen in der dritten Morgenstunde in einem Kornfeld vor ihnen verdächtige Geräusche. Als sie feuerten, zischte drüben eine weiße Leuchtkugel hoch, sich in einzelne Sterne auflösend, und sofort fauchten zahllose Granaten heran, die deutsche Stellung mit Eisen übersäend. 2 Minuten später rennt eine Menschenmauer an. Alle verfügbaren Gewehre und M. G. der 9. und 12. Kp. feuern in rasendem Zeitmaß, daß die Läufe brennend heiß werden und die Kühler dampfen. Ringen sie dort nicht im Kampf Mann gegen Mann am rechten Flügel der 9. Kp.? Im Flackerlicht der Leuchtkugeln sehen wir eine Flut flacher Stahlhelme einbrechen! Wer führt die 9.? — Vzf. d. R. Meyerhöfer; er hält seine Leute zusammen, weicht nur Schritt um Schritt, rafft Teile der 2. an sich, hält wieder in einer Linie, deren Rückgrat schwere M. G. bilden: hier branden die flachen Stahlhelme auf, kommen nicht mehr weiter. Aber andere haben sich inzwischen gegen den linken Flügel der 12. ergossen in bedrohlich großer Menge;

auch am rechten Flügel der Kp. Neff rütteln Franzosen, drohen
ihn aus den Angeln zu heben. Hilfe kommt in letzter Minute:
wie in der Nacht vorher ist es wieder Fickels brave 4. Kp., die
eingreift. Zuerst Feuer gegen den rechts vorwärts anprallen=
den Feind, der in der Nacht verschwindet! Dann mit allen in
der Nähe befindlichen Leuten nach dem linken Flügel der
12. Kp.! Vor ihren Kompanien stürmen sie vor, die Lte. d. R.
Fickel und Neff, werfen sich auf den erstaunten Feind und
schleudern ihn zurück. Die Linie ist wieder hergestellt. Unter
den vielen, die nicht mehr den heraufdämmernden Morgen
sehen sollen, ist vor allem einer, dessen Verlust besonders schwer
wiegt: Lt. d. R. Neff; er ist, in die Brust getroffen, vor seiner
Kompanie gefallen. Die vorderste Linie des Nürnberger
Regiments, das sich in dem nächtlichen Kampf so tapfer gegen
feindliche Uebermacht gehalten hatte, verlief am Morgen in
Verteidigungsgruppen etwa 100 m vorwärts der Ausgangs=
stellung vom 5. Juni. In den beiden Nächten hatte das Rgt.
außer den schon genannten Führerverlusten 12 Tote, 81 Ver=
wundete und 21 Vermißte opfern müssen. Sehr schwer muß
die Einbuße des Gegners gewesen sein, denn vier Stunden
lang sammelten am Morgen des 7. französische Sanitäter unter
dem Schutz der Genfer Flagge ihre Verwundeten.

Auf den Höhen bei Vleugelhoek lag seit Anfang Mai eine
neue „Kemmel=Division", die 216., unter Gmj. Vett (erster
Gen.=Stabsoffz. Hptm. Jacobsen, ab 22. Juni Hptm. v. Cochen=
hausen). An Namen, die wir bereits alle kennen, wie Salon=
hof, Hille, Vleugelhoek, Ravetsberg mußten sich die Ostpreußen
des J. R. 59, die Pommern vom J. R. 42, das aus Verbänden
des Korps Posen und Breslau Anfang 1915 gebildete J. R.
354 und die 2. Kp./Pi.=Btl. 26 unter Oblt. Tatarsky gewöhnen.
Wenn auch dort keine größeren infanteristischen Kampfhand=
lungen mehr stattfanden, so zeigte jenen Regimentern bei Tag
und Nacht der Tod von Flandern sein furchtbares Knochen=
gesicht im aufflammenden Feuer der zahllosen berstenden
Granaten. Die vorne am Feind lagen, hatten es am besten,
denn sie wurden fast ganz von der feindlichen Artillerie

verschont und kosteten nur ab und zu eine Gewehrgranate oder Mine. Doch die unter der „bombensicheren“ Zeltbahn oder in splittersicheren Kellern mußten jeden Augenblick gewärtig sein, einer der zahlreichen Granaten zum Opfer zu fallen. Besonders scheußlich war stets der Gang in die Stellungen. Ueberfüllt waren die paar Straßen mit Munitionskolonnen, Feldküchen, Verwundeten; mit großer Treffsicherheit schlugen schwere feindliche Granaten dazwischen, die man langsam herangurgeln hörte und die Löcher rissen, daß man fast ein ganzes Haus hineinstellen konnte. Vorbei an gespensterhaft anmutenden Häuserruinen, an Batterien, in denen Kanoniere in Hemdsärmeln arbeiteten, an Mörsern, die Ungeheuern gleich am Wege hockten, drängen die Leute nach vorne. Sirenen heulen auf: „Gas! Gas!!“ Granaten bersten mit leichtem Knall. Feiner Geruch nach gärenden Aepfeln zieht durch die Luft. Weiße Wolken kriechen zäh heran, wälzen sich über den Weg, fließen den Abhang hinunter. Gasmasken auf! Schwer keucht der Atem. Schrapnells, Granaten fegen die Straße, ratschen, kreischen, fassen die Marschierenden. Verluste! Fast erstickt man unter der Maske: weh dem, der sie abreißt! Und auch jene, die von sich sagen können: „Wir fahren den Tod!“, müssen selbst durch dieses Reich des Todes hindurch; und jene auf der Feldküche, sie müssen vor, müssen warten und aushalten, bis die letzten ihr Essen abgeholt haben: ungesehen haben sie ihre schwere, vielfach verkannte Pflicht getan, die Männer auf Feldküche und Lebensmittelwagen und die Feldwebel, die, wie man so gerne denkt, hinten saßen; nein, die meisten von ihnen sind mit der Feldküche vorgegangen, um mit dem Führer sich um das Wohl der Kompanie zu sorgen.

In jenen Tagen begann ein körperliches und ein seelisches Gift die Flandernkämpfer zu befallen, das verhängnisvoller wirkte als die schwersten Verluste in den großen Schlachten. Das körperliche Gift war die Grippe, die „Kemmelkrankheit“, wie sie von den dortigen Truppen zuerst genannt wurde. Man glaubte, diese „Spanische Krankheit“ aus den von den Engländern verlassenen Lagern übernommen zu haben. In den unterernährten, durch den Kampf aufs äußerste erschöpften Körpern der Frontsoldaten konnte die Grippe besonders leicht um sich greifen. Ganze Kompanien waren vollkommen gefechts= unfähig, ganze Divisionen, wie z. B. die 10. E. D., hatten ab= gelöst werden müssen, um in Ruhelagern ihren Gesundheits= zustand wieder einigermaßen zu bessern. Vor allem unter den älteren Leuten riß die Krankheit bedenkliche Lücken, die nicht vollwertig ausgefüllt werden konnten, denn der Ersatz aus der Heimat ließ immer mehr zu wünschen übrig.

Und dazu kam jene zweite giftige Krankheit, die den Tod eines jeden Feldheeres bedeutet, wenn sie nicht gleich bei ihrem ersten Auftreten mit der Wurzel ausgerottet wird. Es war die Flaumacherei, die aus der allgemeinen Kriegsmüdigkeit entstand. Man urteile nicht zu leicht über diese Kriegsmüdig= keit! Wen möchte es wundern, daß ein Volk, seit vier Jahren abgeschnitten von aller Welt, unter einer Hungerblockade leidend, wie man sie kaum einem wilden Volksstamm gegen= über anzuwenden beliebt, unter einer fast noch schrecklicheren seelischen Blockade gehässigster Verleumdung und häßlichster Kriegslügen wehrlos dastehend: wen möchte es wundern, daß ein solches Volk kriegsmüde werden mußte? Dies war das Gift der zahllosen Pfeile, die unsere Gegner auf uns abschossen mit bewußter Berechnung, daß es endlich einmal wirken und den deutschen Siegfried zu Fall bringen werde. Nur mit größ= ter Vorsicht und Einschränkung sollten wir das Wort „Dolch= stoß" gebrauchen; gewiß gab es Kanäle zu vaterlandslosen Menschen, denen die Entente das Gift des Verrats zuzuleiten wußte und die dieses Gift aufnahmen und bewußt weiterver= breiteten und Teile der Arbeiter in gewissenloser Weise in Streiks hetzten: allein es muß unbedingt betont werden, daß die weitaus größte Masse des deutschen Volkes, auch unsere arbeitenden Klassen, im Sommer 18 den festen Willen zum Durchhalten besaß. Friedenssehnsucht war es, weniger Kriegs= müdigkeit, die uns alle, nicht zuletzt das Feldheer selbst, be= herrschte. Die Worte: „Wir können nicht mehr!" brannte das Feuereisen des Schicksals mit immer festeren, nicht mehr aus=

zulöschenden Zügen in die Seele des deutschen Volkes, das unter dieser Flammenschrift furchtbare Qualen litt. Die großen Siege im März, April und Mai hatten diesen Schmerz nur betäubt, hätten ihn gewiß überwunden, wenn sich an sie der Enderfolg gereiht hätte. Als aber die Julioffensive von Reims ergebnislos verlief, brach die Qual der Sehnsucht nach jenem Frieden um jeden Preis nur umso heftiger durch. Wir haschten nach jedem Sonnenstrahl, griffen nach jedem Strohhalm: doch unwiderstehlich zog es uns in jenen finsteren Abgrund, der sich unter unseren Füßen aufgetan hatte. Wie hätte ein todwunder Körper noch eine lebensstarke Seele bergen können! Die Krankheit, die uns befallen hatte, war zu schwer, und es gab gegen sie kein Heilmittel mehr. Daß das deutsche Volk in einer Revolution dieses Heilmittel zu finden glaubte, war der furchtbarste tragische Irrtum, der überhaupt auszudenken ist. Durch diese Revolution lieferte es sich seinen unerbittlichen Gegnern — daß sie unerbittlich waren, hätte ihm die skrupellose Hetzpropaganda von vier Jahren sagen müssen! — auf Gedeih und Verderb aus. So aber warf es von vornherein Wehr und Waffen hin, und der Gegner hatte mit ihm ein leichtes Spiel. An eine siegreiche Beendigung des Krieges konnten wir ja nicht mehr denken, aber an eine ehrenhafte, wie wir sie verdient hatten nach viereinhalb Jahren staunenswerten Aushaltens gegen so zahlreiche, mit einem Ueberfluß an Waffen und Munition ausgestattete, ausgezeichnet ernährte Feinde. Ihr Endsieg war in keinem Fall eine Heldentat: vielleicht aber hätten sie sich zu einer Tat der Hochachtung vor einem so tapferen Volke aufgeschwungen, wenn dieses Volk mit seinen Waffen nicht seine Ehre weggeworfen hätte.

Wie richtig die Gegner den seelischen Zustand unseres Volkes nach Sommerwende 18 eingeschätzt haben, darüber blieb ihnen der 9. November den Beweis nicht schuldig. So überschütteten sie denn auch die Flandernfront mit ihren Tausenden und Tausenden von Hetzzetteln, die uns schwerere Wunden schlugen als Schrapnellkugeln und Granatsplitter. Wie waren diese Flugblätter in ihrer ganzen Tonart und Darstellung der

Verhältnisse der Seelenstimmung des Frontsoldaten, in dem Vaterlandsliebe und Pflichtgefühl mit Ueberdruß und Friedenssehnsucht um die Oberhand kämpften, angepaßt! Nicht rechtzeitig war von uns die Gefährlichkeit dieser Kampfweise erkannt worden; völlig unzureichend waren die Abwehrmaßnahmen, zu groß das Vertrauen, das man in die Urteilsfähigkeit des Frontkämpfers setzte. In seiner durch nichts zu überbietenden jämmerlichen Lage, in der völligen Abgeschiedenheit, in die kaum eine Nachricht vom großen Weltgeschehen drang, die dafür aber immer von phantastischen Gerüchten erfüllt war, mußte er schließlich der Einwirkung einer feindlichen Propaganda, die zudem mit dem Scheine des Tatsächlichen an ihn herantrat, verfallen, wenn nicht eine einwandfreie deutsche Gegenarbeit den Ausgleich schuf, wenn er nicht wieder und wieder mit einer zum Siege begeisternden, sein Inneres völlig beherrschenden Idee erfüllt wurde. Solche widerstandserzeugende Kraft hätte von leitender Stelle ausgehen, Heer und Heimat in gleicher Weise anfeuern müssen. Diese Quelle aber war versiegt. Die Deutschen vermochten Schlachten mit offenem Visier zu schlagen, vermochten Siege an Siege zu reihen und der ganzen Welt höchstes Erstaunen abzuringen: auf dem Gebiete des seelischen Ringens gegen die dunklen Mächte der Propaganda waren und blieben sie Kinder und reine Toren. So machten sich denn auch bald Anzeichen der Zermürbung besonders in den aus dem Osten kommenden, schon mit dem Gifte des Bolschewismus verseuchten Regimentern, bei den aus der Heimat eintreffenden jungen und auch bei den älteren Jahrgängen bemerkbar. Beim Stellungswechsel der Bataillone wurde gar mancher, der in den Kampfabschnitt einrücken sollte, für einige Tage „versprengt"; in einzelnen Fällen kehrten Urlauber nicht wieder zur Front zurück; der Gerichtsoffizier bekam von Woche zu Woche mehr Arbeit; die Kriegsgerichte glaubten vielfach, nicht die ganze Schärfe des Gesetzes anwenden zu sollen, statt einige abschreckende Beispiele aufzustellen; Fälle eines gewissen, schwer zu erfassenden passiven Widerstandes wurden zahlreicher. Den unantastbaren Kern einer bis zu allerletzt pflichtbewußten

Truppe bildeten die alten, in vielen Schlachten erprobten Frontkämpfer, an denen das Gift der Zersetzung wie an einem stählernen Schilde abglitt; ihnen danken wir es, daß die Front gegenüber der feindlichen Uebermacht trotz der harten Schicksalsschläge aushielt, deren erster das deutsche Heer in der Schlacht bei Soissons am 18. Juli traf. Trotzdem versuchte die Oberste Heeresleitung zu neuer Offensive ihre Kräfte in jenem Teile Flanderns, dessen Geschicke wir in diesem Buche beschrieben haben, zu sammeln. Unter dem Deckwort „Hagen" war ein neuer Schlag vorbereitet worden, dem als weitere Ziele das Hochland um Cassel, später Dünkirchen und Calais galten. Schon rollten Batterien um Batterien heran, häuften sich Munitionsstapel um Munitionsstapel im Trichtergelände um den Kemmel, eines Tages aber, am 24. Juli, wurden alle „Hagen"-Befehle zurückgezogen; man stellte sich auf die Abwehr ein.

Wieder war Flandern Nebenkriegsschauplatz geworden. Der letzte Akt der großen Tragödie spielte sich nun weiter im Süden ab. Gestützt auf eine immer mehr anschwellende Uebermacht — monatlich traf eine Viertelmillion Amerikaner auf dem westlichen Kriegsschauplatze ein — konnte der Marschall von Frankreich kurz hintereinander mehrere starke Schläge gegen das deutsche Westheer führen, um schließlich die Deutschen durch die Wucht seiner Massen zu zermalmen. Der große Ueberraschungseinbruch mit Hilfe zahlloser Tankgeschwader zwischen Albert und Montdidier am 8. August führte australische und kanadische Divisionen tief in die deutschen Stellungen. Das große Sterben der deutschen Westfront begann.

In der Nacht von jenem schwarzen Tage zum 9. August brach plötzlich in der ersten Morgenstunde wie ein Donnerschlag stärkstes Trommelfeuer auf das Gebiet um den Kemmel los, die Stille der vorausgegangenen Wochen jäh zerreißend. In den Stabsquartieren fragte man sich mit einiger Besorgnis, ob die weit auseinandergezogenen Divisionen mit ihren gelichteten Reihen die Stellungen halten würden. Drüben standen Amerikaner, von denen man vor kurzem einige Gefangene herübergeholt hatte. Wieder einmal flammte, kochte und zischte es um den kahlgeschossenen Berg, wieder einmal raste die Feuerwelle die ganze Gruppenfront hinab, nach rechts bis Voormezeele, nach links bis Vleugelhoek. So weit dehnte sich die Gruppenfront des X. R. K. jetzt aus, da das Gen.-Kdo. des XVIII. R. K. am 26. Juli herausgezogen worden war. Seit zwei Tagen hatte das X. R. K. in Glt. von Gabain einen neuen Kommandieren-den General, da Exz. v. Eberhardt zum Oberbefehlshaber der 9. Armee ernannt worden war; für den zum Chef der 7. Armee ernannten Obstlt. Hasse war Mjr. Reuter mit Wahrnehmung der Geschäfte des Chefs beauftragt worden. Am rechten Flügel des X. R. K. hatte die 8. J. D. den großen Raum von Elzen-walle bis nördlich Dorf Kemmel zu halten; der Schutz des Kemmels selbst war der 52. R. D. anvertraut, während seine Westflanke die 11. R. D. von westl. Hospiz Loker bis über Vleugelhoek hinaus zu decken hatte. In der Gegend von Tour-coing, Kortryk und Werviq standen noch die ursprünglich für „Hagen" bestimmten Divisionen, das Alpenkorps, die 7. K. Sch. D. und die 58. J. D.

Ein kurzes Trommelfeuer gegen die ausgebrannten deut-schen Divisionen schien den Engländern zu genügen, um zum Sturm anzusetzen. Auf ihren Lippen schwebte die Siegesnach-richt von Montdidier, in der Brust hatten sie das Gefühl, durch ihre Uebermacht in nächtlichem Angriff die verwirrten Deut-schen über den Haufen zu rennen und die aufgehende Sonne auf dem heiß ersehnten Kemmel zu begrüßen. Gegen 8. J. D. und rechten Flügel der 52. R. D. brandeten die Wogen an, um von Nordwesten her gegen den bisher uneinnehmbaren Berg hochzubranden.

Mit den ersten aufsteigenden Leuchtkugeln schießt die deutsche Artillerie mit ihren wenigen Batterien auf der Riesen-front Sperrfeuer. Es liegt ausgezeichnet. Jeder Kanonier am Rohr weiß, daß es um Sein oder Nichtsein geht. Bei den 459-ern, die Voormezeele zu schützen haben, geht der Tommy nicht aus seinen Gräben heraus. Wohl aber gegen die ganze 8. J. D. Allein die Thüringer empfangen ihn mit derart hef-

tigem Feuer, daß er die Front der 153=er nicht anzutasten ver=
mag. Bei den 93=ern gelingt es ihm, in ein kleines Grabenstück
einzudringen, er wird aber wieder hinausgepreßt. Zwei eng=
lische Bataillone werfen sich auf das links anschließende I./72;
Oblt. König, der Btls.=Führer, ist besorgt, ob seine ausgedehn=
ten Kompanien mit ihren 40 Gewehren und ihren 4 l. M. G.
dem Angriff standhalten können; der letzte Ersatztransport hat
nur wenig Leute gebracht, denn viele haben es vorgezogen, sich
schon an der Grenze „krank zu melden". So müssen denn die
„Kriegsverlängerer", die „Streikbrecher" weiterhin die Heimat
schützen! Vor der 2. und 3. Kp. bricht der Feind in die Knie;
prächtig wehrt sich auf dem linken Flügel die 4., da wird sie
von der Flanke gepackt und von halbrückwärts aufgerollt. Ein
M. G. ist noch heil, das der Fähnrich Pfitzner bedient; sein
Stahlhelm ist durchlöchert, sein Waffenrock zerfetzt; das Feuer
seiner Maschinenwaffe sichelt die Engländer nieder. Plötzlich
erscheinen Massen in der linken Flanke; die paar Leute, die in
der ersten Bestürzung kopflos werden wollen, werden durch
kräftige Worte des Fähnrichs wieder aufgerichtet; sie kämpfen
mit Waffen und Fäusten, werden niedergemacht, der Fähnrich
ist durch Kolbenhieb über den Kopf und Pistolenschüsse in beide
Beine kampfunfähig, der noch unverwundete Musk. Fröhlich
nimmt seinen Gruppenführer auf den Rücken, will ihn zur
Nachbarkompanie hinübertragen, gerät aber doch in Gefangen=
schaft. Das war noch Frontsoldatengeist im August 1918. Der
Engländer, anscheinend kampfmüde, geht nicht weiter vor.

Am rechten Flügel der 52. R. D. war er in etwa 200 m
Ausdehnung bei den Res. 240=ern eingedrungen, sonst aber auch
abgewiesen worden. Am 24. August holten sich schneidig ge=
führte Stoßtrupps auch dieses Grabenstück wieder. Den Stellun=
gen der Res. R. 239 und 238 vermochte der Gegner nichts an=
zuhaben. So war wieder einmal der Kemmel vor einem bedroh=
lichen Ansturm gerettet.

In den nächsten Tagen gingen Gerüchte durch die Gräben,
daß man mit Rücksicht auf die Gesamtlage an eine Räumung
des Kemmels denke. Den Kommandeuren bis zu den Btls.=

Führern herab waren versiegelte Schreiben zugegangen. Dem
Frontsoldaten dämmerte es beim Anblick der gewaltigen
Fliegergeschwader, beim Hören des Geschoßorkans, daß er in
diesem Kampfe gegen nahezu die ganze Welt, der alle Errungen-
schaften der Technik zu Gebote standen, doch wohl unterliegen
werde. Den Kemmel räumen, der so viel Blut gekostet hat?!
Man muß sich erst noch an diesen Gedanken gewöhnen . . . .
Da brach der große Sturm vom 21.August gegen den Berg los.
An jenem gleichen Tag führte die Entente den Stoß gegen die
deutsche 9. Armee bei Noyon—Soissons, gegen die 17. bei
Bapaume—Albert.

Unruhig ist bisher die Nacht verlaufen. Eigene Patrouillen
haben die Feindstellungen dicht besetzt vorgefunden. Da schlägt
3 Uhr 10 morgens zur gleichen Sekunde ein Orkan auf, als
hätten zur gleichen Sekunde Hunderte von Artilleristen dort
drüben den Abzugsriemen zurückgerissen. Der weite Horizont
rings um den Kemmel flackert und zuckt in gelben Lichtern,
Feuersäulen schießen auf dem Gipfel und den Hängen, die gegen Dranoeter zu abfallen, in den Nachthimmel, die aufsteigenden Rauchballen von unten gespenstisch beleuchtend. Auf alle
Zugangsstraßen, in alle Geländefalten und Schluchten, auf alle
Beobachtungsstände und Gefechtsstellen hauen Granaten um
Granaten, schon allein durch ihre wahnsinnig rasche Folge jede
Muskel, jeden Nerv lähmend. Hat da und dort noch einer vermocht, eine Leuchtkugel in die Luft zu jagen? Zitternd ver-
glimmen ihre Hilfe heischenden Sterne. Doch die deutschen Artilleristen sind an die Geschütze gesprungen, haben Granaten um
Granaten hinausgejagt in den Sperrfeuerraum. Ist es umsonst? Nichts, nichts hört man von vorne! Alle Leitungen zerschossen, kein Läufer kommt durch diese Feuerwand. In Bous-
becque beim Stab der 52. R. D. und in Quesnoy beim Stab der
11. R. D. sitzt man an den Fernsprechapparaten: keine Verbindung ist zu bekommen, keine Aufklärung über die Lage. Das
Feuer schwillt ab, liegt jetzt mehr auf dem rückwärtigen
Gelände. Bedeutet das Durchbruch? fragt man sich. „Kein
Angriff bei der 52. R. D.!" lautet endlich eine beruhigende

Meldung. Doch bei der 11. R. D., die die Westflanke des Berges zu schützen hat? „Noch keine Nachrichten?" fragt Gmj. Büstorff seinen ersten Gen.-Stabsoffizier, Hptm. Frhr. v. Schade. „Nein, Herr General!" Da stürzt ein Ordonnanz herein, über= reicht einen Fernspruch. Der Hauptmann liest vor: „Meldung von R. J. R. 10: Starker Gegner in Hauptwiderstandslinie des Vorfeldes eingedrungen, Lokerhof genommen."

Die stampfende nächtliche Schlacht aber schreit auf:

„Der Tod kann auch die Trommel rühren,
Du wirst sie bald im Herzen spüren,
Er trommelt laut, er trommelt fein,
Gestorben, gestorben, gestorben muß sein.
Flandern in Not,
Durch Flandern reitet der Tod,
Durch Flandern reitet der Tod."

Des Berges Schicksal.

Soll sich heute des Berges Schicksal entscheiden? — Wir eilen nach vorne.

In seinem von Granateinschlägen umbrausten Unterstand bei Den Molen harrt der K. T. K. des J. R. Keith Nr. 22, Rittm. d. R. Dittmar, auf Meldungen. Nichts zu erfahren. Auch der Ordonnanzoffizier, den er vorgeschickt hat, kommt nicht wieder, Meldungen können den Feuergürtel nicht durch= brechen. Viertelstunde um Viertelstunde schleicht dahin. Einer schreit: „Meldung von vorne!" Schon entnimmt er der kleinen Blechkapsel, die am Halsgurt des keuchenden Melde= hundes angebracht ist, einen Zettel. „Feind bei der 5. und 6. Kp. eingebrochen!" Fast zur gleichen Minute stürzt ein Meldeläufer in den Unterstand: „8. Kp. meldet: Vorfeldrand vom Feind besetzt, ein l. M. G. vermißt. Erbitte Hilfe!" Der Rittmeister, der heute den abkommandierten Btls.=Führer ver= tritt, muß klaren Kopf behalten. Jedes Gewehr ist bei den kleinen Kampfesstärken Goldes wert. In seiner Höhe liegt die

12. Kp. „Gehen Sie mit zwei Gruppen", sagt er zu Lt. d. R.
Hantke, „in Richtung 5. Kp. vor, sammeln Sie im Zwischen=
gelände alles von der 5. und 6., dringen Sie damit in die Wider=
standslinie des Vorfeldes ein und rollen Sie sie in Richtung
Lokerhof auf!" Der Leutnant springt mit seinen zwei Gruppen
in den Feuergürtel der platzenden Granaten. Im Regiment des
Obstlt. Graf Schulenburg=Bohlen sitzt noch alter Kampfgeist.
Allein alle Tapferkeit ist vergebens: unmöglich, einen Feuer=
ring von solcher Dichte zu durchbrechen. Also links hinunter
nach der Straße Dranoeter—Loker, um unseren M. G.=Stütz=
punkt „Sperber" zu erreichen! — „Welches Regiment?" ruft der
Leutnant ein paar Leute an. „Reserve 10. Der Lokerhof von
den Engländern genommen!" — „Dann werden wir ihn uns
wieder holen! Ihr geht mit mir!" Sie tun's. Ohne Verluste
erreicht Hantke das M. G. „Sperber". Dort sitzt Vzf. Nietka
mit seinen paar braven Oberschlesiern, von Granaten umtost,
und jagt einen Gurt nach dem andern in den dichten Feind, der
ihn nicht anzutasten wagt. Der Leutnant und der Vizefeldwebel
drücken sich die Hand. „Ich greife jetzt den Gegner links von
uns an. Unterstützen Sie mich, Nietka, mit M. G.=Feuer!"
Gesagt, getan. Schon krachen die Handgranaten der Vorstür=
menden, pfeifen die M. G.=Garben von „Sperber" her. Der
Engländer wird aufgerollt, flieht gegen den Lokerhof. Da er=
scheint auch die vorgehende 8./R. J. R. 10. Mit ihr zusammen
stürmt er den Lokerhof. Er, Lt. Hantke? Diesen Erfolg soll er
nicht mehr sehen, den Vorstürzenden haben zwei Kugeln durch
Kopf und Brust in das Soldatengrab gestreckt. Sofort springt
Uoffz. Janschek für den toten Führer ein, ganz in dessen präch=
tigem Geiste führend. Das Schicksal des Lokerhofes werden wir
gleich erfahren. Die rechte Flügelkompanie der 22=er unter
ihrem vielbewährten Lt. d. R. Imiolcyk hat nicht einen Fuß=
breit Boden verloren. So gilt es, noch die Lücke zwischen ihm
und „Sperber" zu schließen, was im Laufe des Tages der vom
Regiment vorgeschickten 9. Kp. gelingt, die einen Gegenangriff
der Engländer abschlägt. Das Gleiwitz=Kattowitzer Regiment
hat hier den Durchbruch aufgehalten. Wie aber steht es bei dem

links anschließenden R. J. R. 10? Marschieren dort schon Engländerkolonnen die Kemmelhänge hoch?

Gegen dieses Regiment hat sich der stärkste Stoß des Feindes gerichtet. Dem K. T. K., Hptm. d. R. Schreier, war der Schutz von Dranoeter übertragen. Als die Feuerwalze nach äußerst heftiger Beschießung vor allem des Lokerhofes vorspringt, stürzt der Feind in überwältigender Stärke tatsächlich in sein eigenes Feuer und überrennt die Vorfeldbesatzung. Vorstöße zerflattern an der zahlenmäßigen Ueberlegenheit der Engländer. Ein glühender Eisenriegel liegt auf der Straße Loker—Dranoeter. Dann wirft sich die feindliche Infanterie auf die 9. Kp., die sich verzweifelt, aber vergebens wehrt, von den M. G. bis zu ihrer Zerstörung unterstützt; als Lt. d. R. Maxrath nur noch ein knappes Dutzend Leute um sich hat, muß er den Widerstand aufgeben. Vor der 10. und 12. Kp. prallen die feindlichen Durchbruchsversuche ab. Vorn aber im Lokerhof liegt die 11. im schwersten Ringen. Lt. d. R. Jänschke verteidigt ihn mit verbissener Zähigkeit; schon glaubt er, den schweren Stirnangriff abgewettert zu haben, da erscheinen rechts und links hinter ihm dichte Feindscharen. Es kommt zu wildem Handgemenge; der Leutnant fällt an der Spitze seiner Braven, von denen sich einige durchzuschlagen vermögen; was im Lokerhof nicht gefallen ist, gerät in englische Gefangenschaft. Erst um 5 Uhr erfährt Hptm. Schreier Genaueres, sendet die 6. Kp. zum Stoß gegen den Abschnitt der 9. und führt kurz darauf die 8. und 7. zum Gegenangriff gegen den Lokerhof vor. Anfangs haben sie Erfolg. In wuchtigem Ansturm wird der Feind aus seinen Postenlöchern herausgeworfen und zurückgedrängt; zusammen mit den 22=ern erobert die 8. Kp. (Lt. d. R. Klinnert) den Lokerhof, einige Gefangene und Lewisgewehre an sich reißend. Da prallt eine neue Angriffswoge der Engländer gegen den Hof, nimmt ihn aufs neue, zwei sich bis zur letzten Patrone wehrende l. M. G. überwältigend; die 8./R. 10 setzt sich 50 m südlich des Gehöftes wieder fest. Nun schlagen deutsche Granaten auf den Hof, schw. M. G. richten indirektes Feuer dorthin — fluchtartig verläßt der Engländer den Hof — Patrouil=

len der 6. Kp. besetzen ihn, können sich aber in dem starken
Feuer dort auch nicht halten. Und schließlich zwingen Kurz=
schüsse unserer Artillerie, die Linie um 100 m zurückzuverlegen.
Schwer sind die Verluste des II. Btls., bei dem sämtliche Kp.=
Führer ausgefallen sind. Auch hier war dem Gegner Erreichen
seines Zieles im Durchbruch versagt, wieder einmal war der
Kemmel gerettet, allerdings hatte der Gegner in unsere Linien
vor Dranoeter eine Beule geschlagen. Um sie wieder einiger=
maßen zu glätten, setzte Obstlt. Schönwasser sein I. Btl. in der
kommenden Nacht zum Gegenstoß an. Hptm. d. R. Nausch ließ
die 1. Kp. unter Lt. d. R. Castens gegen den Lokerhof vorgehen,
den sie in schnellem Anlauf gewann und behauptete; ohne
Schwierigkeit erreichte Lt. d. R. Brauner mit seiner 3. Kp. sein
Ziel. Nur der in der Mitte vorrückenden 4. Kp. schlägt ver=
heerendes Feuer vor allem aus M. G. entgegen; trotzdem stutzt
die brave Kompanie keinen Augenblick und geht in der stock=
finsteren Nacht dem Engländer mit aufgepflanztem Seiten=
gewehr und Handgranaten zu Leibe. Der Uebermacht gegenüber
bleibt ihr der Erfolg versagt; als einer der ersten fällt ihr
Führer, Lt. d. R. Raschdorf. Auch die vom Lokerhof her an=
gesetzte 2. Kp. unter Lt. d. R. Gerrath vermag nur wenig Boden
zu gewinnen. Ein starkes Engländernest war noch verblieben.
Erwähnt sei noch, daß der in Gefangenschaft geratene Musk.
Bahr der 9. Kp. sich wieder befreite, wertvolle Beobachtungen
über den Feind machte, am 23. früh in unsere Linien zurück=
schlich und aus dem Zwischengelände zusammen mit einem
Sergeanten der 156=er ein deutsches M. G. zurückbrachte.

Das auf dem linken Flügel der 23. J. Brig. des Obersten
v. Buchholz stehende J. R. 156 wurde nur auf seiner rechten
Hälfte angegriffen. Gegen die schwache Vorfeldbesatzung der
7. Kp. warf sich der Feind, traf aber nur auf geräumte Stellun=
gen und erlitt schwerste Verluste durch zusammengefaßtes
M. G.=Feuer aus der Hauptwiderstandslinie. In der nächsten
Nacht tauschten die Regimenter 156 und Res. 10 ihre Ab=
schnitte, und am 24. früh nahm die 1. Kp. Sturm=Btls. 4 einen
Teil des verlorenen Geländes wieder.

Dies war der letzte Sturm um den Berg, dies war der Ab=
schluß des großen Sterbens. Dann aber erfüllte sich für uns
sein Geschick.

Die Gerüchte, die durch die Gräben gingen, beruhten auf
Wahrheit; wir beabsichtigten, den Berg zu räumen, ihn ohne
größere Kämpfe dem Gegner zu überlassen. Er hatte ihn uns
nicht wieder nehmen können in vielen schweren Angriffen, nun
sollte er ihm als leichte Beute zufallen: die Gesamtlage an der
Westfront zwang uns dazu. Und doch sollte ihm sein Besitz
noch schwere Blutopfer kosten.

Unter dem Stichwort „Hubertus" ging diese deutsche Rück=
wärtsbewegung vor sich. Man hatte sich entschlossen, den
Bogen westlich der Lys aufzugeben und die Truppe auf eine
Linie, die von den Höhen von Wijtschate über Armentières an
den Fluß heranführte, zurückzunehmen. Am 27. August sollten
die Bereitschaftsbataillone in rückwärtige Stellungen zurück=
gezogen werden, während die Kampfbataillone vorne in der
über den Kemmel laufende „Frankenstellung" verbleiben sollten.
Mit der gleichen Tapferkeit, mit der die Deutschen zum Angriff
vorgestürmt waren und sich in zäher Verteidigung geschlagen
hatten, gingen ihre weit auseinandergezogenen Nachhuten nun
auch nur Schritt für Schritt zurück, vielleicht die schwierigste
Gefechtsführung, weil sie einer moralisch hochstehenden Truppe
bedarf.

In der Nacht vom 27. zum 28. mußte die 52. R. D. be=
schleunigt herausgezogen werden, so daß sich die Divisionsab=
schnitte noch mehr erweiterten. Am rechten Flügel der großen
Bewegung stand die 8. J. D., die nun auch noch den Kemmel
selbst übernehmen mußte, in der Mitte die 11. R. D. und am
linken Flügel die 56. J. D., die seit kurzem Gmj. Frhr.
v. Maltzahn befehligte.

Dem thüringischen J. R. 72 teilte das Geschick die Aufgabe
zu, dem Feinde den Kemmel, der auf so viel tapfere Kämpfe der
Deutschen herabgesehen hatte, in „geeigneter Weise" zu über=
geben. Mjr. Gruson hatte mit seinem Regiment den ganzen
Divisionsabschnitt zu decken. Sein III. Btl. kam zur Ablösung

des R. J. R. 240 auf den Berg selbst. Singend rückten am Abend des 27. die Kompanien bis Meesen, dann in den neuen Abschnitt. Die Artillerie des Feindes war nervös, als ob er etwas ahne. Um 2 Uhr morgens trafen die beiden vordersten Kompanien, die 9. und 11., auf dem Kemmel ein. Die 240-er zogen ab. 9 Uhr abends trat die erste Räumung ein. Die vordersten Kompanien beließen nur schwache Kräfte in der Stellung. Im übrigen löste sich unsere ganze Front gleichzeitig vom Feinde los. Hinter Hecken, in verfallenen Gräben und den Trümmern von Häusern und Gehöften fanden sich für unsere Schützen geeignete Verstecke, für ein paar Tage auch notdürftige Unterkünfte. Von hier aus wollten sie den Kemmel und sein Vorgelände so teuer wie möglich verkaufen und dafür sorgen, daß der Gegner nicht von einem billigen Siege sprechen konnte.

Links, bei der 11. R. D., war Mjr. Grüner vom J. R. 156 Vorpostenkommandeur mit den Btln. I./22, I./156 und I./R. 10. In der Nacht zum 30. räumten die Bataillone die „Frankenstellung" und ließen nur noch ihre Jagdkommandos zurück. Links, vor der 56. J. D., war der Himmel vom Flammenschein brennender Pionierparks gerötet, denn dort hatte der Gegner die Räumung bemerkt, an den Kemmel und sein näheres Umgelände wagte er noch nicht zu tasten. Erst am Nachmittag ging er zögernd gegen Dranoeter vor, verschwand aber wieder bei der lebhaften Begrüßung durch unsere M. G. und unsere Nahkampfbatterie, die 5./R. F. A. R. 11. Die Jagdkommandos unter Lt. d. R. Schulz (J. R. 156) und Lt. Jantzen (R. J. R. 10) lösten ihre schwierige Aufgabe prächtig. Immer wieder machten sie Front, dem weit überlegenen Gegner schwere Verluste zufügend. Schauerlich loderte der Feuerschein eines Pionierlagers bei Dranoeter in die Nacht, dessen Teerfässer Lt. d. R. Schulz in Brand gesteckt hatte. Am Morgen des 31. Aug. wich er als Letzter am Feinde unter Kämpfen in die Sehnenstellung aus. Vom Kemmel pfiffen die ersten feindlichen M. G.-Garben.

Was hatte sich inzwischen auf dem Berge selbst zugetragen? Punkt Mitternacht vom 29. zum 30. August wurde der letzte

deutsche Fernspruch „Befehl wird ausgeführt" nach hinten ge=
geben; Lt. d. R. Dorst, Lt. d. R. Schüßler, Lt. d. R. Weber des
F. A. R. 2 als Beobachter und ein Sprengoffizier einer sächs.
Pion.=Kp. verlassen als die letzten deutschen Offiziere den mit
so viel Blut erkämpften und verteidigten Berg. Ganz schwache
Patrouillen sind noch am Feind. Ueberall hört man die
dumpfen Schläge der Sprengungen von Stollen, Unterständen,
Wegekreuzen; selbst der Sanitätsunterstand, der rechts drunten
beim Schloß Kemmel liegt, wird nicht verschont, doch weht am
andern Morgen noch die Rote Kreuzflagge an dem durch Zufall
stehengebliebenen Giebel. Am 30. August feuert der Gegner
wie üblich auf die vorderen Linien, auf den Marktplatz von
Kemmel, auf die verlassenen Batteriestellungen. In der Nacht
zum 31. schießen sich die vorwärts des Berges liegenden
Patrouillen mit dem zögernd nachfühlenden Gegner herum,
dann gehen sie auf die Nachhutstellung zurück. Der Berg liegt
unbesetzt zwischen Freund und Feind! Als ob uns dieser Berg
nicht aus seinem Bann lassen könnte, wagt am 31. morgens
noch einmal ein schneidiger Deutscher einen Patrouillengang
auf die Spitze: es ist Vzw. Weise, der mit ein paar Wage=
mutigen hochsteigt, zwei Brieftauben, einen Signalwerfer und
ein Blinkgerät mit sich führend. Wehmut greift ihm ans Herz,
als er all das wiedersieht, als seien Jahrzehnte darüber ver=
strichen, Lindenhoek, den berüchtigten Hohlweg, das zerschossene
Dorf rechts unten, den ausgebrannten Turm. Er steigt hinauf
auf die Bergspitze, lugt hinunter in den Kemmelbach=Grund —,
da, keine 150 m vor ihm eine lange Schützenkette von Eng=
ländern! „Stellung!" Er flüstert den Befehl. Ein Eisenhagel
schlägt in die Ahnungslosen. Wie Puppen, die man an Schnü=
ren zieht, verschwinden sie in den Falten des Berges, dann
feuern auch sie. Vielleicht sind sie zum Sturmangriff vor=
gegangen? Der Deutsche weiß es nicht mehr, denn gewandt
zieht er sich mit seinen Leuten zurück, er als Letzter, der den
berühmten Berg betreten hat. Längst ist er wieder bei seiner
Kompanie, öde und verlassen liegt noch immer die Doppelkuppe
des Berges im Sonnenschein des Spätsommers.

Lt. Rauchfuß, der Führer der zwei Nachhutkompanien der
72=er, der 9. und 11., beobachtet mit dem Glas. Endlich heben
sich scharf Menschen gegen den Westhimmel ab, steigen den Ost=
hang herunter, Welle auf Welle fließt herab, noch zu weit für
die M. G. Die Artillerie bullert los, wirft Gasgranaten in das
Kemmelbachtal. Der Feind ist wie weggeblasen, rührt sich auch
in der Nacht nicht. Klar steigt die Sonne des 1. September
hoch. „Wir lassen den Gegner herankommen", hat Rauchfuß
der 9. und 11. gesagt, „und erst die zwei M. G. auf meinem
Unterstand geben das Zeichen zum allgemeinen Feuer." „Herr
Leutnant, der Tommy!", so weckt ihn der M. G.=Schütze aus
kurzem Schlaf. „Jetzt, mittags um 12? Ohne Artillerievor=
bereitung uns anzugreifen?!" Sofort ist der Leutnant oben bei
seinem M. G., durch das Zielfernrohr schauend. Die Vorhut,
noch 200 m ab, Engländer in ihren Stahlhelmen — voraus ein
Offizier mit der Karte — dahinter lange, dichte Schützenreihen:
dunkle Uniformen, Schlapphüte, Amerikaner! Jetzt drückt er
auf den Hebel, sofort stimmen die l. M. G. der 9. und 11. Kp.
ein, und die Engländer stieben nach allen Richtungen ausein=
ander. Verwundete brüllen, amerikanische Offiziere rennen her=
um, Ordnung stiftend, Kommandos schreiend. Doch Mann um
Mann fällt. Jetzt in die Amerikaner halten! Welle um Welle
wird zusammengeschossen. Keiner von denen da drüben schießt
— unsere Leute stehen frei auf der Grabenbärme. In dichten
Scharen flutet der Feind zurück in das Kemmelbachtal. Nach=
zügler fallen unseren Scharfschützen zum Opfer. Jetzt Artille=
rie! Die Nachrichtenmittel arbeiten glänzend. Schon reißen
die Kanoniere der 5. Battr. des Torgauer F. A. R. 74 die Ab=
zugsriemen zurück. In das Tal kracht es hinein, in die Haufen
von Engländern und Amerikanern. Panik erfaßt sie, am an=
dern Hang auf Lindenhoek zu wälzen sich die Trupps, Tote,
Verwundete hinter sich lassend. Am Spätnachmittag bemerkt
Lt. Rauchfuß einige Engländer, die sich gegen seinen Unterstand
heranschleichen. Sofort springen die Vzf. Stollerz und Thiel
mit ein paar Beherzten die Engländer an, vertreiben sie mit
Handgranaten.

Am nächsten Tag — wir schreiben bereits den 2. Sept. — wagt es der Gegner, die deutsche Nachhut mit Granaten zu bedenken, ihr Verluste zufügend. Gegen die 22=er links davon geht er am Spätnachmittag nach Trommelfeuer vor, wobei ihm die M. G. von Lt. Rauchfuß ordentlich in die Flanke leuchten. Nach einem zweiten feindlichen Angriff müssen die 22=er auf Wulvergem weichen. Er aber bleibt mit seinen paar Getreuen vorn, läßt nachts Munition heranschaffen und Patrouillen gehen. Todmüde sind sie, aber alle in denkbar bester Stimmung bei diesem Kleinkrieg. So bricht der letzte, schwerste Tag an. Es regnet Granaten, Abschuß und Knall folgen sich fast zu= gleich, die feindlichen Geschütze müssen verflucht nahe sein! Englische Flieger rutschen ganz tief über die deutschen Linien, ihre bekannten Hupensignale abgebend. Das bedeutet all= gemeinen Angriff. Er kommt 7,15 abends zuerst gegen den linken Flügel. Wie die l. M. G. bellen, Angriffsreihen um Angriffsreihen umlegend! Unmöglich ist es, die Artillerie zu verständigen, da Telephon und Blinkgerät zerschossen. Mit seinen Massen sucht sie der Gegner zu erdrücken, seiner Ver= luste nicht achtend. Bis zur letzten Patrone schießen die zwei M. G. links, das rechts der 11. Kp. ist zerstört, Gegner auf 50 m heran. Abhauen! Zuführer und Schloß aus dem l. M. G. heraus! Die s. M. G. zuerst zurück, dann die 11., dann die 9.! Lt. Rauchfuß und Lt. d. R. Dorst verlassen als Letzte die Stellung, die sie zwei Tage gegen eine Uebermacht gehalten haben. Und als sie schon 100 m zurück sind, geht Uoffz. Lowatz mit ein paar schneidigen Männern noch einmal vor, schnappt den Engländern das zurückgelassene l. M. G. vor der Nase weg und bringt es zurück. Noch ein anderer ist vorne, Serg. Pfeiffer, der erst seine Gewehrmunition verschießen will, bevor er seiner Gruppe folgt: da trifft ihn ein feindliches Geschoß in den Kopf, er bleibt liegen, der einzige 72=er, der dem Feind in die Hand fällt.

So ward der Kemmel dem Gegner übergeben! Wenn auch die letzten Takte dieser gewaltigen Symphonie, die in donnern= den Akkorden Sturm und Sterben um diesen Berg sang, dunkel und dumpf sind, so tragen auch sie die erhebende Melodie reinen deutschen Heldentums in sich. Der Berg verschwindet den Tapferen hinter den Höhen von Nieuwekerke und Zwartemolen= hoek und Ravetsberg, und erst von den Höhen von Meesen und Nachtigall aus sehen sie ihn als feinen Scherenschnitt wieder am Himmel aufsteigen wie einst im April, als ihnen noch die Herzen in heller Angriffslust pochten. Viel Leid hat dieser Berg all denen gebracht, die jemals in seinem Bann gestanden haben vom Yserkanal bis hinunter nach Bailleul, denn viele Tausende braver Kameraden hat er uns nicht mehr wiedergegeben. In heiliger Stille gedenken wir ihrer. Doch dieser Berg mit seinem weiten Umgelände ist allen Kemmelkämpfern ein unantastbares Heiligtum geworden, denn hinter den Schleiern des Grauens barg sich eben jenes Große, jenes Unersetzbare, das nur der Front= kämpfer zu verstehen vermag: der Stolz auf Mannestat, die Hochachtung vor dem Mut des andern, das Gottvertrauen in furchtbaren Minuten und Stunden, die unerschütterliche Kame= radentreue, die unbedingte Gleichheit aller Menschen vor dem Tode und, über allem wie eine goldene Krone schwebend: die Liebe zum deutschen Vaterlande!

— Ende —

I. Aussprache der flämischen Namen.

Für das flämische Sprachgebiet wurde die niederländische (= flämische) Bezeichnung gewählt. Nur bei „Ypern" (fl. Jeperen) und der „Lys" (fl. Leie) wurde eine Ausnahme gemacht, da sie nur unter dieser Bezeichnung allgemein bekannt geworden sind.

Zur richtigen Aussprache der niederländischen (= flämischen) Namen merke man sich: u = kurzes ü; uu = langes ü; ae = langes a; eu = ö; oe = u; ou = au; ui = eu; g = schwaches, gutturales ch; v = f; ij oder y = ei; z = s; sch ist getrennt zu sprechen: s und gutturales ch.

II. Hauptsächliche Abkürzungen.

A = Armee
A. K. = Armeekorps
b. = bayerisch
Battr. = Batterie
Bogohl = Bombengeschwader der Obersten Heeresleitung
Btl. = Bataillon
D. = Division
E. D. = Ersatzdivision
F. A. R. = Feldartillerieregiment
Fl. Abt. = Fliegerabteilung
Fußa. = Fußartillerie
G. = Garde
G. R. K. = Gardereservekorps
Geb. = Gebirgs-
G. d. J. = General der Infanterie
Glt. = Generalleutnant
Gmj. = Generalmajor
Genkdo. = Generalkommando
Hptm. = Hauptmann
H. Gr. = Heeresgruppe
J. Br. = Infanteriebrigade

J. D. = Infanteriedivision
J. R. = Infanterieregiment
K. D. = Kavalleriedivision
Kp. = Kompanie
K. T. K. = Kampftruppen-Kdr.
l. = leicht
M. G. K. = Maschinengewehrkompanie
Mrf. = Mörser
M. W. = Minenwerfer
O. H. L. = Oberste Heeresleitung
Pi. = Pionier
R. D. = Reservedivision
R. J. Br. = Reserve-Infanteriebrigade
R. J. R. = Reserve-Infanterieregiment
R. K. = Reservekorps
f. f. H. = schwere Feldhaubitze
schw. = schwer
Wida. = Widerstandsnest

III. Quellennachweis.

Akten des Reichsarchivs und des Bayer. Kriegsarchivs.

Bereits erschienene Regimentsgeschichten.

„Das Bayernbuch vom Weltkriege 1914—1918". Bearb. v. Krafft v. Dellmensingen u. Feeser, Stuttg. 30.

v. Borries, „Die deutschen Angriffe des Jahres 1918" aus Schwarte, „Der große Krieg", Bd. 3, Tl. 3, Leipzig 1925.

Boullaire Général, „Historique du 2e corps de cav. du 1er oct. 1914 au 1er janv. 1919", Paris, 1923.

„Das Ehrenbuch der deutschen schweren Artillerie", Verlag Tradition, Berlin, 31.

Goutard, Lt., „Kemmel 1918", Paris 1930.

Kriegsarchiv, Bayerisches, „Die Bayern im Großen Kriege 1914—1918", München, 1923.

v. Kuhl, „Der Weltkrieg 1914/18", Verlag Tradition, Berlin 1929.

Ludendorff, „Meine Kriegserinnerungen 1914—1918", Bln. 19.

Oßwald, „Belgien", Lpzg. u. Bln. 15.

Stegemann, „Geschichte des Krieges", 4. Bd., Stuttgart und Berlin, 1921.

Tournès et Berthemet, „La bataille des Flandres d'après le journal de marche et les archives de la IVe armée allemande (9—30 avril 1918), documents secrets pris à l'ennemi", Paris, 1925.

Zipfel, „Flammende Fronten", Sulzbach i. O., 1930.

(Die Bilder stammen aus dem Reichsarchiv).